LA ECONOMÍA IRRACIONAL
DE CÓMO NOS MANIPULA EL SISTEMA ECONÓMICO

Dante A. Urbina

Primera edición, 2021

Un profundo análisis que muestra el contexto, funcionamiento y consecuencias del sistema de producción de necesidades

LA ECONOMÍA IRRACIONAL
DE CÓMO NOS MANIPULA EL SISTEMA ECONÓMICO

Por Dante A. Urbina
Ed. Kindle Direct Publishing, Seattle (US)
Copyright 2021 Dante A. Urbina

© **Derechos reservados.** Prohibida la reproducción total o parcial de esta obra por cualquier medio sin el permiso por escrito del autor.

Dedicatoria

A mi esposa Andrea, también economista,
y a mi hijita María Victoria, por haber
llenado mi vida de alegría.

CONTENIDO

Prefacio..7

Capítulo 1: El mito del consumidor soberano o de cómo nos miente la teoría económica..11

Capítulo 2: Hacia una visión alternativa del consumidor o de cómo se desmiente a la economía ortodoxa..37

Capítulo 3: Las tres olas del capitalismo o de cómo llegamos hasta aquí..61

Capítulo 4: Los imperativos económicos o de quién domina realmente el sistema...81

Capítulo 5: Los medios de producción de necesidades o de cómo se explota al consumidor..109

Capítulo 6: Las consecuencias del proceso o de cuán mal estamos..137

Capítulo 7: El camino hacia un nuevo mundo o de qué hacer para liberarnos..167

Epílogo..197

Apéndice: Mis conversaciones con los Premios Nobel.......................199

Acerca del autor..228

PREFACIO

Vivimos en un mundo en el que se desperdician toneladas de alimentos. Por ejemplo, en el 2019, año previo a la pandemia de la Covid-19, se estima que hubo 931 millones de toneladas de alimentos desperdiciados, es decir, alrededor del 17% de la producción total de alimentos fue a parar a la basura[1]. Asimismo, un relevante estudio académico hallaba que en 2015 había un total de 107.7 millones de niños y 603.7 millones de adultos con obesidad, siendo que desde 1980 la obesidad de había duplicado en más de 70 países[2]. Asimismo, se estima que cada día 24 000 personas mueren de hambre[3], lo cual significa más de 8.7 millones de muertes al año.

Estos datos pueden ir cambiando en el futuro. Solo el tiempo dirá si los nuevos datos serán mejores o peores. Pero lo cierto es que muestran una característica estructural de nuestra economía global. *Vivimos en una economía irracional, en una economía en la que se desperdician alimentos y se muere por obesidad al mismo tiempo que hay millones que mueren de hambre*. Si a esto no se le pueden llamar auténticamente una *economía irracional* entonces sé a qué pueda llamarse tal.

"La economía es la administración de los recursos escasos para satisfacer las necesidades humanas", rezan los manuales de economía. Ese es un orden *racional*: administrar recursos para satisfacer necesidades. Pero lo que tenemos en gran parte en nuestro sistema es que se están produciendo necesidades para expandir la venta de los productos (recursos). Ese es un orden *irracional*: administrar necesidades para vender productos. *Ya no es la oferta la que sirve a la demanda, sino la demanda la que sirve a la oferta*. El orden económico se invierte y se genera un gran desorden, pero un desorden sistemáticamente influido por aquellos que se benefician de tal sistema. Estamos en la era de la hiper-producción, el hiper-consumo y el hiper-absurdo. No ahogamos miserablemente en medio de la opulencia en que los países ricos mueren espiritualmente y los países pobres mueren

---

[1] Cfr. Fernanda Paúl, "Las impactantes cifras que deja el desperdicio de comida en el mundo (y cuáles son sus efectos)", *BBC News*, 15 de marzo de 2021.
[2] GBD 2015 Obesity Collaborators, "Health effects of overweight and obesity in 195 countries over 25 years", *New England Journal of Medicine*, vol. 377, n° 1, 2017, pp. 13-27.
[3] "Hasta 18.000 niños de uno a cuatro años mueren de hambre cada día", *ABC*, 16 de octubre de 2019.

materialmente, en que unos mueren por exceso de alimento y otros mueren por falta de alimento.

Por supuesto, los economistas convencionales estarán preparados para hacer la consabida réplica de que las necesidades humanas son *ilimitadas* y, por tanto, nunca puede hablarse propiamente de abundancia pues los recursos siempre serán escasos en relación a las *infinitas* necesidades humanas. Pero, ¿cómo sabemos que las necesidades humanas son *infinitas*? Esa es una premisa que tiene que ser examinada. Convencionalmente se responde que las necesidades son infinitas en tanto no tienen fin, son *recurrentes*: uno puede comer un pan ahora, pero luego le volverá a surgir el hambre. Pero la verdad es que ello sí tiene fin: los muertos no comen. Puede parecer una observación trivial, pero consideremos lo siguiente: ni siquiera en toda nuestra vida llegaremos a sumar una cantidad infinita de consumo. De hecho, en cada momento solo podemos consumir una cantidad finita de bienes. No necesitamos *infinita* comida para estar satisfechos. En general nos basta con uno o dos platos bien servidos. Otra respuesta que se da es que las necesidades son ilimitadas en número por su *variedad*: uno necesita alimento, vestimenta, vivienda, educación, etc. Pero esto no resulta obvio. Si bien hay múltiples categorías de necesidades, no se ve clara justificación de que la diversidad de categorías es *infinita*. Y si a lo que se quiere apelar es las necesidades espirituales del hombre son infinitas, hay que responder que se está dando más bien un excelente argumento para validar nuestra postura: en tanto nuestro sistema económico se enfoca en una dinámica materialista de satisfacciones materiales bien se le puede calificar de *irracional* por desdeñar las espirituales.

Ahora bien, es importante hacer una aclaración: no se está diciendo aquí que el 100% de la economía, en absolutamente cada detalle de cada transacción, es irracional. Es claro que es racional que una familia vaya a comprar pan cada día. A lo que llamamos *economía irracional* es más bien a un flujo o dinámica que ocurre en nuestra realidad económica y que viene dado por manipular necesidades para expandir las ventas. Se trata de las *personas* al servicio de las *cosas* o incluso *las personas transformadas en cosas*. Por supuesto, también existe el *flujo racional* en que se administran recursos para satisfacer necesidades. Pero el punto es que el *flujo irracional* viene teniendo cada vez más influencia y preponderancia en la configuración de nuestra realidad económica y social, especialmente a partir de lo que aquí llamamos "tercera ola del capitalismo".

Cabe anotar que la teoría económica convencional, es decir, la neoclásica juega un papel de cómplice en este proceso. Que dicho papel sea jugado de forma consciente o inconsciente es algo debatible. Pero lo que es indiscutible es que no es más que una *mitologización* una teoría económica que nos dice que somos agentes racionales que actúan de modo óptimo en las transacciones de mercado tal que la oferta sirve a la elecciones libres y autónomas de la demanda. Esta se trata de una *mitologización* útil pues a los grupos de poder que se benefician de la economía irracional les es muy conveniente que los economistas vean al sistema como "racional" y prediquen ello, cual celosos sacerdotes, a la sociedad entera. De este modo, la teoría económica deviene en una *racionalización de la irracionalidad*. Y esto también puede decirse, aún con más razón, de los economistas de la Escuela Austríaca que viven en su ensoñación del "orden espontáneo" de libre mercado para oponerse a cualquier regulación con un dogmatismo tal que raya en el fanatismo religioso. Basta verlos repitiendo frases como "¡Viva la libertad caraj...!" o "Todo impuesto es un robo" como si se tratase de revelación divina dada en Sagradas Escrituras que todos debieran respetar y seguir.

Sea lo que fuere, vivimos en una locura a la que se ha llamado racionalidad. En ese contexto, *este libro es un acto de rebeldía, un gritar "¡Ya basta!", una denuncia*. Por supuesto, esto implica el riesgo de ser tomado por loco. *En un mundo loco ser cuerdo es una locura*. Pero es un precio que vale la pena pagar por decir *la verdad*. En un mundo lleno de mentiras decir la verdad es un acto de rebeldía contra el sistema. Cuando era adolescente quería ser "rebelde", pero al final ello era conforme a las modas del mundo, era parte del sistema no una rebelión contra el sistema. Hablar del ser, del bien, de la verdad, del amor en este mundo y más aún si uno pretende aplicarlo a la economía... *¡eso es rebeldía!* Pero aquí estoy, en la situación de ser un *economista rebelde*. Y si a algo he de aferrarme, será al dictum atribuido a San Atanasio en medio de la crisis arriana: *Si el mundo está contra la Verdad, ¡pues yo estoy contra el mundo!*

Dante A. Urbina

CAPÍTULO 1
EL MITO DEL CONSUMIDOR SOBERANO
O DE CÓMO NOS MIENTE LA TEORÍA ECONÓMICA

La economía como Economía Política

Érase una vez, hace mucho tiempo, que la economía era entendida como una disciplina eminentemente social. Adam Smith, David Ricardo, Thomas Malthus, John Stuart Mill... todos los economistas clásicos consideraban a los fenómenos económicos como fenómenos intrínsecamente sociales, políticos e históricos. De este modo, la economía era analizada en términos de *grupos sociales* que actuaban en un marco de *relaciones de poder* dado un *espacio-tiempo histórico específico*.

Tal vez la forma más clara y directa en que se evidenciaba lo anterior era que la disciplina no era llamada en esa época meramente *Economía*, sino *Economía Política*, siendo acuñado este término por el economista mercantilista Antonio de Montchretien con la publicación de su *Tratado de Economía Política* (1615) queriendo resaltar con ello precisamente la estrecha vinculación entre ambas dimensiones (economía y política). En la misma línea siguieron los mencionados economistas clásicos. Por ejemplo, David Ricardo tituló su obra como *Principios de Economía Política y Tributación* (1817) y John Stuart Mill hizo lo propio con el título *Principios de Economía Política con Algunas de sus Aplicaciones a la Filosofía Social* (1848).

De este modo, era explícitamente reconocido que la economía venía unida a las relaciones de poder que dan forma a la sociedad. Y esto es pertinente (e incluso inevitable) porque la economía *real* se desenvuelve *en la historia* y, como dice Debord, "examinar la historia implica examinar la naturaleza del poder"[4]. En ese contexto, los economistas clásicos identificaron básicamente tres clases sociales: terratenientes, capitalistas y obreros. Y la distinción entre estos grupos no era concebida meramente en términos de diferencias de funciones o actividades sino fundamentalmente en términos de diferencias de posición y poder.

Ahora bien, en general los economistas clásicos fueron defensores de la burguesía capitalista, es decir, la clase naciente de empresarios en la época moderna. En la visión de ellos, la burguesía era la clase social más capaz de

---

[4] Guy Debord, *La Société du Spectacle*, Ed. Buchet-Chastel, París, 1967, n. 134.

apreciar sus propios intereses y, por tanto, de propulsar el desarrollo económico. No hay expresión más clara de ello que la famosísima cita de *La Riqueza de las Naciones* (1776) de Adam Smith donde se plantea que, a partir del *egoísmo del capitalista*, la "mano invisible" del mercado genera el *bienestar social*: "Todo individuo trata de emplear su capital de tal forma que su producto tenga el mayor valor posible. Generalmente no pretende promover el interés público ni sabe cuánto lo está fomentando. Lo único que busca es su propia seguridad, solo su propio beneficio. Y al hacerlo, una *mano invisible* lo lleva a promover un fin que no estaba en sus intenciones. Cuando busca su propio interés termina promoviendo el de la sociedad más eficientemente que si realmente pretendiera promoverlo"[5]. En esencia, la implicancia de lo que dice Smith es la siguiente: aquel que busca invertir su capital para ganar el mayor beneficio, es decir, *el capitalista*, es quien más puede contribuir al bienestar social si le dejamos actuar libremente; *ergo*, dejar abierto el camino al capitalista es la mejor forma de contribuir al progreso económico y social.

En cuanto a David Ricardo, tenemos que asume como unidad básica de análisis a las clases sociales entre las cuales se va a distribuir el excedente social y por ello plantea desde el principio que "el principal problema de la Economía Política es determinar las leyes que regulan la distribución"[6]. Dado ello, Ricardo apoyará los intereses de la burguesía frente a los de los terratenientes (es decir, los propietarios de terrenos que se enriquecen cobrando rentas), siendo que considera a estos últimos como un lastre para la eficiencia económica. Él escribe: "El interés del terrateniente es siempre opuesto al del consumidor y el manufacturero (…). Interesa al terrateniente que aumente el costo de producción, lo cual no favorece al consumidor (…) ni al industrial (…). Por lo tanto, todas las clases, excepto los terratenientes, serán perjudicadas por la subida del precio"[7]. Es muy interesante notar el contraste entre la figura del capitalista que nos presenta Smith y la figura del terrateniente que nos presenta Ricardo: mientras el capitalista termina promoviendo el bienestar social buscando su propio interés, el terrateniente perjudica a la sociedad cuando busca el suyo.

---

[5] Adam Smith, *Investigaciones sobre la Naturaleza y Causas de la Riqueza de las Naciones*, London, 1776, Lib. IV, cap. II.
[6] David Ricardo, *Principles of Political Economy and Taxation*, Ed. Everyman, London, 1926, p. 1.
[7] David Ricardo, *Principles of Political Economy and Taxation*, op. cit., p. 225.

Ahora bien, es importante decir que las anteriores palabras de Ricardo aparecen en un contexto *muy concreto*: el debate sobre la "Ley de Granos" en Inglaterra. Sucede que con esta ley se buscaba restringir las importaciones para proteger a los productores de grano nacionales frente a la competencia extranjera que ofrecía grano más barato. La fuerte oposición de Ricardo a esta ley es clara muestra de su apoyo a la burguesía capitalista y su oposición a los terratenientes. Si se protegía la producción nacional de grano con sus mayores precios, ello beneficiaba a los terratenientes ingleses que percibían mayores rentas pero, al hacer aumentar el precio del pan, implicaba que los capitalistas tenían que pagar mayores salarios a los obreros. Aquí es importante comprender que, conforme a la llamada *ley de hierro de los salarios*, en la visión de Ricardo los salarios se debían situar en torno al nivel mínimo de subsistencia del obrero y, por tanto, una subida de un bien de consumo necesario, extendido y habitual como el pan, haría aumentar el monto de salario necesario para cubrir ese mínimo de subsistencia lo cual, a su vez, dejaba menos beneficios y capacidad de inversión al capitalista. Por tanto, si se quería impulsar el desarrollo, había que generar mejores condiciones para la burguesía capitalista derogando la "Ley de Granos".

Sin embargo, no hay que caer en el error de ver a Smith y Ricardo como defensores ciegos o ingenuos de la clase capitalista. Adam Smith explícitamente dice que si bien los burgueses "se quejan mucho de los malos efectos de los altos salarios (…) no dicen prácticamente nada acerca de los malos efectos de los altos beneficios"[8] y, pese a que plantea la citada noción de la "mano invisible", también está al tanto de que los capitalistas no son ángeles sino "hombres cuyo interés nunca es exactamente el mismo que el de la sociedad, que tienen generalmente el interés de engañar e incluso de oprimir"[9]. O sea, la burguesía capitalista no daba resultados social y económicamente buenos por causa de una buena intención moral sino por causa de la "mano invisible", aquella "magia" del mercado y la competencia que providencialmente obtenía resultados buenos con base en las acciones de hombres malos. Por su parte, en una carta a Trower, Ricardo se muestra crítico respecto de la avaricia de los capitalistas, diciendo: "El trabajo manufacturero siempre está absolutamente empleado, pero los gerentes se quejan de que no consiguen sus beneficios usuales -por 'usuales' supongo

---

[8] Adam Smith, *Investigaciones sobre la Naturaleza y Causas de la Riqueza de las Naciones*, London, 1776, Lib. I, cap. IX.
[9] Adam Smith, *Investigaciones sobre la Naturaleza y Causas de la Riqueza de las Naciones*, London, 1776, Lib. I, cap. XI.

que quieren decir beneficios inusuales y exorbitantes"[10]. Una ironía mordaz, a decir verdad.

No obstante, lo anterior se trata de frases ocasionales que si bien muestran que no hubo un apoyo ciego a la burguesía capitalista, no por ello refutan el hecho de que sí se la apoyó en general. Y es que, en el contexto de los economistas clásicos, impulsar la iniciativa privada capitalista y eliminar todos los privilegios feudales y mercantilistas de los terratenientes era la consigna a seguir. Curiosamente, se trataba de una consigna política *de izquierda*. En efecto, siendo la *derecha* aquella postura política que busca preservar el *statu quo* y la *izquierda* aquella que busca cambiarlo, tenemos que Smith y Ricardo fueron, *en su época*, pensadores de izquierda ya que en ese entonces los terratenientes tenían el poder y la burguesía aún no se había consolidado.

De un extremo a otro: La despolitización de la economía

Pero luego la situación histórica cambió. Para el siglo XIX la burguesía capitalista ya se había consolidado en el poder y la clase terrateniente había quedado completamente relegada. Como decía Guy Debord, "la revolución burguesa había sido completada"[11]. Se configuraban, entonces, nuevas relaciones de poder: la contradicción ya no era tanto entre burguesía ascendiente y terratenientes que buscaban preservar sus privilegios, sino entre capitalistas y obreros. Y es en esa época que surge un personaje incómodo: Karl Marx.

Si bien Smith y Ricardo ya habían hablado acerca la contradicción de intereses entre capitalistas y obreros -sobre todo en la cuestión de la determinación del salario- es recién Marx quien, con su *teoría de la lucha de clases*, lleva esta contradicción a su implicancia política *in extremo*. Se lee ya al inicio de *El Manifiesto Comunista*: "Toda la historia de la humanidad hasta nuestros días no ha sido sino la historia de las luchas de clases. Hombres libres y esclavos, patricios y plebeyos, nobles y siervos, maestros jurados y compañeros; en una palabra, opresores y oprimidos, en lucha constante, mantuvieron una guerra ininterrumpida, ya abierta, ya disimulada; una guerra que termina siempre, o bien en una transformación revolucionaria

---

[10] Citado por: Lionel Robbins, *The Theory of Economic Policy in English Classical Political Economy*, Ed. Macmillan & Co., London, 1965, p. 83.
[11] Guy Debord, *La Société du Spectacle*, Ed. Buchet-Chastel, París, 1967, n. 88.

de la sociedad, o bien en la destrucción de las dos clases antagónicas"[12].

Evidentemente esta idea de Marx se trata una *mitologización exagerada*: resulta obvio que no *toda* la historia de la humanidad puede comprenderse como "la historia de la lucha de clases". Las disputas medievales entre los reyes, las guerras religiosas, el enfrentamiento de naciones en la Primera y Segunda Guerra Mundial, los conflictos internos en la Unión Soviética… todos ellos son acontecimientos importantes de la historia humana que difícilmente podrían ser conceptuados como "lucha de clases" entre "opresores y oprimidos". Vale la pena citar a este respecto al filósofo Sidney Hook: "Si bien los intereses y luchas económicas de clases desempeñan una función amplia e indiscutible en la vida política, social y cultural, en ocasiones decisivas, los vínculos nacionalistas y religiosos han pesado más. Aunque el movimiento marxista internacional estaba comprometido a una huelga general contra la guerra, cuando se declaró la Primera Guerra Mundial los obreros franceses, en lugar de hacer causa común con los obreros alemanes en contra de sus respectivas clases dominantes, se unieron a sus 'explotadores domésticos', los capitalistas franceses, en un 'frente nacional' o 'unión sagrada' común. Lo mismo rige para todos los países importantes. Cuando el interés nacional choca con el interés de clase, la lealtad nacional casi siempre resulta más fuerte que la lealtad a la clase"[13].

Asimismo, es verdad que las relaciones económicas son siempre relaciones de poder y que estas *pueden* ser conflictivas, pero Marx se equivoca en plantear que son *siempre y necesariamente* conflictivas. Ahí radica toda la fuerza y debilidad del esquema de Marx: *parte de verdades, y verdades importantes, pero las exagera hasta convertirlas en mentiras*. La historia tiene luchas, pero no se reduce a eso; el factor económico influye, pero no determina; se pueden conceptuar diversas clases sociales, pero ellas no explican toda la realidad del individuo; es cierto que hay explotación, pero no toda actividad empresarial tiene que ser necesariamente explotadora. Y así se podrían multiplicar los ejemplos. Sucede que, habiendo heredado la *ontología materialista* de Feuerbach y la *lógica dialéctica* de Hegel, Marx pretendió atrapar absolutamente toda la realidad social y económica en su *materialismo dialéctico*. Pero la realidad, que es mucho más grande y compleja, lo rebasó.

---

[12] Karl Marx y Friedrich Engels, *Manifiesto Comunista*, 1848, I.
[13] Sidney Hook, *Marxism and Beyond*, Ed. Rowman and Littlefield, New Jersey, 1983, ch. 2.

Sin embargo, esa no fue la percepción en la época de Marx. Los eslóganes políticos del marxismo convencieron a muchos obreros que salieron a protestar con *El Capital* de Marx en lo alto, al cual veían como el *arma teórica* para su *emancipación práctica*. Obviamente a la burguesía capitalista no le hacía nada de gracia este escenario. Al menos así lo refieren Joan Robinson y John Eatwell cuando escriben: "A finales del siglo XIX, el foco del conflicto social se había desplazado del antagonismo del capitalista y el terrateniente a la oposición de los trabajadores y los capitalistas. El miedo y el horror suscitados por la obra de Marx se vieron exacerbados por el efecto que en toda Europa produjo la Comuna de París en 1871. *Las doctrinas que sugerían conflictos ya no eran deseables*"[14].

En efecto, a la burguesía capitalista no le gustaba para nada una teoría económica con implicancias políticas que pudieran poner en jaque su poder. ¿La solución? Promover un tipo de teoría económica que *minimice o incluso elimine del todo* la cuestión de las *relaciones de poder*, una teoría que piense en términos de *individuos aislados* y no de *clases sociales*, que analice desde la *atemporalidad matemática* y no desde el *espacio-tiempo histórico específico*, que comprenda todo de modo *mecánico* y nunca *orgánico*. Y había un nuevo enfoque de teoría económica que cumplía con esos requisitos: el *enfoque marginalista neoclásico*.

Es importante anotar a este respecto que no se está cayendo aquí en una teoría conspirativa ingenua como si dijéramos que un día, viendo las protestas obreras inspiradas en la obra de Marx, los capitalistas se hubieran reunido en un oscuro cónclave para discutir la cuestión: "¿Qué teoría económica nos inventamos para hacer frente o reemplazar al marxismo?". No, no estamos cayendo en tal burda mitologización. Las ideas primigenias del enfoque marginalista de autores como William Jevons, Carl Menger, León Walras y Augustin Cournot se desarrollaron de modo relativamente independiente al ascenso ideológico del marxismo. Esa es la semilla. *Pero una semilla no crece en un suelo árido*. Fue más bien el interés de la burguesía capitalista por hallar y promover una *teoría económica "a-política"* lo que constituyó el suelo fecundo para el ascenso teórico del marginalismo consolidándose finalmente en el llamado *enfoque neoclásico*, que es el que domina hasta hoy en la enseñanza de la economía en las universidades de

---

[14] Joan Robinson y John Eatwell, *Introducción a la Economía moderna,* Fondo de Cultura Económica, México, 1976, p. 54.

todo el mundo moldeando así las mentes de miles y miles de economistas por varias generaciones.

Y así fue como se pasó de un extremo a otro: de la teoría marxista que ve a las relaciones de poder en la economía *siempre como conflictivas* a la teoría neoclásica que pretende *eliminar del todo* las relaciones de poder del análisis económico. Ambos extremos son equivocados y caen claramente en la *falacia de dos errores hacen un acierto*[15]. Las relaciones de poder son algo *intrínseco y constitutivo* del fenómeno económico por lo que no se les puede excluir como meramente "variables exógenas" (he ahí el error del enfoque neoclásico) pero son a la vez relaciones *sumamente complejas* por lo que no se puede pretender que siempre y necesariamente vayan en el mismo sentido o se den en términos de un mismo esquema (he ahí el error del enfoque marxista). De este modo, el fenómeno económico debe abordarse de una forma abierta y amplia sin pretender *encerrarlo todo* en una sola estructura mental como es que erróneamente hacen los neoclásicos con su *exagerada matematización* y los marxistas con su apelación a un supuestamente "omniabarcante" *materialismo dialéctico*.

Pero en todo caso, han sido los neoclásicos los que han triunfado en el ámbito del posicionamiento teórico y académico. Por supuesto, hay algunos ignorantes ideologizados niegan eso aduciendo que las facultades de Economía están llenas de "socialismo". Aquí hay que distinguir: que haya cierto grupo (generalmente *minoritario*, aunque *ruidoso*) de gente que abogue por ideas de corte marxista en *algunas* universidades no significa que no sea verdad que en la estructura académica de enseñanza lo que prima es la economía neoclásica u ortodoxa. Basta con que uno tome los sílabos de los cursos de microeconomía o macroeconomía *de prácticamente cualquier universidad del mundo* y prácticamente no encontrará términos marxistas como "materialismo histórico", "lucha de clases", "teoría del valor-trabajo", "explotación", "plusvalía", etc., sino que los encontrará plagados de los términos neoclásicos como "racionalidad del consumidor", "competencia perfecta", "eficiencia de los mercados", "equilibrio", "multiplicador monetario", "expectativas racionales", etc. Esto se cumple desde las universidades top del mundo en la enseñanza de la economía (como Harvard, Oxford, Chicago, Columbia, etc.) hasta las pequeñas

---

[15] Para una explicación de las diferentes falacias lógicas (aquí citaremos varias) incluyendo sencillos ejemplos, véase: Dante A. Urbina, *¿Dios existe?: El libro que todo creyente deberá (y todo ateo temerá) leer*, Ed. CreateSpace, Charleston, 2016, pp. 36-45.

universidades de regiones como Latinoamérica. También puede verificarse revisando los libros de texto de economía más importantes y usados del mundo como son los de autores como Paul Samuelson, Walter Nicholson, Hall Varian, Gregory Mankiw y otros. No hay ni un solo capítulo de marxismo en tales manuales. Y si a alguien le quedan dudas está el hecho de que no hay *ni un solo economista marxista* entre los galardonados con el Premio Nobel de Economía[16].

"¡Oh, pero la enseñanza de la economía está llena de keynesianismo, que no es más que una forma de socialismo disfrazado!", replicará tal vez alguno de estos ignorantes ideologizados que consideran a veces que saben más economía que la gran mayoría de economistas solo porque vieron unos cuantos videos de Internet y se convencieron de una postura dogmática. A esto hay que comenzar respondiendo que en general en los cursos de microeconomía no se halla *ni una sola palabra* sobre keynesianismo en los programas de estudios (basta revisarlos para comprobar esto). En cuanto a los cursos de macroeconomía tenemos que cuando se enseña supuestamente keynesianismo, en realidad lo que se está enseñando es la *síntesis neoclásico-keynesiana*, es decir, una simplificación (de hecho, *distorsión*) de los planteamientos de Keynes para considerar *única y exclusivamente* aquellos que puedan hacerse compatibles con el esquema *neoclásico*.

Máxima evidencia de lo precedente es el hecho de que el famoso modelo IS-LM, central en la enseñanza de la macroeconomía y que supuestamente reflejaría los planteamientos keynesianos, deja de lado aspectos *esenciales* del pensamiento keynesiano como la incertidumbre fundamental, los *animal spirits*, la inestabilidad de los mercados financieros, la consideración explícita del mercado de trabajo, etc. De hecho, John Hicks, el padre del modelo IS-LM (del que se arrepintió luego), confiesa: "El IS-LM fue, de hecho, una traducción del modelo de precios flexibles de Keynes *en mis*

---

[16] En realidad, decir "Premio Nobel de Economía" es erróneo pues tal categoría no fue instituida por Alfred Nobel, quien no las consideró entre aquellas disciplinas que genuinamente aportan al bienestar de la humanidad (si la omisión fue intencional, en gran parte no le faltó razón viendo cómo es el paradigma de economía dominante...). La correcta denominación sería "Premio del Banco de Suecia", pero para fines prácticos, dado que la otra forma es la que se ha entronizado en el habla social, seguiremos diciendo "Premio Nobel de Economía" a lo largo de esta obra.

términos"[17]. ¿Y cuáles eran esos términos? Pues nada más y nada menos que los del modelo *neoclásico* de un artículo de Hicks[18] escrito *antes* de la publicación de la *Teoría General del Empleo, el Interés y el Dinero* (1936) de Keynes. De ahí que varios consideren al "keynesianismo" que se enseña en los libros de texto de macroeconomía como un "keynesianismo *bastardo*". De hecho, ese fuerte calificativo lo acuñó alguien tan acreditado al respecto como la gran economista Joan Robinson[19], quien fue discípula directa de Keynes en la Universidad de Cambridge y hasta fue revisora de la *Teoría General del Empleo, el Interés y el Dinero* (1936) como apunta el mismo Keynes en el prefacio. Todo esto lo sabe cualquier investigador *serio* del keynesianismo (lamentablemente hay mucha gente que habla sin investigar).

Asimismo, cualquier intelectual serio puede desdeñar como irrelevante la postura de quienes de forma simplona llaman "socialismo" a cualquier cosa que no coincida con sus sueños de absoluto libre mercado. Llamándole "socialismo" a prácticamente todo terminan generando una situación en que el término abarca *casi todo* y, por tanto, no permite distinguir *casi nada*. Con su uso y, sobre todo, *abuso* del término terminan haciéndolo inútil para cualquier análisis conceptual. Pero, bueno, no se puede esperar mucho de gente tan ideologizada que hasta puede llegar al extremo de llamar "socialista" al famoso economista *liberal* Milton Friedman, como de hecho hizo el teórico austríaco Walter Block[20]. En todo caso, el propio Keynes dijo que si se supusiere un contexto de "lucha de clases" dicha lucha lo encontraría "del lado de la burguesía educada". Así pues, Keynes no se declara de parte de los obreros sino de los capitalistas[21].

Volviendo a nuestro análisis, es claro que el enfoque ortodoxo-neoclásico domina el mundo académico de la economía. Pero, ¿por qué sucede esto?

---

[17] John Hicks, "IS-LM: An explanation", *Journal of Post Keynesian Economics*, vol. 3, n° 2, 1981, p. 141.

[18] John Hicks, "Wages and interest: The dynamic problem", *The Economic Journal*, vol. 45, n° 179, 1935, pp. 456-468

[19] Véase: Joan Robinson, "What has become of the Keynesian revolution?", en: Milo Keynes (Ed.), *Essays on John Maynard Keynes*, Cambridge University Press, Cambridge, 1975.

[20] Los incrédulos pueden comprobar esta afirmación aquí: Walter Block, "Was Milton Friedman a socialist? Yes", *MEST Journal*, vol. 1, n° 1, 2013, pp. 11-26.

[21] John Maynard Keynes, "I am a liberal?", *The Nation & Athenaeum*, August 8, 1925.

No porque este enfoque sea necesariamente el mejor: detalladas refutaciones se han ofrecido a todos los puntos centrales del mismo[22]. *Más bien se trata de que este enfoque ofrecía precisamente aquello que tanto necesitaba y quería el poder: una teoría económica que oculte las implicancias políticas.* Las matemáticas son perfectas para ello: todo el mundo piensa que son perfectamente neutras. Así, la teoría neoclásica, estructurada completamente en términos de modelos matemáticos, "esterilizó" al análisis económico respecto de sus implicancias políticas. Todo se reduce a hallar "equilibrios", no hay lugar para hablar de injusticias, abusos y manipulaciones.

He ahí, pues, lo que aquí llamamos *despolitización de la economía*. De la *Political Economy* de los clásicos se pasó a la *Economics* de los neoclásicos. Y es precisamente por ello que constituye una *total estafa* llamar "neo-clásicos" a estos últimos: los economistas clásicos tenían explícita y directamente en cuenta las dimensiones políticas, sociales y hasta filosóficas de sus análisis; los "neoclásicos", en cambio, dejan automáticamente de lado todo eso como "exógeno" (fuera de estudio). *¡¿Cómo se puede llamar "neo-clásicos" a autores que abiertamente niegan un punto tan central del enfoque de los clásicos?! Ellos no "renuevan" a los clásicos ¡los traicionan!* Pero, en todo caso, esta estafa era necesaria y conveniente pues había cierto grupo poderoso *muy concreto* (la burguesía capitalista) al que le interesaba la entronización de tal tipo de teoría. Por tanto, nos encontramos con una de las mayores ironías de la historia del pensamiento económico, a saber: *que el proceso de despolitización de la economía ¡fue un proceso político!*

Así que la economía "despolitizada" es una ficción interesada que nos está vendiendo el poder. La misma teoría ortodoxa neoclásica, con todo y su matematización, *tiene mucho contenido político implícito*. Eso, que iremos viendo en este libro, también se ha vislumbrado en la precedente obra *Economía para Herejes*. Pero algo que es sumamente interesante a este respecto es el cómo los economistas convencionales (y gran parte de la sociedad) han desarrollado el *perfecto mecanismo de defensa* (y ataque) frente a enfoques alternativos o críticos de economía (la llamada "economía heterodoxa"): *acusarlos de marxismo*. Tal vez un economista *discrepe diametralmente de Marx*, pero basta que pida que se hable de *relaciones de poder*

---

[22] Para una refutación de los 10 principales mitos que nos vende la teoría económica dominante, véase: Dante A. Urbina, *Economía para herejes: Desnudando los mitos de la economía ortodoxa*, Ed. CreateSpace, Charleston, 2015.

en la economía para que se lo tilde de marxista. Puede estar *absolutamente en contra del comunismo*, pero basta que haga críticas serias al capitalismo para que nuevamente se lo adjetive de marxista[23]. Es decir, se le aplica del modo más férreo y descarado la *falacia de arreglo del bulto*. Es así como se pretende cerrar las alternativas de crítica.

El dogma de la soberanía del consumidor

Hemos visto que el proceso de *despolitización de la economía* se impulsó y acogió a partir de la necesidad la burguesía capitalista de tener una teoría económica que borre del cuadro al obrero, pero sin poner en evidencia el *poder* del empresario. O sea, una teoría económica neutra. Sin embargo, también se requiere defender y legitimar el sistema. ¿Pero cómo es posible hacer eso con una teoría "neutra"? Simple: gracias a que tal teoría no es realmente neutra. La teoría ortodoxa neoclásica anula artificialmente cualquier posibilidad de conflicto entre capitalistas y obreros para contener el cambio de sistema, pero entroniza a otro agente como "amo del sistema" para legitimar el mismo. ¿Pero cuál puede ser ese agente si no es el empresario ni el obrero? El consumidor. Es a él al que se entroniza como el verdadero "amo del sistema".

"El consumidor es, por así decirlo, *el rey* (…) cada consumidor es un elector que utiliza su voto para conseguir que se hagan las cosas que él quiere",

---

[23] Una experiencia de ese tipo la tuve en un debate público contra un economista liberal. Pese a que en el mismo claramente explicité que me opongo al marxismo y al estatismo -entendido este último como un sistema en que es el Estado el que controla (o pretende controlar) toda la actividad económica-, mi oponente deslizó en cierta parte del debate lo siguiente: "Todo esto (…) es básicamente una crítica marxista. Yo escuché que eres no-marxista, pero en tus argumentos claramente expones muchas cosas marxistas". Interesante estratagema: intentar asociar como sea los argumentos del oponente al marxismo para desacreditarlos. Frente a ello, respondí: "Se mencionó que 'Ah, estos son elementos parecidos a la crítica marxista…'. Entonces se ve omnipresente el fantasma del marxismo. Apenas alguien diga la palabra 'Estado' y que intervenga más allá de lo mínimo, se dirá 'Oh, esos son los argumentos de los marxistas…'. Bueno, yo tengo videos donde rechazo explícitamente el marxismo, cualquiera puede revisarlo… En una conferencia en Alemania sobre el libro de Piketty hice unas críticas frontales al marxismo". Véase: Dante A. Urbina vs. Walter Puelles, "Debate sobre el desarrollo: Economía heterodoxa vs. liberalismo", Universidad Nacional Hermilio Valdizán, Huánuco (Perú), 16 de diciembre del 2016. (Disponible en YouTube)

escribe Paul Samuelson[24], economista ortodoxo autor del libro de introducción a la economía más famoso del mundo[25] y ganador del Premio Nobel de Economía en 1970. Con esas grandilocuentes palabras se introduce uno de los artículos de fe más importantes en el credo del economista ortodoxo: el sagrado dogma de la "soberanía del consumidor". De acuerdo con este dogma son las elecciones *libres* y *autónomas* de los consumidores, expresadas a través de la llamada "curva de demanda", las que determinan en última instancia *qué* y *cuánto* se producirá, orientando de este modo *toda* la producción hacia la satisfacción de las necesidades.

Aunque el término "soberanía del consumidor" fue acuñando originalmente por el economista inglés William Hutt en su crítica al keynesianismo para describir el rol de los consumidores y los productores en el proceso de mercado[26], fue en realidad el economista austríaco Ludwig von Mises quien desarrolló y popularizó el concepto. Según explica Mises en su famosa obra *La Acción Humana* (una verdadera "Biblia" para los economistas liberales) no son "los empresarios (…) ni los capitalistas" quienes "deciden (…) qué bienes deben ser producidos" sino que más bien eso "corresponde *de modo exclusivo*, a los consumidores"[27]. De esta forma, son los consumidores quienes en última instancia "determinan (…) los precios de los bienes de consumo" como si estuvieran "votando" por ellos dado que, a final de cuentas, "el mercado constituye una democracia, en la cual cada centavo da derecho a un voto" y en la que "cada céntimo gastado tiene capacidad específica para influir en el proceso productivo"[28].

Es más, Mises llega a decir que el mercado supera incluso a la democracia. Él escribe: "Aun así, el símil no es del todo exacto. En las democracias, solo los votos depositados en favor del candidato triunfante gozan de efectiva trascendencia política. Los votos minoritarios carecen de influjo. En el mercado, por el contrario, ningún voto resulta vano. Cada céntimo gastado

---

[24] Citado por: John Kenneth Galbraith, *El Nuevo Estado Industrial*, Ed. Sarpe, Madrid, 1984, p. 322.
[25] Cfr. Paul Samuelson, *Economics: An Introductory Analysis*, Ed. McGraw-Hill, New York, 1948.
[26] Cfr. William Hutt, "The concept of consumer's sovereignty", *Economic Journal*, vol. 50, nº 197, 1940, pp. 66-77.
[27] Ludwig von Mises, *La Acción Humana*, Unión Editorial, Madrid, 1980, p. 415.
[28] Ludwig von Mises, *La Acción Humana*, op. cit., p. 417.

tiene capacidad específica para influir en el proceso productivo. Las editoriales atienden los deseos de la mayoría publicando novelas policiacas; pero también imprimen tratados filosóficos y poesía lírica, de acuerdo con minoritarias apetencias. Las panaderías producen no solo los tipos de pan que prefieren las personas sanas, sino también aquellos otros que consumen quienes siguen especiales regímenes dietéticos"[29].

El famoso escritor y político conservador británico Enoch Powell concurre con los postulados de Mises apelando a la "soberanía del consumidor" como elemento diferencial en que radica la superioridad del capitalismo sobre el socialismo: "La economía de libre empresa es el verdadero reflejo de la democracia. (…) Todo el que va a una tienda y elige un producto en lugar de otro está emitiendo un voto en la urna económica: con cientos o millones de otros que eligen se direcciona la producción y la inversión y se ayuda a moldear el mundo (…) más cerca de los deseos de la gente. *En esta gran y continua elección general de la economía libre nadie, ni siquiera el más pobre, es excluido: todos estamos votando todo el tiempo.* El socialismo está diseñado bajo el patrón opuesto: está diseñado para evitar que la gente siga su propio camino"[30].

En términos más resumidos, como dice Andrew Trigg, la soberanía del consumidor consiste en que "los consumidores tienen el poder de dictar lo que se produce en la economía"[31]. Pues bien, ese postulado, *aunque no siempre explícito, es prácticamente omnipresente en la estructura de la teoría económica dominante.* Al estudiante de economía le comienzan enseñando la teoría del consumidor partiendo de la idea de preferencias expresadas en la llamada *curva de utilidad*. Luego de eso, con base en el *análisis de Slutsky* se derivan las *curvas de demanda* de los consumidores y se las agrega (suma) para hallar la *curva de demanda del mercado*. Esta curva se intercepta con la *curva de oferta* que se obtiene en la teoría de la producción y así se determina el *equilibrio de mercado* que fija el precio y la cantidad (comprada y vendida) para los diversos bienes y servicios de la economía. Y es a partir de allí que

---

[29] Ludwig von Mises, *Ibídem*, p. 417.
[30] Enoch Powell, *Freedom and Reality*, Ed. Elliot Right Way Books, Farnham, 1969, p. 33.
[31] Susan Himmelweit, Roberto Simonetti and Andrew Trigg, *Microeconomics: Neoclassical and Institutionalist Perspectives on Economic Behaviour*, Ed. Cengage Learning EMEA, 2001, p. 28.

se deduce la llamada *economía de bienestar*, es decir, la *carga valorativa* de la economía neoclásica. Allí, *partiendo de la idea de que la demanda es independiente de la oferta*, se infiere que *toda* la producción transada en el mercado constituye un *auténtico bienestar* pues los empresarios (oferta) estarían realmente satisfaciendo lo que *realmente quieren y necesitan los consumidores* (demanda). Luego, siguiendo la noción de *óptimo de Pareto*, se pasa a demostrar matemáticamente que es la asignación de bienes de puro libre mercado la que da el máximo bienestar social. Vemos entonces que, efectivamente, todas estas implicancias de la economía convencional en favor del sistema económico descansan, implícita o explícitamente, sobre el postulado de soberanía del consumidor. Así que *definitivamente su validez y alances constituye una cuestión clave en teoría económica.*

Pero no se piense que esto es únicamente una teoría encerrada en ámbitos académicos. El postulado de soberanía del consumidor, aun cuando no se lo nombre explícitamente en esa forma, está *muy presente en nuestra vida social, política y económica*. Siguiendo el eslogan del famoso economista liberal Milton Friedman, se nos dice que somos "libres para elegir"[32], que esta es la sociedad de la libertad: libertad política, libertad económica, libertad sexual, etc. Así, se dice que nuestro modelo social, político y económico es el mejor posible porque está al servicio de la libertad del individuo y que, por tanto, las demás sociedades deberían ser moldeadas "a nuestra imagen y semejanza". En consecuencia, no es una cuestión baladí analizar *a fondo* esta idea pues de ella depende gran parte de los (supuestos o reales) méritos de lo que en Occidente llamamos nuestra "civilización".

Presupuestos del dogma de soberanía del consumidor

Tal vez al lector le suene extraña la frase "presupuesto del dogma..." pues en general se asume que un dogma se constituye como idea base primaria y, por tanto, no podría a su vez estar basado en otras ideas. Pero ello no es del todo correcto. Aquí es claro que estamos haciendo una analogía religiosa y en el propio mundo religioso existen dogmas que a su vez están basados en otros. Por ejemplo, en el Catolicismo existe el dogma de la "Theotokos"

---

[32] De hecho, ese fue el título de uno de sus más famosos libros (Milton Friedman and Rose Friedman, *Free to Choice*, Ed. Harcourt, New York, 1980) y también de un incluso más famoso programa de 10 capítulos que se transmitió en 1980 por la cadena estadounidense PBS y que tuvo una reedición de 5 capítulos en 1990. Como siempre, el objeto era defender el capitalismo de absoluto libre mercado.

conforme al cual la Virgen María sería "madre de Dios" por ser madre de Jesús. No es para nada materia del presente libro discutir la validez o no de tal dogma, sino que el punto aquí es mostrar que este dogma se deriva lógicamente de uno anterior: el de la divinidad de Jesús. Si no se diera lo último tampoco podría darse lo primero, de modo que vemos que en el mismo plano religioso los llamados dogmas pueden tener presupuestos. Ergo, aplicamos ello paralelamente a la presente disquisición de orden económico. ¿Cuáles son, entonces, los presupuestos del dogma de soberanía del consumidor?

El primer presupuesto es el de *individualismo sociológico*. Según nos explica el gran intelectual francés Phillippe Corcuff, el individualismo sociológico es un enfoque metodológico que "asume como punto de partida las partes (los individuos) para explicar el todo (la sociedad), y analiza las formas colectivas como resultado de una agregación de acciones individuales"[33]. O sea, la sociedad no sería más que la suma de individuos. Es bastante claro que este es el enfoque adoptado por la teoría económica dominante, es decir, la neoclásica. En efecto, como habíamos visto, la unidad básica de análisis para este paradigma no es "la sociedad", "el sistema" o "las clases sociales" sino más bien el *agente individual,* sea en su papel de productor o de consumidor. Más específicamente, se presupone que este agente está "atomizado", es decir, que se relaciona con otros agentes de modo *accidental* ya que, dada su constitución *sustancial* como "átomo" aislado, su ser está "dado" de modo *previo* a lo social y, por tanto, sus gustos y preferencias no dependen, de algún modo fundamental o imposible de eliminar, del contexto de relaciones sociales en que se encuentra inmerso.

Ahora bien, es importante aclarar que la teoría económica convencional no niega que los individuos se relacionen unos con otros y que esas relaciones impongan restricciones a lo que hacen. No obstante, también hay que remarcar que para dicho enfoque el individuo desemboca en esas relaciones sociales desde una constitución *no social* de sus gustos y preferencias. Es por esto que el análisis neoclásico del intercambio parte siempre del famoso ejemplo del náufrago Robinson Crusoe. Las características esenciales de la economía están presentes en su isla y *lo social surge por el simple agregado de los comportamientos individuales*. Esto significa que para la economía neoclásica es como si muchos "Robinson" vivieran separados en diversas

---

[33] Philippe Corcuff, "Figuras de la individualidad: De Marx a las sociologías contemporáneas", *Cultura y Representaciones Sociales*, Año II, nº 4, 2008, p. 12.

islas ("aislados") y a partir de determinado momento se conectan y comercian. Entonces pueden ocurrir -y ocurren- cambios, pero los mismos están predeterminados por la constitución atomística *previa* de cada uno de los "Robinson". Esto no es exageración, el propio manual de microeconomía del reconocido economista Frank Cowell, profesor de la London School of Economics and Political Science, claramente implica esto al listar los supuestos básicos de la "economía de Robinson Crusoe"[34]: i) la isla está aislada del resto del mundo, ii) solo existe un agente económico; iii) todas las mercancías deben ser producidas o halladas en las dotaciones existentes. O sea, ¡una economía con un solo individuo! (el comercio se agrega *luego* introduciendo a otros individuos en el juego). Está bonito como ficción explicativa, pero puede distorsionar seriamente la comprensión de la realidad pues la economía es *siempre y necesariamente* un fenómeno *social* y es en ese contexto donde no solo interactúan, sino que *surgen* los individuos. Pero parece que la economía ortodoxa, a la inversa de lo planteado por Marx[35], defiende que no es el ser social el que determina la conciencia individual sino más bien es la conciencia individual la que determina el ser social. Es decir, son las preferencias *libres* y *autónomas* de los consumidores las que determinan sus decisiones en el mercado y nada más. Nuevamente se va de un extremo a otro cayendo en la *falacia de "dos errores hacen un acierto"*: del individuo absolutamente constituido por lo social en el marxismo se pasa al individuo absolutamente constituido de forma a-social en el enfoque neoclásico.

El segundo presupuesto teórico del postulado de soberanía del consumidor es el de *exogeneidad de las preferencias*. Según eso se considera que las preferencias son "exógenas" (externas) al proceso económico; están "dadas" y, por tanto, el mercado no puede *de ningún modo* influirlas, sino *solo atenderlas*. En consecuencia, el estudio de los procesos mediante los cuales se forman y determinan las preferencias no corresponde a los economistas. Eso es trabajo para "científicos de segunda clase" como "psicólogos", "sociólogos" y "antropólogos"... los economistas no pueden ni deben "mancharse" con eso. Y si algún economista saliera del aparataje técnico-matemático para abordar esas cuestiones *como siendo parte de la economía*,

---

[34] Frank Powell, *Microeconomics: Principles and Analysis*, Suntory and Toyota International Centres for Economics and Related Disciplines, London, 2004, p. 129-130.
[35] Cfr. Karl Marx, *Contribución a la Crítica de la Economía Política*, 1859, prólogo.

corre el riesgo de que se dude de su "castidad metodológica" o su "refinamiento académico" así como se dudaría de la decencia de una señora casada por hablar demasiado con el vecino. *Pero economistas, psicólogos, sociólogos y antropólogos no somos meros "vecinos" que viven en casas separadas ¡sino hermanos que viven en la misma casa de la comprensión del complejo y multifacético fenómeno social!* Pero aun así la economía ortodoxa pretende vivir en su "casa aparte" ("apartamento") construida artificialmente con base en las matemáticas (cualquier no economista que vea los libros de teoría económica se sorprenderá de la *omnipresencia* de las matemáticas en los mismos). De ahí que una de las formas más sutiles de descalificar una línea de investigación en el ámbito de la economía académica sea decir: "Oh, es que este trabajo es demasiado *sociológico*"[36]. Eso no tiene por qué ser algo negativo de por sí. *¡La economía es una ciencia social!* Aunque parece, por decirlo muy suavemente, que a veces los neoclásicos lo olvidan…

En efecto, para la teoría económica neoclásica la *curva de utilidad*, base de la teoría del consumidor y de *todo* lo que se sigue a partir de allí, aquella que recoge las preferencias, se asume siempre como *dada*. Por tanto, *la interacción con la oferta no le afecta en lo más mínimo*. El consumidor va al mercado *ya con sus preferencias absolutamente determinadas*. Así que, conforme al *corsé metodológico* de "variables endógenas" (dentro del sistema) y "variables exógenas" (fuera del sistema), el consumidor *pudiere* (es solo una posibilidad) ser influido *fuera* de la economía, pero nunca *dentro* de la economía. De este modo, se deja fuera del ámbito de la economía al estudio de la formación de las preferencias. Y lo mismo hace el llamado *enfoque de las preferencias reveladas*, planteado por el economista ortodoxo Paul Samuelson[37]: dado que se supone que el consumidor elige siempre lo que más le conviene (*una absoluta falacia de petición de principio* pues ese es justamente el punto a demostrar), resultaría innecesario estudiar el origen o tipología de sus necesidades o preferencias[38]. Dicho de modo simple: de

---

[36] De hecho, eso fue textualmente lo que me dijo un catedrático defensor del enfoque convencional al revisar el documento con la primera versión de los planteamientos de este libro. A sus ojos, era prácticamente suficiente calificar de "sociológico" a mi trabajo para desestimarlo. Yo, por otra parte, estaba (y sigo estando) sorprendido por tal "cortedad de miras" presente en varios economistas.
[37] Cfr. Paul Samuelson, "A note on the pure theory of consumers behaviour", *Economica*, vol. 5, nº 17, 1938, pp. 61-71.
[38] Cfr. José Luis Ramos, "La cuestión de las necesidades en el pensamiento económico", *Tribuna de Economía*, nº 818, 2004, p. 205.

acuerdo con este enfoque, si el consumidor elige algo es porque lo prefiere; por tanto, sus preferencias en la práctica no son más que sus elecciones y, por tanto, no hay por qué "darle más vueltas" al asunto.

El tercer y último supuesto subyacente al postulado neoclásico de soberanía del consumidor es el de *racionalidad perfecta*. Como bien explica Barrera, aquí se "presupone que los individuos poseen la información necesaria para hacer elecciones (…) y que la gente conoce sus preferencias lo suficientemente bien para ser buenos maximizadores"[39]. O sea, el consumidor lo conoce todo sobre las "variables relevantes" para tomar la "decisión óptima" y siempre procesa bien toda esa información. No se dice directamente que el consumidor es un robot calculador perfecto pero, siguiendo la metodología instrumentalista de Milton Friedman[40], se postula que se comporta *como si* lo fuera. Ergo, el consumidor no se equivoca, *siempre elige lo que quiere y del mejor modo*, es decir, maximiza su fin (placer, utilidad, bienestar) minimizando su utilización de medios (tiempo, dinero, esfuerzo, etc.).

¿Cree alguien que es una mera coincidencia este juego "maximización - minimización"? Para nada, surge de la propia definición *reduccionista* de "economía" que maneja el enfoque ortodoxo. Citemos directamente la famosa definición de Lionel Robbins: "La economía es la ciencia que estudia el comportamiento humano como la relación entre unos fines dados y medios escasos susceptibles de usos alternativos"[41]. Y es allí donde viene toda la *matematización*: se reduce prácticamente todo el problema económico a maximizar una función sujeta a restricciones y luego hacer coincidir o interactuar las curvas resultantes de los diversos agentes. En consecuencia, *dentro del esquema ortodoxo, no se requiere un gran y profundo conocimiento de la realidad social para ser un buen economista, es más importante manejar el cálculo de derivadas en el plano teórico y las herramientas econométricas en el plano empírico.*

---

[39] Jorge Barrera Herrera, "Y ahora la moda será el 'empujoncito (nudge)': El paternalismo libertario blando como parte del laissez faire", *Pensamiento Crítico,* Año XIV, nº 35, 2009, p. 108.
[40] Milton Friedman, *Essays in Positive Economics*, University of Chicago Press, Chicago, 1953, ch. 1.
[41] Lionel Robbins, *An Essay On the Nature and Significance of Economic Science*, Ed. Macmillan, London, 1932, p. 15.

¿Cómo se ve al problema de decisión del consumidor, entonces? Simple: como un mero juego matemático más o menos complejo en que hay que maximizar la utilidad (bienestar) sujeto principalmente a la llamada "restricción presupuestaria" (la cantidad de dinero de la que dispone uno). Y se asume que el consumidor actúa en la realidad "como si" resolviera perfecta y automáticamente dicho problema matemático en cada decisión de compra. He ahí la *hiper-racionalidad mecanicista* que se asume sobre el mismo.

Evidentemente lo anterior está también ligado al famoso *axioma de completitud* de las preferencias, el cual postula que "ante dos opciones cualesquiera, una persona siempre es capaz de declarar cuál de ellas prefiere"[42]. En otras palabras, se supone que "la gente sabe bien lo que quiere". La confusión, indecisión, error, duda, etc. quedan fuera del esquema. Asimismo, se impone el llamado *axioma de consistencia* (también conocido como *axioma de transitividad*), de acuerdo con el cual si alguien prefiere A frente a B y B frente a C, entonces debe preferir A frente a C. Y es que solo así puede operacionalizarse correctamente el postulado: el consumidor soberano no solo debe ser *libre*, sino también *racional*.

Implicancias del dogma de soberanía del consumidor

Una vez entendido qué significa el dogma de soberanía del consumidor y cuáles son sus presupuestos debemos abordar la cuestión de las implicancias de su veracidad pues *solo así* podremos comprender a carta cabal por qué es que se defiende tanto (sea de modo explícito o implícito).

La primera y más importante de las implicancias del dogma de soberanía del consumidor es *la racionalidad de la totalidad del sistema económico*. Básicamente podemos definir a la economía como la administración de los recursos escasos para la satisfacción de las necesidades humanas (incluyendo por supuesto allí todo el marco institucional, el contexto histórico y la base ecológica para no caer en el reduccionismo propio del enfoque ortodoxo). Entonces una *economía racional* será aquella en que se producen bienes para satisfacer necesidades y una *economía irracional* será aquella en que se producen necesidades para vender los bienes.

---

[42] Cfr. Walter Nicholson, *Microeconomía Intermedia y Aplicaciones*, Ed. Thomson, Madrid, 2006, p. 57.

Pues bien, si ello es así tendremos que la soberanía del consumidor, de darse, asegurará y salvaguardará la racionalidad de la totalidad del sistema económico ya que en virtud de la misma la producción de bienes se orientará *necesariamente* hacia la satisfacción de las necesidades. El economista liberal Milton Friedman claramente comprendió eso y por ello defendía ferozmente al capitalismo liberal como "el mejor sistema posible" por cuanto "da a la gente *lo que realmente quiere*"[43].

De ello se deriva, evidentemente, la legitimación del crecimiento económico como objetivo primario de la sociedad. En efecto, si hay soberanía del consumidor, el crecimiento económico será *siempre y necesariamente* bueno ya que todo aumento de la producción contribuirá de modo *directo* y *automático* a la satisfacción de las necesidades *pre-existentes* de la sociedad aumentando con ello el nivel de felicidad. Así, el crecimiento económico nos daría la felicidad y los países con más desarrollo económico serían los más felices. Ergo, si la felicidad es algo siempre bueno y deseable, el crecimiento del PIB se convierte también en algo siempre bueno y deseable.

La segunda implicancia del postulado de soberanía del consumidor es la *eficiencia de los mercados*. "En la economía de mercado *siempre* se da como presupuesto la soberanía del consumidor", escriben los economistas Fisher, Griliches y Kaysen[44]. ¿Por qué? Porque solo si los consumidores son soberanos la competencia entre las empresas dará lugar a la máxima satisfacción social. Y es que en ese marco de referencia el empresario solo tiene una forma de hacerse rico: sirviendo a los consumidores. He ahí la *dura disciplina* del mercado.

En su ya citado libro *La Acción Humana*, Mises nos ilustra esto de modo bastante sugestivo: "Corresponde a los empresarios, en la sociedad de mercado, el gobierno de todos los asuntos económicos. Ordenan personalmente la producción. Son los pilotos que dirigen el navío. A primera vista, podría parecernos que son ellos los supremos árbitros. *Pero no es así*. Se hallan sometidos *incondicionalmente* a las órdenes del *capitán*, el consumidor. *No deciden*, por sí, ni los empresarios, ni los terratenientes, ni los capitalistas *qué bienes deben ser producidos*. Corresponde eso *de modo*

---

[43] Milton Friedman, *Capitalism and Freedom*, University of Chicago Press, Chicago, 1962, p. 30.
[44] Franklin Fisher, Zvi Griliches and Carl Kaysen, "The cost of automobile model changes since 1949", *The Journal of Political Economy*, vol. 70, n° 5, 1962, p. 434.

exclusivo a los consumidores. *Cuando el hombre de negocios no sigue, dócil y sumiso, las directrices que, mediante los precios del mercado, el público le marca, sufre pérdidas patrimoniales; se arruina, siendo finalmente relevado de aquella eminente posición que, al timón de la nave, ocupaba. Otras personas, más respetuosas con los mandatos de los consumidores, serán puestas en su lugar"*[45]. De esta forma, continúa Mises, "totalmente distinta a la del gobernante es la postura de los empresarios y capitalistas en la economía de mercado. El 'rey del chocolate' *no goza de poder alguno sobre los consumidores,* sus clientes. Se limita a proporcionarles chocolate de la mejor calidad al precio más barato posible. Desde luego, no gobierna a los adquirentes; más bien sin retraso, se pone a su servicio. *No depende de él una clientela que libremente puede ir a comprar a otros comercios.* Su hipotético 'reino', se esfuma en cuanto los consumidores prefieren gastarse sus monedas con distinto proveedor"[46].

Claramente se ve aquí la esencia de la "mano invisible" postulada por Adam Smith: el empresario *egoísta* que no se preocupa para nada por las necesidades de su prójimo y solo le importa ganar más dinero termina, *en virtud de la soberanía del consumidor,* comportándose como un *santo* pues la única forma que tiene para ganar más dinero es produciendo y vendiendo aquellos bienes que los consumidores más desean y necesitan, es decir, tiene que preocuparse por las necesidades de su prójimo. De esta manera, buscando únicamente su *beneficio individual,* termina promoviendo, sin proponérselo, el *bienestar social* del modo más eficiente posible. *La eficiencia del mercado haría el milagro de convertir intenciones malas en actos buenos.* ¡Qué maravilla! Ya no necesitamos de gente buena para construir un sistema económico decente pues el sistema de libre mercado es a la naturaleza humana lo que la piedra filosofal a los metales viles: todo lo malo se transforma en bueno.

En ese contexto, ni siquiera es necesario que conozcamos en específico cuáles son las fuerzas detrás de un resultado de mercado para que sepamos si este es eficiente o no. Basta con que dejemos operar libremente el sistema de precios y este, por su sola dinámica, regulará la economía hacia la satisfacción de las necesidades más urgentes. De este modo, en un sistema de libre mercado, quien no pueda adquirir un bien concreto dado su precio debe saber que ello es porque, dadas las condiciones de producción, se están atendiendo primero necesidades más urgentes que la suya. El orden natural

---

[45] Ludwig von Mises, *La Acción Humana,* Unión Editorial, Madrid, 1980, p. 415.
[46] Ludwig von Mises, *La Acción Humana,* op. cit., p. 419.

del mercado es, pues, un orden racional. O al menos así lo implica Friedrich von Hayek, tal vez el economista liberal más famoso e influyente de todo el siglo XX (disputa ese puesto con Milton Friedman y su maestro Mises), cuando escribe: "Supongamos que en alguna parte del mundo ha surgido una nueva oportunidad para el uso de alguna materia prima, por ejemplo, el estaño o que se ha eliminado una de las fuentes del suministro de este. Para nuestro propósito, no tiene importancia -y el hecho de que no tenga importancia es en sí importante- cuál de estas dos causas ha provocado la escasez del estaño. Todo lo que los consumidores de estaño necesitan saber es que una parte del estaño que consumían *está siendo ahora empleado más rentablemente en otro lugar y que, por consiguiente, deben economizar su uso*. La gran mayoría de ellos *no necesita ni siquiera saber dónde se ha producido la necesidad más urgente, o en favor de qué otras necesidades deben manejar prudentemente la oferta*. (...) Todo esto sucede sin que la gran mayoría de quienes contribuyen a efectuar tales sustituciones conozca la causa original de estos cambios. El todo actúa como un mercado"[47]. O sea, ya no es necesario preguntar: si estamos en un sistema de libre mercado podemos dar por descontado que, en términos de eficiencia, estamos en "el mejor de los mundos posibles".

En tercera instancia, la soberanía del consumidor implica la *racionalidad de la distribución del ingreso*. Y es que, como decía Ludwig von Mises, en un sistema de mercado en el que los consumidores son soberanos "una mayor inversión de capital y trabajo (...) *únicamente* resultaría oportuna si permitiera atender las más urgentes de las todavía insatisfechas necesidades de los consumidores"[48]. En consecuencia, *los empresarios y trabajadores que más ganan son aquellos que mejor sirven a la sociedad en sus más urgentes necesidades*.

Se configura, entonces, un proceso en dos fases: primero, en el mercado de bienes, las empresas ganan en función de cuánto sirven a los consumidores y luego, en el mercado de trabajo, los trabajadores ganan en función de cuánto sirven a las empresas. De este modo, como dice Mises, "los consumidores no solo determinan los precios de los bienes de consumo, *sino también los precios de todos los factores de producción, fijando los ingresos de cuantos operan en el ámbito de la economía de mercado*: son ellos, y no los

---

[47] Friedrich von Hayek, "The use of knowledge in society", *American Economic Review*, vol. 35, nº 4, 1945, pp. 519-530.
[48] Ludwig von Mises, *La Acción Humana*, Unión Editorial, Madrid, 1980, p. 423.

empresarios, quienes, en definitiva, pagan a cada trabajador su salario, lo mismo a la famosa estrella cinematográfica que a la mísera criada. Con cada centavo que gastan ordenan el proceso productivo y, hasta en los más mínimos detalles, la organización de los entes mercantiles"[49]. Por tanto, en este esquema no tendría ningún sentido que los obreros se quejen con los empresarios respecto de sus bajos salarios. Los empresarios no pueden influir mayormente en eso sino que serían los consumidores los que habrían "dictado" el salario de cada trabajador por medio del mecanismo de mercado. En función de lo que cada trabajador haya contribuido a la satisfacción del consumidor vía el bien o servicio ofrecido se determinará su salario. El empresario sería nada más que un intermediario: *él no tiene el control del sistema, lo tiene el consumidor*.

Ergo, la búsqueda de la supuesta "justicia social" no sería más que una tontería. La distribución de ingresos del puro libre mercado sería la mejor posible pues garantizaría el mayor bienestar de la sociedad sin violar la libertad de nadie. De ahí que Friedrich von Hayek no se haya ahorrado calificativos (negativos) respecto de la noción de justicia social. En efecto, para él la justicia social no es más que un "vano sortilegio", un "espejismo", un "señuelo", una superstición comparable a la "creencia en las brujas"[50]. En otras palabras, sería un mero "atavismo"[51].

Y es que, si los resultados del mecanismo de mercado (incluida la distribución del ingreso) son impersonales en el sentido de que ninguna persona puede determinarlos individualmente (cada consumidor soberano decide solo sobre una muy pequeña fracción), ¿qué razón habría para protestar sobre si son justos o injustos? Si ningún grupo de "poderosos" controla el sistema "detrás de las sombras", sino que solo existen las decisiones *libres e individuales* de miles y miles de consumidores *independientes*, ¿contra quién se va a protestar?

Citemos las palabras del propio Hayek, pues son sumamente reveladoras a este respecto: "Nuestras quejas sobre la injusticia de los resultados del

---

[49] Ludwig von Mises, *Ibídem*, p. 417.
[50] Friedrich von Hayek, *Derecho, Legislación y Libertad*, vol. 2: *El Espejismo de la Justicia Social*, Unión Editorial, Madrid, 1979, pp. 2-3, 118-121.
[51] Friedrich von Hayek, "The atavism of social justice", en: *New Studies in Philosophy, Politics, Economics and the History of Ideas*, University of Chicago Press, Chicago, 1978, pp. 57-68.

mercado *en modo alguno implican que alguien haya actuado de manera culpable o injusta. No existe contestación a la pregunta: ¿quién es el que ha sido injusto?* (…) *No existe individuo o grupo alguno contra el que quienes sufren deban dirigir sus quejas* (…) nadie está en posición de determinar los ingresos relativos de las diferentes personas o de evitar que los mismos dependan en parte de circunstancias accidentales"[52]. Así que los empresarios, por más grandes o poderosos que sean, nunca tendrían la culpa de nada: todo sería por obra y gracia de las infinitas decisiones de los consumidores, y los consumidores… ¡somos todos nosotros! Así que no tendría absolutamente ningún sentido protestar y hablar de "justo" o "injusto" respecto del mercado sería tonto: *el mercado es simplemente racional y con eso es más que suficiente*. Al menos así lo implica Hayek cuando escribe que "en una sociedad libre en la que la situación de los diferentes individuos y grupos *no es consecuencia del designio de nadie* (…) *las diferencias de remuneración no pueden en rigor ser calificadas de justas o injustas* (…). Nada tiene que ver (…) con la forma en que el proceso *impersonal* del mercado asigna el dominio de los bienes y servicios. No puede ser tal proceso justo ni injusto, por tratarse de resultados que no han sido ni pretendidos ni previstos y que dependen de una multitud de circunstancias que nadie en su totalidad conoce"[53]. En suma, "no puede haber justicia distributiva donde nadie distribuye"[54].

Finalmente, el dogma de soberanía del consumidor implica la *no intervención del Estado*, esto es, la consabida doctrina del *laissez faire laissez passer* ("dejar hacer, dejar pasar"). En efecto, si los mercados de bienes y de factores (capital y trabajo) son *naturalmente* eficientes y procuran del mejor modo la máxima satisfacción de la sociedad ¿por qué habría de intervenir el Estado? Cualquier intervención o regulación lo único que haría sería distorsionar la dinámica perfecta de los mercados y, en consecuencia, generaría ineficiencias.

El ya varias veces citado Ludwig von Mises es sumamente enfático en este punto. En la tercera de sus conferencias dadas en Buenos Aires en 1959,

---

[52] Friedrich von Hayek, *Derecho, Legislación y Libertad*, vol. 2: *El Espejismo de la Justicia Social*, Unión Editorial, Madrid, 1979, p. 123.
[53] Friedrich von Hayek, *Derecho, Legislación y Libertad*, vol. 2: *El Espejismo de la Justicia Social*, op. cit., p. 29.
[54] Friedrich von Hayek, "The atavism of social justice", en: *New Studies in Philosophy, Politics, Economics and the History of Ideas*, Ed. University of Chicago, Chicago, 1978, p. 58.

titulada "Intervencionismo", nos dice: "El intervencionismo significa que el gobierno no solo falla en proteger el aceitado funcionamiento de la economía de mercado, sino que también interfiere en los distintos fenómenos del mercado. (...) *El gobierno desea interferir con el propósito de forzar a los empresarios a conducir sus asuntos de una manera diferente a la que hubieran elegido si hubieran obedecido solamente a los consumidores. Así, todas las medidas de intervencionismo que toma el gobierno están dirigidas a restringir la supremacía de los consumidores*"[55]. Por tanto, la intervención estatal no solo es *económicamente ineficiente* sino también *moral* y *políticamente reprobable* desde que atenta contra el valor más sagrado de la economía de mercado y la civilización occidental: la libertad.

De este modo, siguiendo nuevamente los planteamientos del liberal Friedrich von Hayek, tendríamos que el mercado es un *perfecto orden espontáneo*, no ideado por la mente o voluntad de nadie, sino generado por las miles y miles de decisiones de los muchos agentes llevando de por sí al máximo bienestar pues cada uno sabe lo que más le conviene y actúa en consecuencia. Que el Estado "meta la mano" en el mercado constituye, por tanto, la *fatal arrogancia*[56] de ponerse por encima de la gente y pretender decidir por ellos cuando ni siquiera puede comprender el extremadamente complejo fenómeno que representa el mercado. Y esto solo puede llevar al totalitarismo político. En consecuencia, de acuerdo a la visión liberal, hay que rechazar automáticamente a cualquier partido o propuesta política que nos diga que hay que regular el mercado por más mínima que sea esta regulación pues ese sería el paso inicial de un inevitable viaje hacia el socialismo. Los políticos que favorecen el mercado y se someten a él son los únicos correctos. Cualquiera que se desvíe de eso con el anzuelo de la famosa "justicia social" solo puede llevarnos a la pérdida de nuestras libertades económicas y, finalmente, políticas pues, como dice Hayek, "en la medida en que la fe en la 'justicia social' domine la acción política, tal proceso deberá *necesariamente* conducir a un sistema totalitario"[57]. Por tanto, si queremos una sociedad de "hombres libres y felices" debemos evitar del

---

[55] Ludwig von Mises, *Política Económica: Pensamientos Para Hoy y Para el Futuro*, The Ludwig von Mises Institute, 2002, p. 25.
[56] Hayek popularizó este término escribiendo un libro entero al respecto. Véase: Friedrich von Hayek, *The Fatal Conceit: The Errors of Socialism*, Ed. Routledge, London, 1992.
[57] Friedrich von Hayek, *Derecho, Legislación y Libertad*, vol. 2: *El Espejismo de la Justicia Social*, Unión Editorial, Madrid, 1979, p. 122.

todo la fatal arrogancia de pretender regular el mercado y más bien debemos *someternos humildemente* al mismo. Y el mercado es un "dios bondadoso" pues, habiendo soberanía del consumidor, *¿qué mecanismo mejor que ese para procurarnos la libertad y la felicidad?*

Todo eso es lo que nos dicen, de un modo u otro, los economistas liberales[58], los políticos y los medios de comunicación. Se nos dice que somos los reyes, que somos "libres para elegir", que el sistema está a nuestro servicio, que estamos en el "mejor de los mundos posibles" y que, por tanto, no hay que cambiarlo. El *statu quo* en que estamos es el correcto. O, en todo caso, si hay problemas es por culpa de la "mano visible" del Estado que no deja funcionar perfectamente a la "mano invisible" del mercado, así que lo que requerimos es introducir *más liberalismo* en nuestro *capitalismo*. Eso es lo que se nos dice. *Pero es mentira…*

---

[58] Véase cómo en este capítulo hemos citado no una, sino repetidas veces a Mises, Friedman y Hayek.

CAPÍTULO 2
HACIA UNA VISIÓN ALTERNATIVA DEL CONSUMIDOR O DE CÓMO SE DESMIENTE A LA ECONOMÍA ORTODOXA

El constructivismo sociológico

Para derribar un edificio basta con atacar la base y la estructura cae en consecuencia. Del mismo modo, para desmentir una teoría es necesario atacar primeramente sus presupuestos. Puede parecer esta una labor meramente destructiva, pero no lo es: al destruir construimos porque cuando criticamos lo hacemos desde cierto esquema teórico y a partir de este se van generando los elementos para levantar una nueva estructura. De esta forma, nuestra crítica, si bien resultará destructiva respecto de las mitologizaciones que nos vende la economía ortodoxa, será constructiva respecto de una mejor y más amplia comprensión de la realidad. Y lo que importa para la mentalidad científica, y para todo hombre intelectualmente honesto, es la comprensión de la realidad, no el preservar "con uñas y dientes" tal o cual teoría.

Comencemos, entonces, con el primer presupuesto, el de *individualismo sociológico*, de acuerdo con el cual los individuos forman su subjetividad de modo independiente y previo a lo social. A esto le opondremos una visión de construcción social de la subjetividad: el *constructivismo sociológico*. Se entiende por *constructivismo* a aquel enfoque de la sociología que busca superar la pareja de "conceptos dicotómicos" que esta ha heredado de la vieja filosofía social (tales como las oposiciones entre idealismo y materialismo, sujeto y objeto, individual y colectivo, etc.) con el objeto de aprehender las realidades sociales de modo integrado entendiéndolas específicamente como construcciones históricas y cotidianas de actores individuales y colectivos, construcciones que si bien no niegan la individualidad, van más allá de esta y del mero entendimiento de lo social como una suma de individuos separados.

De este modo, se postula que los hombres hacen su propia historia, pero bajo condiciones que les vienen dadas. O, como lo habría expresado de modo sumamente elocuente el filósofo existencialista Jean-Paul Sartre: "Un hombre es lo que hace con lo que hicieron de él"[59]. O sea, el hombre sí tiene

---

[59] Citado por: José Pablo Feinmann, *Filosofía Aquí y Ahora* (Programa), Canal Encuentro, Argentina, 2004, Temporada I, Encuentro 1, n. 4.

libre albedrío e individualidad pero los ejerce desde un marco histórico-social que le viene dado y lo condiciona. Así, nuestro planteamiento supera a la vez tanto el *sociologismo* de Émile Durkheim, que valoriza lo colectivo a expensas de lo individual, como el *individualismo* de los economistas neoclásicos, que valoriza lo individual a expensas de lo colectivo.

Lo precedente se da en virtud de que aquí manejamos una *epistemología holística* conforme a la cual los fenómenos sociales (y, por ende, todos los "fenómenos económicos") deben entenderse siempre como realidades complejas en que el todo está implicado en las partes y las partes en el todo. La teoría económica convencional más bien ha seguido una *epistemología mecanicista* pretendiendo ganar su estatus de "ciencia" por la vía de asemejarse a la física newtoniana, tal vez por causa de aquella terrible "patología epistémica" conocida como el *complejo de inferioridad de las ciencias sociales* del que nos ha hablado Machlup[60]. En todo caso, es una verdadera vergüenza que la teoría económica del siglo XXI se parezca a la física... *¡pero a la física del siglo XIX!* En efecto, la física actual, con los avances de la teoría de la relatividad, la mecánica cuántica, la teoría del caos y la incorporación de las matemáticas fractales, ha dejado muy por detrás el simple modelo mecanicista-newtoniano de comprensión del universo. Y también en biología se han superado ese tipo de visiones pues se ha comprendido que los sistemas biológicos no pueden explicarse coherentemente a partir de la mera reducción mecánica de la totalidad a sus partes más simples (sean células, moléculas o genes). Como dijo Ernst Mayr, uno de los más notables biólogos evolutivos del siglo XX: "Todo biólogo debería insistir en que dividir los sistemas biológicos en partículas elementales sería, sin duda alguna, la peor manera de estudiar la naturaleza"[61]. Así que, si en las propias ciencias naturales se está adoptando el enfoque holístico, *¡¿con cuánta mayor razón debería hacerse ello en ciencias sociales?!* Nosotros seguiremos ese enfoque, ya es problema de los economistas ortodoxos si es que quieren seguir tercamente en la prehistoria cognitiva...

Pero bueno, más allá de esas digresiones epistemológicas, estando ya definido y demarcado el constructivismo a nivel general, debemos pasar a

---

[60] Véase: Fritz Machlup, "The inferiority complex of the social sciences"; en: Mary Sennholz ed., *On Freedom and Free Enterprise*, Ed. D. Van Nostrand Company, New Jersey, 1956.
[61] Citado por: G. M. Hodgson, *Economía y Evolución: Revitalizando la Economía*, Colegio de Economistas, Madrid, 1995, p. 342.

nuestro planteamiento particular sobre el problema de la *constitución social de la subjetividad*. Para ello nos valdremos de la *teoría del habitus* planteada por el famoso sociólogo francés Pierre Bourdieu quien, por cierto, ha caracterizado a su paradigma como un "constructivismo estructuralista"[62]. De acuerdo con Bourdieu, el *habitus* se define básicamente como el conjunto de disposiciones *duraderas* y *transponibles* que interioriza el individuo en el transcurso de su socialización y que lo llevan a percibir, pensar y actuar de una determinada manera. En otras palabras, es "espontaneidad condicionada y limitada"[63], "el fundamento objetivo de conductas regulares y (…) de la regularidad de las conductas" a partir del cual podemos preverlas "justamente porque (…) es aquello que hace que los agentes (…) se comporten de cierta manera en ciertas circunstancias"[64].

Este concepto es sumamente útil para nuestros propósitos de construir una teoría alternativa del consumidor porque nos permite postular como principio generador de las prácticas y decisiones de los individuos una racionalidad sin cálculo y una causalidad no mecanicista; o sea, lo contrario de lo que plantea la teoría neoclásica.

¿Pero cómo es que surge el habitus? Según explica Bourdieu, la génesis del habitus se da por medio de dos vías: la inculcación y la incorporación. La *inculcación* supone una acción pedagógica efectuada dentro de un espacio institucional por agentes especializados que imponen normas arbitrarias valiéndose de técnicas disciplinarias[65]. Por ejemplo, cuando a los jóvenes de ciertas escuelas les imponen que deben ir con el cabello bien corto o de lo contrario no les dejan entrar. La *incorporación*, en cambio, remite a la idea de una interiorización por los sujetos de las regularidades inscritas en sus condiciones de existencia. Por ejemplo, el caso de alguien a quien engrieron mucho en su niñez y que luego asume (o tiende a asumir) que todas las personas a su alrededor tienen que complacerlo y estar a su servicio.

Pero no se piense que este se trata de un proceso mecánico y determinista.

---

[62] Pierre Bourdieu, *Choses Dites*, Ed. de Minuit, París, 1987, p. 147.
[63] Pierre Bourdieu, *Las Estructuras Sociales de la Economía*, Ed. Manantial, Buenos Aires, 2002, p. 239.
[64] Pierre Bourdieu, "Habitus, code et codification", *Actes de la Recherche en Sciences Sociales*, vol. 64, n° 1, 1986, p. 40.
[65] Véase: Pierre Bourdieu y Jean-Claude Passeron, *La Reproduction*, Ed. Minuit, París, 1970.

Más bien se constituye como una dialéctica en espiral entre "condiciones objetivas" y "disposiciones". De este modo, como bien aclara Bourdieu, "el habitus no es *el destino*, como se lo interpreta a veces. Siendo producto de la historia, es un sistema abierto de disposiciones que se confronta permanentemente con experiencias nuevas y, por lo mismo, es afectado también permanentemente por ellas. Es duradero, pero no inmutable"[66].

Pasemos ahora a la distinción que hace Bourdieu entre los *habitus de clase* y los *habitus individuales*. Pero antes de ello una aclaración: el concepto de "clase" en Bourdieu no se corresponde con el de Marx. En primer lugar, porque para Bourdieu las clases sociales son ante todo "clases en el papel", es decir, construcciones teóricas que utiliza el sociólogo para su investigación[67], mientras que para Marx son una especie de "cosas" claramente identificables en la realidad misma. En segundo lugar, porque el criterio que utiliza Bourdieu para la determinación de las clases es un criterio multidimensional (social, político, cultural, etc.)[68], y no solo económico, como es que sucede con Marx que todo lo determina en función de la posesión o no de los medios de producción.

Ahora bien, para Bourdieu existen *habitus de clase* porque hay ciertas "condiciones de existencia y condicionamientos idénticos o semejantes" entre los miembros de un mismo grupo[69]. Pero dado que en cada grupo "queda descartado que todos los miembros (…) hayan tenido las mismas experiencias y en el mismo orden"[70] es necesario postular la existencia también de *habitus individuales* determinados por la "singularidad de las trayectorias sociales, a las cuales corresponden una serie de determinaciones cronológicamente ordenadas e irreductibles las unas a las otras" realizándose de este modo en cada sujeto "una integración única"[71]. Para ponerlo en términos sencillos: uno puede haber nacido en una familia pobre y, en consecuencia, tendrá un conjunto de experiencias similares a las de otras personas nacidas en familias pobres, representando ello una especie de *habitus de clase*; pero en la configuración de la individualidad no solo influirá eso sino también si nace en tal o cual país, pertenece a tal o cual

---

[66] Pierre Bourdieu, *Réponses*, Ed. Seuil, París, 1992, p. 109.
[67] Cfr. Pierre Bourdieu, *Raisons Pratiques*, Ed. Seuil, París, 1994, pp. 26-27.
[68] Pierre Bourdieu, *Raisons Pratiques*, op. cit., pp. 20-22.
[69] Cfr. Pierre Bourdieu, *Le Sens Pratique*, Ed. Minuit, París, 1980, p. 100.
[70] Pierre Bourdieu, *Le Sens Pratique*, op. cit. p. 100.
[71] Pierre Bourdieu, *Ibídem*, pp. 101-102.

religión, elige tal o cual profesión, etc., siendo todo ello lo que en conjunto generará su *habitus individual,* diferente al de los demás que no han tenido exactamente el mismo tipo de experiencias en exactamente los mismos grupos ni exactamente en el mismo orden.

Se ve, pues, que desde este enfoque el habitus se constituye ante todo como aquel espacio subjetivo en que las realidades sociales son a la vez objetivadas e interiorizadas. Es decir, por una parte remite a entes objetivados exteriores a los agentes (reglas, instituciones, normas, etc.) que funcionan a la vez como condiciones limitantes y como puntos de apoyo para la acción; y, por otra, se inscribe en mundos subjetivos interiorizados, constituidos principalmente por formas de sensibilidad, percepción, representación y conocimiento. El habitus se trata, entonces, de aquel espacio en el que se da el doble movimiento, ya otrora expresado por Jean Paul Sartre, de "interiorización de la exterioridad" y "exteriorización de la interioridad" siendo de este modo la estructura social algo "siempre limitante y habilitante", tal como pertinentemente nos recuerda Anthony Giddens[72]. O sea, lo social es algo que nos restringe, pero a la vez habilita el hacer cosas. Por ejemplo, el lenguaje, que es una estructura social previa que nos viene dada, habilita nuestra expresión a la vez que restringe nuestras posibilidades y nos condiciona.

Por tanto, el habitus no es -como erróneamente se ha pensado- el "buldócer"[73] de lo colectivo contra lo individual, sino más bien una herramienta sociológica que nos permite pensar la subjetividad individual como un ensamblaje *singular* de piezas *colectivas*. O sea, nos permite pensar la *individualidad* en el contexto de la estructura social sin tener que caer en el error del *individualismo* propio del enfoque de la economía ortodoxa.

La construcción social de las preferencias

Pasemos ahora a cuestionar el segundo supuesto de la teoría ortodoxa: el de la *exogeneidad de las preferencias*. Puede definirse a las *preferencias* como una inclinación subjetiva y relativamente predeterminada que tienen los individuos con respecto a cierto objeto o situación en vistas de la satisfacción

---

[72] Anthony Giddens, *La Constitution de la Société: Éléments de la Théorie de la Structuration*, Ed. PUF, París, 1987, p. 226.
[73] Máquina utilizada para la nivelación de tierras, la excavación y la remoción de otras máquinas.

de una determinada necesidad (así, si uno tiene hambre, puede preferir una pizza a un plato de lentejas). Dada esta definición, es evidente que la constitución específica de las preferencias en los individuos tiene que ver *necesariamente* con la constitución específica de su *subjetividad*. Pero, como habíamos visto, la subjetividad siempre y necesariamente se constituye en un proceso *social* que (quiéranlo o no los economistas ortodoxos) no es exógeno (es decir, "externo") a la economía. Por tanto, *hay que endogenizar las preferencias,* es decir, considerarlas como determinada *dentro* del sistema económico. De hecho, esto es lo que propone Samuel Bowles, Doctor en Economía por la Universidad de Harvard, con su enfoque de *economía política post-walrasiana*[74].

Pues bien, dado lo anterior tendremos que, así como se habló de un proceso de construcción social de la subjetividad, deberá hablarse también de un *proceso de construcción social de las preferencias*. Como era de esperar, este proceso se dará en función de una dinámica similar a la del habitus y en términos básicamente de lo que habíamos llamado *incorporación*. Así, las preferencias se configurarán a partir de una subjetividad constantemente influida por las diferentes acciones comunicativas a las que está expuesto el consumidor en el marco más amplio y general del contexto institucional, histórico y cultural. En efecto, sucede que "hasta el volumen de las llamadas necesidades básicas, así como la índole de su satisfacción, *es un producto histórico y depende por tanto en gran parte del nivel cultural de un país, y esencialmente, entre otras cosas, también de las condiciones bajo las cuales se ha formado la clase de los trabajadores libres, y por tanto de sus hábitos y aspiraciones vitales*"[75]. En consecuencia, las preferencias y necesidades, *consideradas en específico*, siempre y necesariamente serán construcciones histórico-sociales. De esta forma, si bien el que de cuando en cuando nos dé hambre constituye un "hecho biológico bruto", *la forma específica en que ello se manifieste como necesidad en nosotros y el modo en que queramos satisfacerlo* será definitivamente un fenómeno histórico-social.

Asimismo, para esta teoría de la construcción social de las preferencias es sumamente importante la noción de *habitus de clase*, es decir, de cómo

---

[74] Véase: Samuel Bowles, "Endogenous preferences: The cultural consequences of markets and other economic institutions", *Journal of Economic Literature*, vol. 36, n° 1, pp. 75-111.

[75] Karl Marx, *El Capital,* 1867, Tomo I, Sec. II, cap. IV.

individuos de un mismo grupo forman sus preferencias a partir de condicionamientos similares. Aquí el antecedente más importante lo encontramos en el economista institucionalista Thorstein Veblen quien en su obra *Teoría de la Clase Ociosa* (1899) analizó las características reales y simbólicas de la alta burguesía de su época llegando a la conclusión de que el "nivel de vida" y los "cánones de gusto" de esta élite se expresan en términos de un "consumo ostentoso" producto de una dinámica de "emulación pecuniaria". De este modo, "bajo la vigilancia selectiva de la ley del derroche ostensible se produce un código de cánones generalmente aceptados de consumo, *cuyo efecto es obligar al consumidor a conformarse a un patrón de gastos y derroche en su consumo de bienes*"[76], siendo que, "para producir buena reputación, este consumo tiene que ser derrochador" pues "no puede derivarse ningún mérito del consumo de lo estrictamente necesario para la vida"[77]. Dicho sin tanta sofisticación terminológica: los ricos consumen para presumir (o no verse humillados) ante otros ricos.

A su vez, desde una perspectiva muy similar a la de Veblen, el economista inglés John Maynard Keynes reconoce la existencia de "necesidades de segunda clase", es decir, aquellas que son el resultado de los esfuerzos de uno para mantenerse delante o por encima de su prójimo y las cuales "pueden ser, sin duda, *insaciables*; ya que cuanto más elevado es el nivel general, más elevadas todavía son ellas"[78].

Es claro, entonces, que fuera de la tradición neoclásica existen entre los economistas importantes aportes en torno al problema de la construcción social de las preferencias. Por tanto, resulta equivocado tratarlas como puramente "exógenas" o "dadas" ya que en realidad su constitución se da de modo *interno* e *intrínseco* al proceso social en que se desarrolla la economía.

Economía conductual, economía experimental, neuroeconomía y racionalidad limitada

Pasemos a atacar el tercer supuesto: el *supuesto de racionalidad*. Básicamente

---

[76] Thorstein Veblen, *Teoría de la Clase Ociosa*, Fondo de Cultura Económica, México, 1944, p. 105.
[77] Thorstein Veblen, *Teoría de la Clase Ociosa*, op. cit., p. 89.
[78] John Maynard Keynes, "Economic possibilities for our grandchildren", en: *Essays in Persuasion*, Ed. W. W. Norton & Co., New York, 1963, pp. 358-373.

lo que aquí postula la teoría neoclásica es que los consumidores son seres calculadores que determinan racionalmente su consumo considerando toda la información disponible y de un modo tal que alcanzan siempre la máxima utilidad (satisfacción) posible. Esto es lo que se conoce como el *homo economicus*, el modelo antropológico que subyace al conjunto de la economía neoclásica.

No es para nada difícil poner en cuestión este supuesto. En el libro *Economía para Herejes: Desnudando los Mitos de la Economía Ortodoxa*[79] todo el capítulo 1 se aboca a derribarlo desde muchos enfoques y perspectivas. Asimismo, en el paper "A critical review of homo economicus from five approaches" he realizado ya, junto con mi coautor el Dr. Alberto Ruiz-Villaverde, profesor de la Universidad de Granada, una crítica detallada de la noción de *homo economicus*[80]. En vista de ello, aquí solo se hará una crítica breve de la idea de consumidor racional con base en cuatro enfoques económicos heterodoxos: la economía conductual, la economía experimental, la neuroeconomía y la racionalidad limitada.

Comencemos con la *economía conductual*. De acuerdo con este paradigma los seres humanos somos seres emocionales antes que racionales, impulsivos antes que calculadores e intuitivos antes que deductivos. La base empírica que sustenta esta visión es amplia y diversa, siendo los trabajos más importantes los de Daniel Kahneman y Amos Tversky. Así, por ejemplo, se ha hallado que en varias de nuestras decisiones no se cumple necesariamente el supuesto de consistencia: preferimos A a B y B a C, pero no por ello A a C. De otro lado, a partir de los análisis de *heurísticos* se ha encontrado que tomamos decisiones "al ojo" más que con base en cálculos racionales, y a partir de los análisis de *presentación* se ha verificado que las diversas formas en que se nos presenta *un mismo* problema afectan nuestras decisiones ("¿Prefiere un tratamiento con 20% de probabilidades de vida o uno con 80% de probabilidades de muerte?"). No existe, pues, aquel "consumidor cartesiano" del *pienso, luego elijo* mecanicista que pretende la teoría neoclásica, sino más bien un consumidor cuya racionalidad opera siempre y necesariamente desde una subjetividad que *constantemente* se

---

[79] Dante A. Urbina, *Economía para Herejes: Desnudando los Mitos de la Economía Ortodoxa*, Ed. CreateSpace, Charleston, 2015.
[80] Véase: Dante A. Urbina and Alberto Ruiz-Villaverde, "A critical review of homo economicus from five approaches", *American Journal of Economics and Sociology*, vol. 78, n° 1, 2019, pp. 63-93.

encuentra afectada por un sistema de influencias polivalentes y sesgos cognitivos[81].

Un buen ejemplo de lo anterior lo representa la *paradoja de Ellsberg*. Se trata de un problema de probabilidad subjetiva en que se nos dice que hay una urna con 300 bolas, de las cuales se sabe que 100 son rojas y 200 son azules o verdes. Entonces se nos da a elegir entre dos esquemas posibles de juego: A) Ganar 1000 dólares si la bola que sacamos de la urna es roja; B) Ganar 1000 dólares si la bola que sacamos de la urna es azul. Una vez que elegimos entre el juego A o B, se nos plantea elegir adicionalmente entre estos otros dos juegos: C) Ganar 1000 dólares si la bola que sacamos de la urna no es roja; D) Ganar 1000 dólares si la bola que sacamos de la urna no es azul. Ahora bien, se ha verificado que en general la gente tiende a preferir A a B y C a D. ¡Pero eso viola las reglas del cálculo racional de probabilidades! En efecto, en su famoso manual de microeconomía avanzada el profesor Varian analiza matemáticamente las implicancias de preferir A a B conforme a la teoría de probabilidades y encuentra que se contradicen con el hecho de haber preferido luego C a D[82]. Si fuera cierto que los consumidores operáramos *como si* (para usar el estribillo de Friedman) siguiéramos los modelos de "elección racional" neoclásicos tal tipo de errores no podrían darse. Pero el punto es que se dan, aunque les pese a los economistas ortodoxos. De ahí que el profesor Varian, uno de ellos, luego de haber gastado varias páginas en explicar con mucha formalización y sofisticación matemática la teoría neoclásica de la decisión racional bajo incertidumbre, se ve obligado a decir que "*lamentablemente,* el comportamiento de los individuos en *la vida real* parece violar *sistemáticamente* algunos de los axiomas"[83].

En segunda instancia, tenemos el enfoque de la *economía experimental*. Aplicado al tema del consumidor, consistiría en simular en un laboratorio determinadas condiciones para que los individuos realicen elecciones registrando al detalle sus modos de actuar y cómo estos cambian al variar ciertas condiciones. Así, la ventaja de este enfoque es que el investigador

---

[81] Al respecto, véase por ejemplo: Amos Tversky and Daniel Kahneman, "Judgment under uncertainty: Heuristics and biases", *Science*, vol. 185, nº. 4157, 1974, pp. 1124-1131.

[82] Véase el desarrollo matemático en: Hall R. Varian, *Microeconomic Analysis*, Ed. W.W. Norton, New York, 1992, pp. 193-194.

[83] Hall R. Varian, *Microeconomic Analysis*, op. cit., p. 192.

puede, *en alguna medida* (es imposible controlarlo todo en la realidad humana), controlar el entorno en que los individuos realizan sus decisiones. Esto permite algo muy importante a la hora de contrastar las teorías sobre la conducta del consumidor: distinguir si un cambio de conducta en el consumidor se ha dado por causa de un cambio en sus preferencias (cosa que es improbable que se dé sin más de un momento a otro) o un cambio en las condiciones en que opera (que es lo que se puede controlar más o menos en el laboratorio). Como anota Andrew Trigg: "Un economista usando datos no experimentales carece de cualquier control sobre los muchos factores que influencian el comportamiento económico. No obstante, el economista experimental puede asegurar que en la situación de laboratorio las elecciones son efectivamente simultáneas con el fin de superar el problema de los cambios en las preferencias a lo largo del tiempo"[84].

Son muy variados los experimentos que se han realizado y documentado en este campo. En particular, resultan interesantes los que analizan cómo el estado (o grado) de excitación sexual puede influir fuertemente en varias dimensiones de nuestra conducta. Uno de ellos lo relata el famoso teórico conductual Dan Ariely en su libro *Prediciblemente Irracional*. Según refiere, el experimento se realizó con un grupo de estudiantes de pregrado de la Universidad de Berkeley a los que se les hizo una serie de preguntas sobre sus preferencias sexuales que incluían aspectos como uso del condón, contacto con animales y posibilidad de participar en actividades inmorales, etc. El aspecto que se controló fue su estado de excitación sexual ("frío" o "caliente") al responder el cuestionario. El claro resultado fue que, en una situación de excitación sexual ("caliente"), podían cambiar su comportamiento *bastante más de lo que ellos mismos esperaban*. Por ejemplo, "la idea de disfrutar del contacto con animales fue más del doble de atrayente cuando estaban en un estado de excitación comparado con un estado frío. En las cinco preguntas sobre su propensión a entrometerse en actividades inmorales, su propensión predicha en un estado de excitación fue de más del doble (136% mayor) en comparación a lo predicho en un estado frío"[85].

Así, de acuerdo con lo que explica Ariely, cuando los participantes "estaban

---

[84] Andrew Trigg, "Consumer sovereignty", en: Susan Himmelweit, Roberto Simonetti and Andrew Trigg, *Microeconomics: Neoclassical and Institutionalist Perspectives on Economic Behaviour*, Ed. Cengage Learning, 2001, p. 53.
[85] Dan Ariely, *Predictably Irrational: The Hidden Forces That Shape Our Decisions*, Harper Collins Publishers, New York, 2008, p. 96.

en un estado frío, racional y de super-ego, respetaban a las mujeres; ellos no estaban particularmente atraídos por actividades sexuales raras (…), siempre tenían una alta conciencia moral, y pensaban que siempre usarían condón. Ellos creían que se comprendían a sí mismos, sus preferencias y las acciones de las que eran capaces. Pero, como se vio después, subestimaron sus reacciones. No importa cómo veíamos los números, fue claro que la magnitud de mala predicción de los participantes fue sustancial. En general, revelaron que en su estado de no-excitación ellos mismos no sabían cómo serían estando excitados. Prevención, protección, conservadurismo y moralidad desaparecieron completamente del radar. Ellos simplemente eran incapaces de predecir el grado en que la pasión podría cambiarlos"[86]. Esto no es una mera curiosidad o anécdota, sino que resulta relevante en este contexto por cuanto no es para nada un secreto que constantemente se usa el elemento sexual para direccionar decisiones y hasta generar hábitos de consumo.

Pasemos ahora a la *neuroeconomía*. Este enfoque parte básicamente de la consideración de que los consumidores tenemos cerebros. Puede parecer ésta una afirmación trivial, pero no lo es: la forma en que funcionan nuestros cerebros puede hacernos actuar de modos no predecibles para la teoría económica convencional. Así, por ejemplo, los investigadores Sanfey, Rilling, Aronson, Nystrom y Cohen[87], realizaron un experimento en el que aplicaron el llamado "juego del ultimátum" a 30 personas registrando su actividad neurológica frente a ofertas de seres humanos en el 50% de los casos y de un computador en el otro 50%. Los resultados fueron intrigantes. Mostraron que determinadas regiones del cerebro se activaban de manera desproporcionada cuando los sujetos recibían ofertas "injustas" de seres humanos en comparación con lo que ocurría con las ofertas "justas" de humanos y todas las ofertas provenientes del computador, sean justas o injustas.

¡Las implicancias de este descubrimiento son absolutamente enormes! Sí, reaccionamos fuertemente ante las injusticias que nos quiere cometer otro ser humano, pero no reaccionamos de igual modo cuando *exactamente la*

---

[86] Dan Ariely, *Predictably Irrational: The Hidden Forces That Shape Our Decisions*, op. cit., p. 97.
[87] A. Sanfey, J. Rilling, J. A. Aronson, L. E. Nystrom and J. D. Cohen, "The neural basis of economic decision-making in the ultimatum game", *Science*, vol. 300, 2003, p. 1755.

misma injusticia nos la "quiere" cometer un computador, entonces en este mundo *en que cada vez más y más transacciones se realizan de forma virtual*, quienes están detrás de las empresas pueden hacernos aceptar condiciones *sumamente arbitrarias o injustas* por medio de un computador. Y es que los computadores no tienen voluntad, los que tienen voluntad son los que controlan o configuran el computador o programa. Con un ser humano frente a nosotros tenemos sospechas y somos cuidadosos en ver qué condiciones aceptamos o no; con una pantalla al frente, en cambio, somos *extremadamente propensos* a vender incluso toda la información de nuestra vida y hasta nuestra alma haciendo click en *"Acepto todas las condiciones"*.

Y resulta que las empresas están muy al tanto de esto. Así, la neuroeconomía constituye una herramienta muy importante para el estudio del comportamiento del consumidor por cuanto analiza "cómo las personas sopesamos los diferentes factores que nos llevan a tomar la decisión de comprar una determinada cosa. Diferentes estudios llevados a cabo con técnicas de neuroimagen funcional han aportado evidencias que sugieren que las regiones del cerebro que anticipan la ganancia y la pérdida son distintas. La preferencia por un determinado producto activa una pequeña región de la base del cerebro, mientras que si el precio del producto es excesivo se activan y desactivan otras regiones cerebrales antes de tomar la decisión de comprarlo. En el caso de los vendedores, se ha podido comprobar que la actividad de la región cerebral que se desactivaba en los compradores delante de precios excesivos se ve notablemente aumentada en respuesta a una cuantiosa venta"[88].

Finalmente, consideremos el enfoque de la *racionalidad limitada*. En esencia lo que nos dice este concepto planteado por el economista estadounidense Herbert Simon[89] es que "para un estudio pertinente del proceso de decisión debemos considerar las limitaciones cognitivas y no cognitivas de los individuos. Por ejemplo, la capacidad de la mente humana para almacenar, procesar, y recuperar información o el cómo esta es condicionada por el conocimiento y experiencias del individuo deben considerarse como límites

---

[88] E. Vieta, F. Colom, D. Bueno, D. Redolar, E. Bufill y X. Sánchez, "Los secretos de la neuroeconomía", *La Vanguardia*, 4 de mayo del 2012.
[89] Herbert Simon, "A Behavioral model of rational choice", en: *Models of Man, Social and Rational: Mathematical Essays on Rational Human Behavior in a Social Setting*, Ed. Wiley, New York, 1957.

cognitivos en el proceso de toma de decisiones. Adicionalmente, los individuos no siempre realizan cálculos computacionales cuando toman decisiones, lo cual pone en cuestión la idea de optimización mecanicista. Factores no cognitivos como la cultura, las emociones o la imitación también condicionan la racionalidad del individuo"[90].

De este modo, este enfoque reconoce que la búsqueda de la *máxima* utilidad implicaría demasiado tiempo y esfuerzo; por tanto, nos conformamos con decisiones "razonablemente buenas" antes que con decisiones "óptimas". Y aquí vuelve el tema de la construcción social de las preferencias. En efecto, al ya no ser la dinámica de elección racional un proceso *mecánico* e *individual* sino más bien *secuencial* e *interactivo*, ya no se da tal cosa como la optimización exacta y las convenciones comienzan a dominar. Al no poder acopiar y procesar constantemente toda la información relevante los individuos tienen que tomar decisiones "al tanteo" y guiarse por el comportamiento de grupo. Piénsese, por ejemplo, en nuestras elecciones de restaurantes: rara vez nos basamos en buscar y procesar toda la información disponible para después ir, sino que en principio tendremos a ir simplemente al que está cerca o al que nos recomendó tal o cual amigo y, si nos gusta lo suficiente, seguimos en general yendo allí sin desgastarnos en explorar todas las otras opciones. O piénsese en nuestras elecciones de películas: tampoco estamos todo el tiempo procesando toda la información disponible para decidir qué película vamos a ver, sino que vamos a ver aquella "de la que todo el mundo habla" o "la que me recomendó mi amigo".

Para entender mejor cómo funciona esto de la racionalidad limitada, citemos las propias palabras de Herbet Simon, el iniciador de este enfoque, en ocasión de ser premiado con el Nobel de Economía en 1978: "Dos conceptos son centrales en su caracterización: búsqueda y satisfacción. Si las alternativas para la elección no son dadas inicialmente al individuo decisor, entonces él debe buscarlas. He aquí que una teoría de la racionalidad limitada debe incorporar una teoría de la búsqueda. (…) Pero la maximización de la utilidad, como mostré, no es esencial para el esquema de búsqueda, afortunadamente, siendo que habría requerido que el individuo decisor sea capaz de estimar el costo marginal y los beneficios de

---

[90] Dante A. Urbina and Alberto Ruiz-Villaverde, "A critical review of homo economicus from five approaches", *American Journal of Economics and Sociology*, vol. 78, n° 1, 2019, p. 67.

la búsqueda en una situación que ya era demasiado compleja para el ejercicio de la racionalidad global. Como alternativa, uno puede postular que el individuo decisor ha formado alguna expectativa de cuán buena debería ser la alternativa que él encuentre. Tan pronto como descubre una alternativa que satisface su nivel de aspiración, terminaría la búsqueda y elegiría esa alternativa. Yo llamé a esto *modo de selección satisfaciente*"[91].

¿Cómo actuamos en nuestra realidad de consumidores al comprar cosas como casas, ropa, autos, computadoras, etc.: conforme al modelo neoclásico estándar que plantea que actuamos como realizando una optimización matemática disponiendo ya de toda la información, o conforme al modelo de racionalidad limitada que plantea que vamos buscando sin tener toda la información y paramos la búsqueda cuando encontramos algún bien que satisface razonablemente nuestra expectativa inicial? Obviamente se da más lo último.

Vemos, pues, que en otras ramas de la ciencia social y paradigmas heterodoxos de la economía hay elementos suficientes para estructurar una visión alternativa del consumidor. Y es justamente con base en esa visión alternativa que abordaremos el problema central que ocupa a la presente obra: el "sistema de producción de necesidades".

El sistema de producción de necesidades

Para entender correctamente el *sistema de producción de necesidades* debemos comenzar por definir rigurosamente los términos "producción" y "necesidad". Se entiende por *producción* a aquel proceso mediante el cual, con la utilización de ciertos instrumentos llamados "factores productivos", se transforma materias primas en productos finales o, si se quiere, *inputs* en *outputs*. Por otra parte, se entiende por *necesidad* a aquel estado de carencia subjetivamente percibido (pudiendo o no estar basado en algo objetivo) del que es difícil sustraerse porque genera una discrepancia entre el estado real (lo que es en un momento dado) y el deseado (que supone el objeto, servicio o recurso que se necesita para la supervivencia, bienestar o confort).

Entonces, dado lo anterior, por *producción de necesidades* deberá entenderse a aquel proceso que toma como materia prima o *input* a la subjetividad dada

---

[91] Herbert Simon, "Rational decision-making in business organizations", Nobel Memorial Lecture, December 8, 1978.

del consumidor y por medio de determinados instrumentos (a los que aquí llamamos "medios de producción de necesidades") la moldea, condiciona y/o direcciona hacia determinadas formas de preferencias y subjetividad relativamente predeterminadas en función de los requerimientos que imponen a la producción empresarial los que aquí llamaremos "imperativos económicos". A este respecto es importante atender al término *subjetividad* por cuanto, en la realidad, las necesidades humanas son percibidas no tanto desde una mera animalidad sino desde una instancia mental (incluso el hambre más fuerte a nivel físico es percibida por el ser humano no solo como mero *dolor* sino también como *sufrimiento*, es decir, como la conciencia mental de la situación de dolor). Y es precisamente esa instancia mental la que hace posible la manipulación. He ahí el marco de referencia del proceso de producción de necesidades.

Desde ya es necesario hacer aquí tres importantes aclaraciones:

Primero, que aquí *no* se está hablando de un proceso de *creación* de necesidades sino más bien de un proceso de *producción* de necesidades. En términos rigurosos "crear" es "sacar algo de la nada" y ello no es posible para ninguna empresa por más poder o influencia que tenga sobre la subjetividad del consumidor. *La subjetividad no se puede crear*. Está allí. Hay necesariamente que presuponerla. Pero, como ya se ha dicho, *partiendo de ella se la puede moldear, condicionar y hasta orientar hacia determinadas formas específicas mediante ciertos instrumentos* y es por ello que hablamos de una "producción" de necesidades. De este modo, estará cayendo en *falacia de hombre de paja* todo aquel que haga ver nuestro planteamiento como si estuviéramos sosteniendo que las empresas pueden crear automáticamente en los consumidores cualquier necesidad que se les ocurra sin partir de ciertas condiciones pre-existentes en estos. En todo caso, al hablar de *producción* de necesidades y no *creación* de necesidades estamos siendo incluso más recatados que ciertos publicistas cuando hablan de su propia labor. Por ejemplo, Pedro Prat Gaballí, quien es considerado prácticamente como el padre de la publicidad española, escribe: "La publicidad se propone dar a conocer: para ello ha de obrar con inteligencia. Asimismo, *se propone crear deseos y necesidades*: para ello ha de obrar con sensibilidad. Se propone, en fin, provocar un acto de adquisición: *para ello ha de obrar sobre la voluntad*"[92].

---

[92] Pedro Prat Gaballí, *Una Nueva Técnica: La Publicidad Científica*, Ed. Henrich y C., Barcelona, 1917, p. 17.

Segundo, que no estamos diciendo que absolutamente toda necesidad puede ser manipulada sin más. Se requieren determinadas condiciones de posibilidad. Así, podríamos formular una especie de principio general de acuerdo con el cual a medida que haya más carga psicológico-mental en una necesidad, más susceptible será de ser manipulada; o, a la inversa, a medida que más arraigada esté en el plano físico-biológico una necesidad, menos susceptible será de ser manipulada. Como dice el gran economista institucionalista John Kenneth Galbraith: "El hambre y otras urgencias corporales tienen una naturaleza objetiva y constrictiva. Como se ha indicado, no es posible convencer a un hombre hambriento de que lo que necesita no es comida, sino diversión. El hombre que sufre frío tendrá inevitablemente una preferencia absoluta y fuerte por todo lo que pueda darle calor. Pero las reacciones psíquicas no tienen raíces tan inequívocas; como existen en el espíritu, están sometidas a las influencias que sufra el espíritu. No es posible imponer al hambriento más que una elección, cuando se trata de optar entre pan y espectáculos; pero es posible empujar en un sentido u otro, casi indistintamente, al hombre bien alimentado. Y también es posible forzar su elección entre la sesión de circo o varios alimentos distintos. Cuanto más lejos de la necesidad física está un hombre, tanto más sensible es a la persuasión -o a la manipulación- por lo que se refiere a sus compras"[93].

Tercero, que la influencia del proceso de producción de necesidades del que aquí se está hablando no es absoluta ni total. Siempre queda una nota de autonomía y libertad en la subjetividad y cualquier individuo es libre de sustraerse -al menos en alguna medida- de la influencia de los "medios de producción de necesidades" si así lo desea. No se está negando el libre albedrío a nivel metafísico o algo por el estilo. Pero lo que sí se postulará es que los alcances de este proceso de producción de necesidades serán crecientes a medida que se desarrolla el capitalismo actual por causa de los imperativos que impone a las empresas y de la proliferación e hiper-sofisticación de los "medios de producción de necesidades". En consecuencia, si bien puede haber individuos que, al estilo de Sócrates, salvaguarden su conciencia frente a la sistemática y omnipresente manipulación, *siempre serán una pequeña minoría. La gran masa de gente estará manipulada por el sistema y eso es más que suficiente para quienes se benefician de*

---

[93] John Kenneth Galbraith, *El Nuevo Estado Industrial*, Ed. Sarpe, Madrid, 1984, pp. 308-309.

ello. "La publicidad se ejerce sobre la masa, no sobre el individuo; su poder no es mecánico, sino estadístico", escribe Lipovetsky[94].

Pero, nuevamente, aclaremos: no estamos diciendo tal cosa como que las empresas puedan crear cualquier necesidad en absolutamente todos los casos sin absolutamente ninguna posibilidad de resistencia. Eso sería un extremo ingenuo, *como también sería otro extremo ingenuo el pensar que nuestras necesidades son absolutamente independientes de la influencia de los productores en el proceso de mercado y que estos únicamente se limitan a dar mera "información" sobre las características objetivas de sus productos*.

No obstante, tal ingenuidad es precisamente la de la teoría económica convencional que parte de suponer que las preferencias ya están "dadas" de modo previo a la interacción de mercado y que esta no la afecta. En el mundo neoclásico la oferta y la demanda son dos dimensiones independientes, una surgida de la tecnología (expresada en la "función de producción") y la otra surgida de las preferencias (expresadas en la "función de utilidad"), que coyunturalmente coinciden en el mercado. Se ve al mercado como un proceso estático y prácticamente todo movimiento o cambio en el mismo es solo analizado en términos de la consabida "estática comparativa" (o sea, nunca ver el video sino solo comparar fotos de un momento y otro). En cambio, aquí vemos al mercado como un proceso dinámico y complejo en el que la oferta sí puede influir en la demanda y direccionarla. Y en esa visión nos apoya el más importante de los economistas a la hora de hablar de la innovación y el cambio: Joseph Schumpeter. En efecto, según explica, es el productor, y no el consumidor, "quien inicia el cambio económico, educando incluso a los consumidores si fuera necesario, (…) *enseñándoles a necesitar cosas nuevas, o cosas que difieran en algún modo de las ya existentes*"[95]. Son palabras sumamente reveladoras que vienen no de un crítico sino de un enamorado del capitalismo como lo era Schumpeter.

Los economistas ortodoxos pueden autoengañarse teóricamente con la idea de soberanía del consumidor, pero los empresarios, que tienen que actuar sobre el mundo real, no caen en tal engaño, sino que bien saben que la manipulación es clave para su labor. Según reporta Latouche, "cuando los

---

[94] Gilles Lipovetsky, *El Imperio de lo Efímero: La Moda y Su Destino en las Sociedades Modernas*, Ed. Anagrama, Barcelona, 2004, p. 219.
[95] Joseph A. Schumpeter, *Teoría del Desenvolvimiento Económico*, Fondo de Cultura Económica, México, 1997, p. 76.

presidentes de las grandes compañías estadounidenses fueron encuestados, 90% admitió que sería imposible vender un nuevo producto sin una campaña publicitaria; 85% afirmó que la publicidad frecuentemente persuadió a las personas a comprar *cosas que no necesitaban*; y 51% dijo que la publicidad persuadió a las personas de comprar *cosas que realmente no querían*"[96].

Implicancias del sistema de producción de necesidades

No es complicado derivar las implicancias de lo anterior. En caso se dé un proceso de producción de necesidades en la dinámica capitalista las implicancias serán justamente las inversas a las que vimos respecto del postulado de soberanía del consumidor.

Así, la primera implicancia es, desde luego, la *tendencia del sistema económico a la irracionalidad*. En efecto, si llamamos *flujo económico racional* a aquel en función del cual se producen bienes para satisfacer necesidades y *flujo económico irracional* a aquel en función del cual se producen necesidades para vender bienes tendremos que, dada la existencia de un proceso de producción de necesidades, habrá una tendencia estructural hacia el predominio del flujo irracional por sobre el racional y, en consecuencia, la totalidad del sistema económico tenderá a la irracionalidad. Así lo había notado claramente el economista inglés E. J. Mishan cuando en su famoso libro *Los Costes del Desarrollo Económico* escribía: "el orden económico termina (…) invirtiendo la racionalidad de su existencia: las 'necesidades escasas' constituyen algo que debe ser creado y puesto en relación con una creciente capacidad industrial"[97]. De este modo, tenemos un sistema que en el fondo no sirve *a los* consumidores, sino que se sirve *de los* consumidores por medio de la manipulación y alienación. Tal cosa no puede ser llamada un "orden racional".

Asimismo, se cae la justificación dada por la economía ortodoxa al progreso económico ya que, como anota Galbraith, "si la producción crea las necesidades que procura satisfacer, o si las necesidades brotan *pari passu* con la producción, entonces la urgencia de las necesidades no puede ser empleada para defender la urgencia de la producción" pues "esta solo viene

---

[96] Serge Latouche, *Farewell to Growth*, Polity Press, Cambridge, 2009, p. 17.
[97] E. J. Mishan, *Los Costes del Desarrollo Económico*, Ed. Orbis, Barcelona, 1983, pp. 130-131.

a llenar el vacío que ella misma ha creado"[98]. Por tanto, estaríamos en gran parte en una situación similar a la de una economía cuyo PIB crece sobre todo gracias a la venta nocturna de pastillas para aliviar el dolor, pero en la que durante el día los consumidores son golpeados por individuos contratados por las mismas empresas que fabrican esas pastillas. Obviamente se trata de un ejemplo extremo, pero muestra de modo claro el absurdo esencial que se deriva de un sistema de producción de necesidades basado en la manipulación y la alienación. *Así que el "golpe" no es físico, sino psicológico.* Por ejemplo, en nuestra sociedad se impone cierto paradigma de "belleza"; se da constantemente la "patada psicológica" a la gran masa vía los "medios de producción de necesidades" (los trataremos con detalle en el correspondiente capítulo) haciéndoles pensar que están "subiditos de peso", que su piel no es lo suficientemente "suave y clara" o que necesitan un "rejuvenecimiento"; ¡y a continuación tenemos una economía *grosera e innecesariamente* llena de productos "de belleza"! ¿No es ese un gran absurdo?

Más aún: si el progreso económico y los aumentos de la producción se basan en la producción de crecientes necesidades, bien puede darse el caso de que la "brecha neta de insatisfacción" -igual a la insatisfacción creada menos el consumo adquirido- tienda a crecer en lugar de disminuir y, en consecuencia, este mismo "progreso" que pretendidamente procura el bienestar terminará siendo la fuente primaria de la insatisfacción. "La insatisfacción es la principal causa del progreso", decía George Bernard Shaw[99]. Tal vez también podríamos decirlo al revés: tenemos una sociedad de gente que consume cada vez más bienes, pero en la que cunde la insatisfacción. ¿O por qué se cree que un tan alto porcentaje de la población de Occidente sufre de depresión? Si este sistema en realidad creara hombres satisfechos, los libros de "autoayuda" o "sanación psicológica" prácticamente no se venderían, ¡pero el caso es justamente lo contrario! Así que no hay ninguna base para el culto al "dios Crecimiento" al que actualmente asistimos. Podemos y debemos abandonar el *fetichismo del PIB* y construir sociedades más abiertas a objetivos artísticos, espirituales y culturales en lugar de abocarlo todo a hacer crecer el PIB[100].

---

[98] John Kenneth Galbraith, *La Sociedad Opulenta*, Ed. Artemisa, México, 1986, p. 199.
[99] Citado por: E. J. Mishan, *Los Costes del Desarrollo Económico*, Ed. Orbis, Barcelona, 1983, p. 152.
[100] Sobre esta cuestión se ha hablado más detalladamente en: Dante A. Urbina, *Economía para Herejes: Desnudando los Mitos de la Economía Ortodoxa*, Ed. CreateSpace, Charleston, 2015, cap. 10.

La segunda implicancia del sistema de producción de necesidades es la de *ineficiencia de los mercados*. Efectivamente, si existen instrumentos para influir de modo directo sobre la subjetividad del consumidor ya no es necesariamente cierto aquello que decía Ludwig von Mises de que la única forma de hacerse rico en el mercado es *sirviendo* a los consumidores. Uno también puede hacerse rico *condicionándolos* o *manipulándolos* en la medida en que tenga el control de los "medios de producción de necesidades" y sepa utilizarlos con efectividad para que *la mayor producción de necesidades* termine creando *la necesidad de una mayor producción*. En este contexto, ya no hay incentivos para que la competencia beneficie directamente a los consumidores y hasta pueden reducirse los incentivos a competir (algunas colusiones tácitas entre empresas pueden ser más rentables). O puede ser simplemente que las empresas compitan en términos de manipulación, triunfando aquella que sepa manipular mejor a los consumidores.

De este modo, la "mano invisible" se vuelve tan invisible que hasta deja de existir. ¿Pero cuál era la maravilla de la "mano invisible"? Que hacía que hombres puramente egoístas terminen, en virtud de su propia intención egoísta, cumpliendo un fin solidario: servir a la sociedad en sus necesidades. Si no hay "mano invisible", por tanto, se pierde la magia: los hombres con intenciones malas ya no terminan cumpliendo fines buenos... *ahora de verdad pueden llevar a cabo fines malos*. Solo piénsese en el hecho de que muchos de los propietarios de grandes corporaciones multinacionales de diferentes rubros son también propietarios de grandes medios de comunicación. La implicancia de esto es enorme, a decir verdad.

Por otra parte, la presencia de un proceso de producción de necesidades "envía al museo de las ideas insignificantes la noción de un equilibrio de los gastos del consumidor que refleja el máximo de su satisfacción"[101]. En efecto, si la forma específica de las necesidades no es libre y autónoma sino más bien moldeada y condicionada no podrá decirse ya con certeza que los precios de los bienes son justo aquellos que igualan la satisfacción marginal de los consumidores, como es que plantea la teoría neoclásica, y, por tanto, tampoco podrá decirse que el libre mercado nos asegura el *óptimo de Pareto*. ¿Y qué es el óptimo de Pareto? Aquella situación de máxima eficiencia social planteada por la economía ortodoxa en la que los recursos están distribuidos

---

[101] John Kenneth Galbraith, *El Nuevo Estado Industrial*, Ed. Sarpe, Madrid, 1984, p. 325.

de un modo tal que no se puede aumentar el bienestar de una persona sin reducir el de otra. El punto es que si hay una manipulación de necesidades *estamos plenamente legitimados de plantear una redistribución con el fin de aumentar la eficiencia social*. En efecto, si por un lado tenemos a gran parte de la población que *gasta su dinero en bienes superfluos* que el sistema de producción de necesidades les ha "inoculado" en el cerebro, y por el otro, tenemos una gran masa de gente *que muere de hambre*, ¿no resulta legítimo plantear (aunque le pese a los liberales) el reducir en alguna medida el bienestar *artificial* de los primeros para destinar recursos a satisfacer las muy *urgentes y reales necesidades* de los segundos? El gran drama y, sobre todo, absurdo es que vivimos en un sistema que constantemente *convierte lo superfluo en "necesario"*. Pero defender la necesidad de lo superfluo es una estolidez: ¡significa defender la necesidad de lo innecesario! O, está bien, podemos preocuparnos de lo superfluo… *pero el día en que ya no haya miles (o incluso millones) muriendo de hambre cada año y en que los descomunales aumentos de producción para satisfacer esas supuestas "necesidades" no afecte gravemente al medio ambiente y, por consecuencia, ¡nuestra propia continuidad como especie!*

En tercer lugar, tenemos la implicancia de *tendencia a la irracionalidad de la distribución capitalista*. Y es que, como ya hemos dicho, en una economía con producción de necesidades el empresario que más gana ya no es necesariamente el que mejor sirve a la sociedad, sino que también puede serlo el que mejor la condiciona o manipula. En vez de que se cumpla aquello que decía Mises de que "producir para el lucro implica producir para el consumo"[102], se empezará a *producir el consumo para obtener el lucro*. Ya no es tanto que el gran empresario (no el pequeño o el mediano, sino el de las grandes corporaciones multinacionales) gane dinero *por servir* a la sociedad sino *por servirse* de la sociedad.

En cuanto a los trabajadores tendremos que, dado un sistema de producción de necesidades, sus salarios no reflejarán necesariamente su contribución *real* al bienestar de la sociedad. Así, por ejemplo, el salario medio del profesor de escuela -cuya labor es sumamente importante para la sociedad, aunque poco publicitada- será probablemente muy inferior al del cantante de moda -cuya labor es muy poco importante para la sociedad, aunque sumamente publicitada. Además, si en un sistema de producción de necesidades son propiamente los empresarios y no tanto los consumidores

---

[102] Cfr. Ludwig von Mises, *La Acción Humana*, Ed. Unión Editorial, Madrid, 1980, p. 456.

los que direccionan el cambio económico, como pertinentemente nos señalaba Schumpeter, ya no se cumplirá que los salarios de los trabajadores son determinados por un sistema impersonal de mercado fuera del control de los empresarios sino que, al poder estos últimos moldear en gran parte las condiciones, la cuestión no se reducirá a la operativa de la supuesta "mano invisible" del mercado sino que entrará en juego la "mano visible" de los administradores.

Lo anterior tiene una implicancia muy importante: que, contrariamente a lo que sostenía Hayek, ¡aquí sí hay contra quién protestar! Ergo, la búsqueda de la *justicia social* deja de ser "espejismo", "señuelo" o "atavismo", como él decía, y pasa a convertirse en algo no solo coherente sino también necesario. Hayek dice que los resultados distributivos del mercado, incluidas las "diferencias de remuneración", no pueden ser calificados de "justos o injustos" por cuanto "no han sido ni pretendidos ni previstos" y todo se trata de un "proceso impersonal"[103]. Pero ello es falso ¡porque nosotros vivimos en los mercados del mundo real y no en los mercados idealizados de los que nos habla Hayek! Y aquí en el mundo real sí tenemos a poderosos agentes que tienen la suficiente capacidad para dirigir en gran parte los resultados del mercado hacia fines "pretendidos y previstos" y tendríamos que ser extremadamente *ingenuos* (por decirlo con el adjetivo más suave) para creer que no hacen uso de tal capacidad. Frente a la actuación de estos agentes *personales* ¡por supuesto que tiene sentido la noción de justicia! Tal vez en el mundo de "Hayek y el país de las maravillas" (cosa derivada del *apriorismo epistemológico* propio del enfoque austríaco) todo sea perfecto y no hay necesidad de buscar justicia en el proceso económico, pero aquí en el mundo real sí tenemos muchos problemas y es legítimo luchar por la justicia social y la redistribución del ingreso.

Finalmente, un sistema de producción de necesidades implica la *necesidad de intervención del Estado*. Aquí el Estado debe actuar al menos como regulador de los excesos que podrían cometer las empresas al buscar direccionar la demanda del consumidor. De hecho, puede caracterizarse al proceso de producción de necesidades como una nueva *falla de mercado* y, en consecuencia, sería necesaria cierta intervención para corregirla aunque, claro está, aquí también es importante tener en cuenta la relación costo-beneficio de dicha intervención y, además, la pertinencia del conjunto de

---

[103] Friedrich von Hayek, *Derecho, Legislación y Libertad*, vol. 2: *El Espejismo de la Justicia Social*, Unión Editorial, Madrid, 1979, p. 29.

principios políticos, jurídicos, éticos y hasta filosóficos subyacentes a la misma.

Así que no se deben confundir las cosas: de ningún modo estamos pretendiendo sustituir el *totalitarismo de mercado* por un *totalitarismo del Estado*. Simplemente estamos abogando por la posibilidad de cierta regulación no por una estructura tipo Unión Soviética en que un conjunto de burócratas decida verticalmente lo que cada uno debe consumir. Por supuesto, neoliberales paranoicos como Mises y Hayek dirán, como ya hemos visto, que cualquier regulación al libre mercado inevitablemente conduciría hacia el totalitarismo comunista. En efecto, considerando el capitalismo liberal y el comunismo marxista, Mises explícitamente dice que "la idea de que existe un tercer sistema (…) es un disparate"[104]. Pero allí está cayendo en una tremenda *falacia de todo o nada*. Es perfectamente factible tener modelos de capitalismo regulado sin necesidad de caer en el comunismo. En Europa, por ejemplo, se constituyeron lo que se llamó "Estados de Bienestar" (es decir, capitalismo con amplia protección de derechos sociales e importante provisión de servicios públicos) y no se ha visto que los países de este continente se hayan comenzado a parecer a la ex Unión Soviética.

Está claro, por tanto, que es una *fatal arrogancia* que el Estado pretenda controlar absolutamente toda la economía, pero a su vez es una *fatal estupidez* pretender que tengamos que someternos "humildemente" como individuos y sociedades ante el puro libre mercado. El libro *La Fatal Arrogancia* de Hayek[105] cae en tal equívoco. Pero nosotros no caeremos en ello. Los políticos y los empresarios ni son ángeles ni son demonios. Son seres humanos, con capacidad para el bien y para el mal. Por tanto, *nunca debemos entregarle ni todo al Estado ni todo al mercado*. Tanto el mercado como el Estado deben confluir en la organización económica de la sociedad y debemos constantemente fiscalizarlos por tratarse ambos de instituciones imperfectas. He ahí nuestra verdadera responsabilidad como *ciudadanos*, que debemos llevar a cabo no solo en términos individuales sino también colectivos por medio de los llamados "cuerpos intermedios", esto es, colegios, universidades, asociaciones profesionales, agrupaciones civiles,

---

[104] Ludwig von Mises, *Política Económica: Pensamientos Para Hoy y Para el Futuro*, The Ludwig von Mises Institute, 2002, p. 30.
[105] Friedrich von Hayek, *The Fatal Conceit: The Errors of Socialism*, Ed. Routledge, London, 1992.

organizaciones religiosas, etc.

Y esas son, en términos generales, las implicancias que se derivan de la existencia de un sistema de producción de necesidades. Entendido bien ello, ya puede vislumbrarse por qué es que sostenemos que la economía, entendida como esquema teórico y como fenómeno de la realidad, ha devenido en una gran *racionalización de la irracionalidad*, una *economía irracional*. Se nos pretende vender una *dinámica ilusoria* como un *desarrollo real* atrapándonos así en una vorágine de consumo e insatisfacción en el marco de una sociedad que nos ofrece una virtualidad cuasi-infinita de engaños con paquete, marca y precio. *Estamos en una sociedad del espectáculo*. De este modo, bien podemos aplicar a la teoría económica convencional las siguientes palabras de Guy Debord en su libro *La Sociedad del Espectáculo*: "La tarea de las diversas ramas del conocimiento que están en el proceso de desarrollar el pensamiento es *justificar una sociedad injustificable* y establecer la *ciencia general de la falsa conciencia*. Este pensamiento está totalmente condicionado por el hecho de que no puede y no quiere reconocer su propia dependencia material del sistema del espectáculo"[106]. Así es, la teoría económica ortodoxa se pretende neutra y superior en virtud de su supuesta validez científica, pero la verdad es que si se ha entronizado y se perpetúa es *porque es funcional para justificar una sociedad injustificable*.

Sin embargo, hasta aquí solo hemos develado "la punta del iceberg". Todavía es necesario entender más a fondo cómo es que se estructura, dinamiza, retroalimenta y transmite el proceso de producción de necesidades. Pero antes de eso hay que situarlo en su contexto histórico…

---

[106] Guy Debord, *La Société du Spectacle*, Ed. Buchet-Chastel, París, 1967, n. 194.

CAPÍTULO 3
LAS TRES OLAS DEL CAPITALISMO O DE CÓMO LLEGAMOS HASTA AQUÍ

Las olas del capitalismo

Hablar de las "olas del capitalismo" es hablar de historia. Pero en la mente ciertos economistas ortodoxos surgirá la voz de un geniecillo maligno diciendo: "¡Vamos al grano! ¿Para qué hablar de historia? Ese es asunto de historiadores, politólogos y sociólogos. Yo soy economista". Este desprecio por el estudio de la historia (incluida la historia económica) hunde sus raíces en el modelo epistemológico de la economía convencional: si la economía es reducible a un conjunto de modelos matemáticos con validez aespacial y atemporal, ¿para qué "ensuciarse" con el estudio de las vicisitudes en el espacio-tiempo histórico?

Apunta Ha-Joon Chang, profesor de la Universidad de Cambridge: "La historia económica era una disciplina obligatoria en los cursos de pregrado de economía en la mayoría de las universidades norteamericanas hasta los años ochenta, pero hoy muchas ni siquiera ofrecen ya esa disciplina. Entre los economistas más enfocados en la teoría hay incluso una tendencia a considerar a la historia económica, en el mejor de los casos, como una distracción inofensiva, como observar a los trenes que pasan, o, en el peor de los casos, un refugio para los que tienen dificultades intelectuales y no llegan a entender cuestiones 'duras' como la matemática y la estadística"[107]. Sobre este fenómeno llamaba también la atención el profesor Mark Blaug, Ph. D. por la Universidad de Columbia, en su artículo (irónicamente) titulado "Nada de historia de las ideas, por favor, somos economistas"[108].

---

[107] Ha-Joon Chang, *Economics: The User's Guide*, Pelikan Books, London, 2014, Part. I, ch. 3. Para los prejuiciosos que puedan estar asumiendo la segunda opción mencionada por Chang, cabe anotar que el autor del presente libro se desempeña como profesor de Econometría, ha dictado métodos matemáticos y estadísticos incluso a nivel de postgrado, y tiene papers publicados en revistas académicas en que aplica técnicas econométricas avanzadas. Véase, por ejemplo: Dante A. Urbina and Gabriel Rodríguez, "The effects of corruption on growth, human development and natural resources sector: Empirical evidence from a Bayesian panel VAR for Latin American and Nordic countries", *Journal of Economic Studies*, 2021.
[108] Mark Blaug, "No history of ideas, please, we're economists", *Journal of Economic Perspectives*, vol. 15, n° 1, 2001, pp. 145-164.

El punto es que *debemos* estudiar historia *precisamente porque somos economistas*. La economía es una ciencia social cuyo objeto de estudio se ubica siempre y necesariamente en el espacio-tiempo histórico. Ignorar la historia es ignorar la sustancia de la economía. De ahí que tantos economistas que desprecian la historia terminen planteando (o asumiendo) teorías insustanciales, como ya se ha mostrado en obra precedente[109].

No despreciemos, pues, la historia y pasemos a adentrarnos en las "olas del capitalismo". Por *ola del capitalismo* se hace referencia al conjunto de procesos cuya estructura y dinámica constituyen un "modo de ser" del capitalismo a partir, fundamentalmente, de cierto avance tecnológico. Así como las olas surgen, van creciendo y luego declinan para ser reemplazadas por otras nuevas, las olas del capitalismo surgen, se van generalizando y pasan a ser reemplazadas por otras. Las olas del capitalismo implican cambios en el modo de producir, consumir, pensar y hasta sentir; desde lo tecno-económico afectan lo social, político, moral y hasta religioso. El concepto de "ola del capitalismo", aunque más amplio, está ineludiblemente ligado al de revolución industrial. De este modo, así como ha habido tres revoluciones industriales, aquí hablaremos de tres olas del capitalismo. Cada ola estará caracterizada por un modo de producir, un modo de trabajar, un modo de competir, un modo de comunicar y un modo de consumir.

A su vez, para hablar de "olas del capitalismo" conviene definir el término "capitalismo". Por *capitalismo* se entenderá un sistema económico basado en la propiedad privada de los medios de producción y en las transacciones de mercado en el cual el capital tiene predominio como factor de producción y creador de riqueza. Nótese que no es lo mismo *capitalismo* que *liberalismo* pues dentro de la definición dada se admiten diversos grados de regulación o intervención, de tal modo que puede haber formas de "capitalismo no liberal".

En cuanto a los orígenes de este sistema, tenemos que se remontan hacia el siglo XIII con el surgimiento del *capitalismo comercial*. Ello fue así porque, si bien el comercio ha existido desde que existe la civilización y, como había observado Adam Smith, "la propensión a permutar, cambiar y negociar una

---

[109] Dante A. Urbina, *Economía para Herejes: Desnudando los Mitos de la Economía Ortodoxa*, Ed. CreateSpace, Charleston, 2015.

cosa por otra (…) es común a todos los hombres"[110], esta tendencia sólo se acentuó hacia finales de la Edad Media, primero con el impulso de las Cruzadas y luego con el de las expediciones marítimas europeas teniendo una especial importancia el descubrimiento del Nuevo Mundo. El orden económico resultante fue un sistema en el que predominaba lo comercial o mercantil. El énfasis estaba en intercambiar bienes, no en producirlos. Era la etapa de *capitalismo mercantilista*, etapa que duraría en Europa hasta el siglo XVIII, es decir, hasta ser arrasada por la primera gran ola que transformó el capitalismo.

La primera ola del capitalismo

La primera ola del capitalismo se inició en el siglo XVIII en Inglaterra con la Primera Revolución Industrial. Es la *era del capitalismo industrial*. Si en épocas anteriores la producción se realizaba con la *fuerza viva* de seres humanos (sean siervos o esclavos) o animales (como caballos y bueyes), ahora la producción comienza a hacerse cada vez más con la *fuerza mecánica* de máquina, siendo el carbón la principal fuente de energía. La máquina de vapor introducida al mercado por James Watt en 1776 se ha convertido en el símbolo característico de esta época. Coincidentemente, ese mismo año Adam Smith publica su famosa obra *La Riqueza de las Naciones*, que es convencionalmente identificada como el punto de inicio de la economía como disciplina autónoma. Se concibe a esta como la época de la maquinaria, la productividad y el progreso.

En cuanto al *modo de producir*, la primera ola del capitalismo da lugar a un sistema enfocado en aumentar la productividad. Esto se logra no solo por la mecanización sino por la especialización. Se trata del sistema de división del trabajo. En los gremios de artesanos de la Edad Media sucedía, por ejemplo, que un solo hombre, habiendo aprendido el "arte" de hacerlos, fabricaba él solo un par de zapatos. Esto tomaba su tiempo. Durante la primera ola del capitalismo, en cambio, se busca aumentar la producción empleando a varios hombres en diversas sub-tareas de un mismo proceso productivo. La creciente maquinización de la producción hace esto posible. Como nota Polanyi, "en el corazón de la Revolución Industrial del siglo XVIII se puede comprobar un perfeccionamiento casi milagroso de los instrumentos de

---

[110] Adam Smith, *Investigaciones Sobre la Naturaleza y Causas de la Riqueza de las Naciones*, London, 1776, Lib. I, cap. II.

producción"[111].

Es prácticamente inevitable citar el famoso ejemplo dado por Adam Smith: "Dada la manera como se practica hoy día la fabricación de alfileres, no solo la fabricación misma constituye un oficio aparte, sino que está dividida en varias ramas, la mayor parte de las cuales también constituyen otros tantos oficios distintos. Un obrero estira el alambre, otro lo endereza, un tercero lo va cortando en trozos iguales, un cuarto hace la punta, un quinto obrero está ocupado en limar el extremo donde se va a colocar la cabeza; a su vez la confección de la cabeza requiere dos o tres operaciones distintas: fijarla es un trabajo especial, esmaltar los alfileres, otro, y todavía es un oficio distinto colocarlos en el papel. (…) Diez personas podían hacer cada día, en conjunto, más de 48 mil alfileres, cuya cantidad, dividida entre diez, correspondería a 4800 por persona. En cambio, si cada uno hubiera trabajado separada e independientemente, y ninguno hubiera sido adiestrado en esa clase de tarea, es seguro que no hubiera podido hacer veinte, o, tal vez, ni un solo alfiler al día"[112].

En cuanto al *modo de trabajar*, vemos que, por supuesto, está condicionado por el modo de producir. Por lo general los obreros realizaban tareas especializadas con máquinas y se buscaba obtener la máxima productividad de ellos. Muchas veces las empresas eran propiedad de un solo capitalista que a su vez las administraba implicándose personalmente en la producción al punto que varias veces iba físicamente a la fábrica a dar órdenes a los trabajadores.

Las condiciones de trabajo eran bastante duras durante la primera ola del capitalismo. La jornada laboral solía fluctuar entre las 12 y 16 horas y el trabajo infantil estaba a la orden del día. En referencia al capitalismo inglés de su época escribía Marx: "El capital no sólo transgrede los límites morales, sino también las barreras máximas puramente físicas de la jornada laboral. Usurpa el tiempo necesario para el crecimiento, el desarrollo y el mantenimiento de la salud corporal. Roba el tiempo que se requiere para el consumo de aire fresco y luz del sol. Escamotea tiempo de las comidas y, cuando puede, las incorpora al proceso de producción mismo, de tal manera

---

[111] Karl Polanyi, *The Great Transformation: The Political and Economic Origins of Our Time*, Beacon Press, Boston, 2001, p. 35.
[112] Adam Smith, *Investigaciones Sobre la Naturaleza y Causas de la Riqueza de las Naciones*, London, 1776, Lib. I, cap. II.

que al obrero se le echa comida como si él fuera un medio de producción más, como a la caldera carbón y a la maquinaria grasa o aceite. Reduce el sueño saludable necesario para concentrar, renovar y reanimar la energía vital a las horas de sopor que sean indispensables para revivir un organismo absolutamente agotado"[113].

Para aquellos que automáticamente se cierran ante cualquier cosa dicha por Marx (por cuanto consideran al marxismo una ideología nefasta, como en efecto lo es), citamos al economista institucionalista Ha-Joon Chang: "Las condiciones de trabajo eran extremadamente peligrosas. Muchos trabajadores de la industria textil del algodón morían de enfermedades pulmonares causada por el polvo generado en el proceso de producción. La clase trabajadora urbana vivía en habitaciones superpobladas, a veces con quince o veinte personas por cuarto. Era típico que centenares de personas compartieron un solo baño"[114]. ¿Pero por qué soportaban tal tipo de condiciones? Porque la vida en el campo también era miserable. Las oportunidades económicas estaban en la ciudad pues ya no se estaba en la época feudal sino en la del capitalismo industrial. Era preferible ser un desdichado con oportunidades en la ciudad que un desdichado sin oportunidades en el campo.

Respecto del *modo de competir*, tenemos que durante la primera ola del capitalismo existía algo parecido a los mercados libres y competitivos de los que nos habla la teoría neoclásica: habían muchos compradores y muchos vendedores, las empresas eran pequeñas, no tenían mayor poder de mercado, los productos eran relativamente homogéneos, etc. Como explica Tsuru: "El sistema capitalista, en su primer estadío, podía ser definido como un sistema económico en el cual existían en cada sector industrial innumerables productos privados, cada uno de los cuales perseguía el beneficio propio, basándose, principalmente, en barómetros del mercado"[115]. La competencia se da principalmente a nivel local. Los mercados de alcance nacional o internacional se dan solo para unas pocas mercancías como el azúcar, la seda y el algodón.

---

[113] Karl Marx, *El Capital*, 1867, Tomo I, Sec. III, cap. VIII.
[114] Ha-Joon Chang, *Economics: The User´s Guide*, Pelikan Books, London, 2014, Part. I, ch. 3.
[115] Shigeto Tsuru, "¿Ha cambiado el capitalismo?", en: *¿Adónde va el Capitalismo?*, Ed. Oikos, Barcelona, 1967, p. 21.

Esta parecía la forma más eficiente de organizar la economía. Sin embargo, los costos de la nueva eficiencia eran altos: eran varias las pequeñas empresas que quebraban al no poder resistir las difíciles condiciones competitivas del mercado. Como decía Galbraith, "la carrera por la obtención de una eficacia creciente requería que los perdedores perdiesen realmente"[116]. No obstante, era un precio que los hombres de aquel tiempo estaban dispuestos a pagar. Resulta que "en un mundo que había sido pobre por tanto tiempo nada era más importante que obtener un incremento de la riqueza. El remedio -liberar a los hombres de las restricciones y protección de la sociedad feudal y mercantilista y dejar que actuasen por sí mismos- era sano, como ya se iba poniendo de manifiesto. No era aquel un mundo compasivo. Muchos sufrieron y muchos quedaron destruidos bajo la severa e imprevisible autoridad de la competencia y el mercado. Pero siempre habían perecido muchos por una u otra razón. En tanto que, ahora, algunos comenzaban a florecer. Esto era lo que se tenía que tener en cuenta. No se consideraba ya el peligro y la desgracia, ya que siempre los había habido, sino que se consideraba la oportunidad"[117].

En lo que se refiere al *modo de comunicar*, hay que decir que durante la primera ola del capitalismo las comunicaciones fueron bastante básicas. No se había inventado ni la radio ni la televisión ni el Internet. Si se requería hacer publicidad de algún producto la vía común era pegar un afiche impreso en alguna parte de la ciudad o simplemente el vendedor lo anunciaba de viva voz. Además, no había necesidad de mayor sofisticación o persuasión. Los bienes que se vendían por lo general eran básico y uno no requiere demasiado para persuadir a un hambriento que necesita comida, a un sediento que necesita agua o a un descalzo que necesita zapatos. Por tanto, la publicidad era más informativa que persuasiva. Más que de publicidad podríamos hablar de anuncios.

En cuanto al *modo de consumir*, hay que comenzar anotando que la primera ola del capitalismo supuso un cambio histórico radical al separar claramente consumo y producción. Como apunta Alvin Toffler: "Estamos acostumbrados, por ejemplo, a pensar en nosotros mismos como productores o consumidores. Esto no fue siempre cierto. Hasta la revolución industrial, la gran mayoría de todos los alimentos, bienes y servicios

---

[116] John Kenneth Galbraith, *La Sociedad Opulenta*, Ed. Artemisa, México, 1986, p. 86.
[117] John Kenneth Galbraith, *La Sociedad Opulenta*, op. cit., p. 75.

producidos por la especie humana, eran consumidos por los propios productores, sus familias o una pequeña élite, que recogía los excedentes para su propio uso"[118]. Así, el industrialismo "hizo desaparecer virtualmente por completo los bienes producidos para el propio consumo - para uso del productor o de su familia- y creó una civilización en la que casi nadie, ni siquiera el granjero, era ya autosuficiente. Todo el mundo pasó a ser casi totalmente dependiente de los alimentos, bienes o servicios producidos por algún otro"[119].

Ahora bien, como se dijo, los bienes transados por lo general eran básicos. Dice Galbraith, "los bienes eran escasos. Se los relacionaba estrechamente también, si no con la supervivencia, al menos con las más elementales comodidades del hombre. Le alimentaban, le proporcionaban vestido para salir de casa y le mantenían abrigado cuando se encontraba dentro de ella"[120]. Por tanto, podría caracterizarse a la primera ola del capitalismo como la de la *sociedad de sub-consumo*, en tanto para la mayor parte de la población (es decir, fuera de la excepción de la pequeña élite de privilegiados) el consumo se dirigía a cubrir las necesidades básicas. De hecho, en no pocas ocasiones ni siquiera se llegaba a cubrir bien lo básico, de modo que se daban muertes y enfermedades asociadas a carencias o deficiencias en la alimentación, vestido, vivienda, condiciones sanitarias, etc.

La segunda ola del capitalismo

La segunda ola del capitalismo se inició en torno a 1870 en Estados Unidos y Europa con la Segunda Revolución Industrial. Es la *era de la industria pesada*. Si en la primera ola del capitalismo se producía con la fuerza mecánica de las máquinas movidas, por ejemplo, por la presión del vapor, ahora se produce por medio de grandes maquinarias que usan fuentes de energía como el petróleo y la electricidad. Si hay alguna máquina característica de esta era sería el ferrocarril. Si bien este se había inventado antes, es en la segunda ola del capitalismo que se comienza a utilizar intensivamente para el transporte de insumos, mercancías y personas.

---

[118] Alvin Toffler, *La Tercera Ola*, Ed. Plaza & Janes, Bogotá, 1980, p. 27.
[119] Alvin Toffler, *La Tercera Ola*, op. cit., p. 28
[120] John Kenneth Galbraith, *La Sociedad Opulenta*, Ed. Artemisa, México, 1986, p. 167.

En cuanto al *modo de producir*, la segunda ola del capitalismo se caracteriza por la *producción en masa*. Lo que se tiene es un sistema basado en la uniformización tal que se crean millones de productos idénticos. El aumento de productividad fue enorme. Reporta Lipovetsky: "A fines de la década de 1880, en Estados Unidos, una máquina podía fabricar 120.000 cigarrillos al día: treinta máquinas así bastaban para saturar el mercado nacional. Las máquinas automáticas permitían a setenta y cinco obreros fabricar al día dos millones de cajas de cerillas. Procter & Gamble fabricaba 200.000 jabones Ivory diarios. Máquinas de este tipo aparecieron asimismo en la producción de lejía, de cereales para el desayuno, de película fotográfica, sopas, leche y otros productos envasados"[121]. A inicios del siglo XX se introduce el *fordismo*, es decir, el sistema de producción en cadena implementado por Henry Ford, y se convierte en el modo de producción dominante desde 1930.

En este contexto, las empresas comienzan a gestar el cambio tecnológico de modo endógeno y establecen departamentos de Investigación y Desarrollo[122]. Ya en este nuevo entorno el supuesto neoclásico de tecnología "dada" y "constante" se había vuelto simple y llanamente irrelevante. Las empresas comenzaban a desarrollar la tecnología desde *dentro* y de modo *continuo* por medio de actividades especializadas. El cambio tecnológico dejó de ser un *resultado exógeno incorporado* para pasar a convertirse en un *proceso endógenamente gestionado*. Como dice Chang: "Numerosas innovaciones surgieron (…) dando lugar al ascenso de la industria pesada y la industria química: máquinas eléctricas, motor de combustión interna, colorantes sintéticos, fertilizantes artificiales, etc. Al contrario de las tecnologías de la (Primera) Revolución Industrial, que habían sido inventadas por hombres práctico con buena intuición, esas nuevas tecnologías fueron desarrolladas por la aplicación sistemática de los principios científicos y de la ingeniería. Eso significa que, una vez que algo se inventa, puede ser replicado y perfeccionado rápidamente"[123].

Respecto del *modo de trabajar*, tenemos que este viene en gran parte moldeado por el cambio de paradigma que significó el fordismo. La idea es

---

[121] Gilles Lipovetsky, *La Felicidad Paradójica*, Ed. Anagrama, Barcelona, 2007, p. 23.
[122] Véase: Steven Usselman, *Research and Development in the United States since 1900: An Interpretive History*, Economic History Workshop, Yale University, November 11, 2013.
[123] Ha-Joon Chang, *Economics: The User's Guide*, Pelikan Books, London, 2014, Part. I, ch. 3.

producir cantidades enormes en tiempos muy cortos y esto lleva a una mayor división del trabajo haciendo que la mano de obra se enfoque en procesos muy específicos. De este modo, "la expansión de la producción a gran escala fue potenciada asimismo por la reestructuración de las fábricas en función de los principios de la 'organización científica del trabajo', que se aplicaron sobre todo en el sector del automóvil. Gracias a la cadena de montaje, el tiempo de trabajo necesario para ensamblar un chasis del Ford modelo T pasó de doce horas y veintiocho minutos en 1910 a una hora con treinta y tres minutos en 1914"[124].

En ese contexto, se da también una importante mejora de la situación de los obreros. Se pasa a ver al obrero no como solo como un *instrumento para la producción* sino también como una *oportunidad para la comercialización*. Se toma conciencia de que el obrero es también consumidor. Pero esto no en términos de una "conciencia moral" de preocuparse por la suerte del obrero en tanto persona, sino en términos de una estrategia empresarial muy pragmática en que, como consumidores, los obreros pueden comprar los productos fabricados por las empresas y así contribuir a expandir las ventas. Explica Chang: "En torno al año 1870 comenzaron a darse mejoras palpables en las condiciones de la clase trabajadora. Los salarios subieron. (…) El salario medio de un adulto fue por fin suficiente para permitir que un operario comprase más que para las solas necesidades básicas"[125].

Este nuevo escenario supone un golpe mortal a la teoría marxista: el surgimiento de la clase media. Resulta que Marx sostenía que, a medida que avanzara el capitalismo, iba haber una clase cada vez más pequeña de capitalista ricos (*teoría de la concentración capitalista*) y una clase cada vez más grandes de obreros pobres (*teoría de la pauperización creciente*). Eso llevaría a que eventualmente los obreros tomasen "conciencia de clase" y se revelaran contra el sistema. Citemos las propias palabras de Marx: "Con la disminución constante en el número de los magnates capitalistas que usurpan y monopolizan todas las ventajas de este proceso de trastocamiento, se acrecienta la masa de la miseria, de la opresión, de la servidumbre, de la degeneración, de la explotación, pero se acrecienta también la rebeldía de la clase obrera, una clase cuyo número aumenta de

---

[124] Gilles Lipovetsky, *La Felicidad Paradójica*, Ed. Anagrama, Barcelona, 2007, p. 24.
[125] Ha-Joon Chang, *Economics: The User's Guide*, Pelikan Books, London, 2014, Part. I, ch. 3.

manera constante. (…) La concentración de los medios de producción y la socialización del trabajo alcanzan un punto en que son incompatibles con su corteza capitalista. (…) Suena la hora postrera de la propiedad privada capitalista. Los expropiadores serán expropiados"[126].

El punto es que en la segunda ola del capitalismo los obreros no se ven en una situación de miseria creciente. Más bien, lo que comienza a crecer es la clase media que trabaja menos horas con mejores salarios y con ello comienza a poseer múltiples bienes más allá de lo básico. En el *Manifiesto Comunista* Marx y Engels terminaban diciendo: "Los obreros del mundo no tienen nada que perder más que sus cadenas. Tienen, en cambio, un mundo por ganar. ¡Proletarios de todo el mundo, uníos!"[127]. Pero resulta que los obreros de la segunda ola del capitalismo sí tienen mucho que perder: autos, televisores, licuadoras, refrigeradoras, lavadoras, etc. Ergo, no se rebelarán contra el sistema, pues "uno no debe morder la mano que le da de comer".

En cuanto al *modo de competir*, tenemos que en la segunda ola del capitalismo las empresas comienzan a crecer, fortalecerse y consolidarse. Había llegado la etapa del *capitalismo monopolista*. En efecto: ahora las empresas eran bastante grandes, producían en masa, aplicaban intensivamente tecnología y manejaban grandes inversiones. Como apuntan los historiadores económico Robert Heilbroner y William Milberg: "Un sistema de producción originalmente caracterizado por un gran número de empresas pequeñas dio crecientemente lugar a uno en el cual la producción estaba concentrada en las manos de unas relativamente pocas unidades de negocios grandes y poderosas"[128]. Y la competencia no se da ya principalmente a nivel local sino que, con los avances en materia de producción, transportes y comunicaciones, la competencia entre empresas pasa a darse a nivel nacional e internacional.

En en ese nuevo contexto que comienzan a surgir las *corporaciones*. Si durante la primera ola del capitalismo las empresas solían ser propiedad de un individuo o una familia, en la segunda ola del capitalismo las empresas comienzan a ser propiedad no de "personas naturales" sino que vienen a

---

[126] Karl Marx, *El Capital*, 1867, Tomo I, Sec. VII, cap. XXIV.
[127] Karl Marx y Friedrich Engels, *El Manifiesto Comunista*, Part. IV.
[128] Robert Heilbroner and William Milberg, *The Making of the Economic Society*, Ed. Pearson, Boston, 2012, p. 80.

constituirse como "personas jurídicas" propiedad de un conjunto de accionistas anónimos y con responsabilidades limitadas. Se da el divorcio entre control y propiedad: los propietarios ya no son administradores sino que ahora el administrador es un empleado (del más alto rango, pero empleado al fin y al cabo) que dirige una empresa que no posee y tiene que "rendir cuenta" periódicamente a los verdaderos propietarios.

Es pues, la época de la empresa con *poder*, la empresas como "persona" por sobre las *personas*. El caso de los Estados Unidos es bastante ilustrativo a este respecto: "Al terminar la Guerra Civil se aprobó la Enmienda 14 para dar los mismos derechos a las personas de raza negra. Decía: 'Ningún Estado puede privar a una persona de su vida, libertad o propiedad sin un debido proceso legal'. (...). Las corporaciones llegaron a las cortes y los abogados corporativos, que eran muy inteligentes, dijeron: 'No se puede privar a una persona de la vida, libertad y propiedad y (...) la corporación es una persona'. Y la corte estuvo de acuerdo con eso. Lo más grotesco de todo esto es que la Enmienda 14 había sido aprobada para proteger a los esclavos recién liberados. Por ejemplo, entre 1890 y 1910 se presentaron a la corte 307 casos bajo la Enmienda 14. De estos, 288 fueron de corporaciones y 19 de afroamericanos. Murieron 600 mil personas para obtener derechos para la gente y durante los siguientes 30 años, de un solo plumazo, los jueces aplicaron esos derechos al capital y la propiedad"[129].

Vemos, pues, que comienza a surgir el capitalismo de *la gran empresa*. Ahora bien, dado ese entorno, ¿sería razonable pensar que estas empresas se seguirían sometiendo con gusto a la férrea disciplina de los mercados competitivos? Obviamente no. Son empresas grandes y tienen mucho que perder; necesitan *seguridad*. Pero, dado que confiar todas esas cosas al mercado sería justamente, a los ojos de los principales comprometidos, lo mismo que entregarlas al azar"[130] era necesario que comiencen a tener control *sobre el mercado mismo*. Si en la primera ola del capitalismo las empresas competían *en un mercado que no podía controlar*, en la segunda ola del capitalismo pasan a competir *por controlar el mercado*. Esto es lo que Galbraith ha llamado "el sistema planificador".

---

[129] *The Corporation*, documental dirigido por Mark Archbar, Jennifer Abbott, and Joel Bakan, 2003.
[130] John Kenneth Galbraith, *El Nuevo Estado Industrial*, Ed. Sarpe, Madrid, 1984, p. 499.

En lo que se refiere al *modo de comunicar*, la segunda ola del capitalismo trae un cambio enorme pues implica el advenimiento de *la gran publicidad*, la comunicación de uno hacia muchos. Esto se deriva de lo propio del modo de competir: si se trata de controlar el mercado, no basta con controlar la oferta (producción), hay que también buscar controlar la demanda (consumo). Dice Galbraith: "Específicamente, entra dentro de las posibilidades de la gran empresa moderna el moderar o eliminar (con una sola excepción) todo riesgo económico que, antiguamente, hubiese podido afectar a las empresas comerciales. Los gustos de los consumidores y la demanda pueden variar. La gran empresa se resiste a ello mediante su publicidad. Por lo tanto, los gustos del consumidor vienen a estar parcialmente sometidos a su control"[131].

La *producción en masa* necesita generar *consumo en masa* y para ello se basa en los *medios de comunicación en masa*. Así, gracias a la radio y la televisión, la gran empresa tiene el poder de entrar en los hogares mismos. La idea es moldear la mente de las personas para así moldear sus acciones y, por ende, sus compras. Para ello conviene lograr que las personas tengan una *relación personal* con el producto, o sea, generar artificialmente un *vínculo personal* con *cosas impersonales*. Ergo, hay que poner nombre a las cosas. Y es así como la segunda ola del capitalismo da a luz a las marcas. Lipovestky resume bien este proceso: "Hasta la década de 1880, los productos eran anónimos, se vendían a granel y las marcas nacionales eran poco numerosas. A fin de controlar los flujos de producción y de rentabilizar su equipo, las nuevas industrias pusieron en condiciones sus propios productos haciendo publicidad sobre su marca a escala nacional. Por primera vez dedican las empresas un elevado presupuesto a la publicidad; las sumas invertidas crecen con rapidez: los gastos de publicidad de Coca-Cola, que en 1892 eran de 11.000 dólares, suben a 100.000 en 1901, a 1,2 millones en 1912, a 3,8 millones en 1929. Estandarizados, empaquetados en envases pequeños, distribuidos por los mercados nacionales, los productos llevarán desde entonces un nombre, el que les ha puesto el fabricante: la marca. (...) Fue en la década de 1880 cuando se fundaron o se hicieron célebres Coca-Cola, American Tobacco, Procter & Gamble, Kodak, Heinz, Quaker Oats y Campbell Soup. Entre 1886 y 1920, la cantidad de marcas registradas en Francia pasó de 5520 a 25000"[132].

---

[131] John Kenneth Galbraith, *La Sociedad Opulenta*, Ed. Artemisa, México, 1986, p. 146.
[132] Gilles Lipovetsky, *La Felicidad Paradójica*, Ed. Anagrama, Barcelona, 2007, p. 25.

En cuanto al *modo de consumir*, se da también un cambio sustancial: ya no se trata de consumir para cubrir las necesidades sino de consumir para satisfacer deseos y preferencias. Los productos son heterogéneos, viniendo en varias presentaciones y marcas. Hay múltiples opciones para el consumidor. Opciones con nombre, color, olor, sonido, sabor y hasta "personalidad". Así, "la aparición de las grandes marcas y de los productos envasados transformó profundamente la relación del consumidor con el minorista, que perdió las funciones que hasta entonces le estaban reservadas: no será ya del vendedor de quien se fíe el comprador, sino de la marca", de modo que se "transformó al cliente tradicional en consumidor moderno, en un consumidor de marcas *al que había que educar y seducir sobre todo por la publicidad*"[133].

La segunda ola del capitalismo representa, por tanto, el nacimiento de la *sociedad de consumo*. Como dijimos, la producción en masa requiere consumo en masa. Por tanto, hay que estimular el consumo si es necesario. Conviene fomentar una sociedad materialista y hedonista centrada en la posesión y el disfrute. ¿Qué es esto sino el *American way of life* (modo de vida americano)? No es raro, pues, que la llamada "Edad de oro del capitalismo" se haya dado durante la madurez del capitalismo de segunda ola, esto es, entre los años 1945 y 1973. Describiendo el capitalismo de esta época decía Galbraith: "En la actualidad, los bienes son abundantes. Aunque existe desnutrición, muere más gente en los Estados Unidos a causa de excesiva alimentación que debido a inanición. Si se creyó en un tiempo que la población ejercía presión sobre el abastecimiento de alimentos, en la actualidad el abastecimiento de alimentos oprime a la población"[134].

La tercera ola del capitalismo

La tercera ola del capitalismo inició en torno a 1970 con la Tercera Revolución Industrial. Es la *era de la información*. Si en la segunda ola del capitalismo tenía preponderancia la maquinaria pesada, ahora tiene preponderancia algo que no pesa: *lo virtual*. Si hay un símbolo característico de esta era es la computadora, pero no cualquier computadora, sino *la computadora con Internet*. No se trata tanto del hardware sino del software y, sobre todo, *el software interconectado*. Los gigantescos avances en materia de

---

[133] Gilles Lipovetsky, *La Felicidad Paradójica*, op. cit., pp. 24-25.
[134] John Kenneth Galbraith, *La Sociedad Opulenta*, Ed. Artemisa, México, 1986, p. 168.

telecomunicación en esta era habilitan lo que conocemos como *globalización*. El mundo se vuelve uno solo, nace la "aldea global". Un ejecutivo canadiense puede estar en Reino Unido leyendo un periódico virtual editado en Estados Unidos sobre cómo una guerra en Irak puede afectar sus inversiones en Israel.

En cuanto al *modo de producir*, tenemos que, si durante la segunda ola del capitalismo dominaba el fordismo, ahora este ha pasado de moda. Dice Lipovestky: "El sistema fordiano que fabricaba productos estandarizados ha cedido el paso a una economía de la variedad y la reactividad en la que no ya solo la calidad, sino también el tiempo, la innovación y la renovación de los productos han acabado por ser los criterios de competitividad de las empresas"[135]. Toffler también nota que, si bien durante la segunda ola "la esencia de la fabricación (…) era la larga 'serie' de millones de productos uniformizados idénticos", ahora con la tercera ola "la esencia de la fabricación (…) es la corta serie de productos parcial o totalmente personalizados"[136].

Ahora bien, no debe por esto pensarse que ha dejado de existir la producción en masa. Esta sigue existiendo todavía para una amplia gamma de productos como, por ejemplo, los alfileres (al menos al presente no hay una obsesión con diversificar los alfileres como sí hay una obsesión por diversificar las zapatillas). La diferencia es que ahora la escala ya no es el *mercado nacional* sino el *mercado global*. Eso requiere una enorme productividad. Pero eso no es ningún problema. De hecho, el aumento de productividad ha sido tan grande que la capacidad de oferta rebasa la capacidad de demanda. Reporta Chang, en 1776 "Smith discutía como diez personas (…) pueden producir 48 mil alfileres (o 4800 alfileres por persona). (…) Siguiendo el ejemplo de Smith, el matemático Charles Babbage (…) estudió las fábricas de alfileres en 1832. Descubrió que estaba produciendo 8 mil alfileres por trabajador al día. Pasados más de 150 años de progreso tecnológico, la productividad aumentó en más de 100 veces a 800 mil alfileres por trabajador al día, según un estudio de 1980 del fallecido Clifford Pratten, economista de Cambridge"[137].

---

[135] Gilles Lipovetsky, *La Felicidad Paradójica*, Ed. Anagrama, Barcelona, 2007, p. 8.
[136] Alvin Toffler, *La Tercera Ola*, Ed. Plaza & Janes, Bogotá, 1980, p. 120.
[137] Ha-Joon Chang, *Economics: The User's Guide*, Pelikan Books, London, 2014, Part. I, ch. 2.

En ese contexto, se viene dando un proceso de *desnacionalización de la producción*. La figura de las "grandes industrias nacionales" aparece borrosa. Lo que tenemos ahora en un sistema dominado por la presencia de *empresas multi-nacionales*. Así, como notaba el intelectual peruano Oswaldo de Rivero, la "nueva aristocracia mundial" ya no la constituyen los grandes Estados naciones sino las grandes empresas multinacionales, siendo que "el comercio internacional es hoy casi un subproducto de las inversiones, alianzas y acuerdos entre empresas transnacionales"[138]. En ese contexto, comienza a predominar la *tercerización de la producción*. El "trabajo sucio" de fabricar o ensamblar se deja a los países pobres. Se crean las llamadas "zonas de procesamiento de exportaciones" en países como Sri Lanka, El Salvador y Filipinas en donde se oferta el paquete de "trabajadores baratos e impuestos bajos" a fin de que grandes multinacionales elijan tercerizar su producción allí. Según nota Saskia Sassen, profesora de la Universidad de Columbia, esto forma parte de un plan para trocear los países y "desnacionalizar una porción de su territorio"[139].

En lo referido al *modo de trabajar*, se encuentra que si la segunda ola era la época del trabajo estable en que uno permanecía varios años y hasta décadas en la misma empresa para luego jubilarse con buenos ahorros, la tercera ola es la época del trabajo rápido y precario. Es raro que ahora uno permanezca varios años en la misma empresa. En parte, esto se debe a un cambio de mentalidad: los trabajadores (en especial los adultos jóvenes) quieren aprendizaje, cambio, experiencias, diversidad... Pero también es cierto que hay un importante componente de inestabilidad que no se busca, sino que se soporta. Esto se da por causa de la gran movilidad del capital. Como nota el sociólogo polaco Zygmunt Bauman: "En su etapa pesada, el capital estaba tan fijado a un lugar como los trabajadores que contrataba. En la actualidad, el capital viaja liviano, con equipaje de mano, un simple portafolio, un teléfono celular y una computadora portátil. Puede hacer escala en casi cualquier parte, y en ninguna se demora más tiempo que el necesario. El trabajo (...) ha perdido solidez; buscando en vano un fondo firme, las anclas caen todo el tiempo sobre la arena que no las retiene. Algunos de los residentes del mundo no cesan de moverse; para el resto, es el mundo el que

---

[138] Oswaldo de Rivero, *El Mito del Desarrollo*, Fondo de Cultura Económica, Lima, 2001, p. 63.
[139] Saskia Sassen, *Losing Control? Sovereignty in an Age of Globalization*, Nueva York, Columbia University Press, 1996, p. 9.

no se queda quieto"[140].

A esto hay que sumar lo que Oswaldo de Rivero llamaba "desproletarización"[141], es decir, el fenómeno en virtud del cual en cada vez más procesos productivos los obreros son reemplazados por máquinas. Por ejemplo, el sector servicios siempre ha sido una importante fuente de trabajo para la mano de obra no cualificada. Jóvenes sin mayor experiencia laboral pueden generar algunos ingresos (y así subsistir o pagarse la universidad) atendiendo en un supermercado o sitio de comida rápida. Esta oportunidad puede ser devorada en un futuro no muy lejano por el sistema introducido por *Amazon Go*, el cual "permite comprar sin tener que pagar en caja. El cliente entra a la tienda, escanea un código QR desde su app AmazonGo, coge los productos y sale del lugar. El cargo por la compra se genera automáticamente y llega al smartphone del cliente"[142].

En cuanto al *modo de competir*, tenemos que, si la segunda ola del capitalismo era la época del *capitalismo monopolista*, la tercera ola del capitalismo constituye la época del *capitalismo de las grandes corporaciones multinacionales*. Microsoft, Apple, Amazon, Citibank, Facebook, Netflix, Disney, Nike, etc. no son meramente empresas, son *titanes empresariales* con más poder e influencia que varias naciones e incluso religiones juntas. Los países les quedaron pequeños a las empresas. Ahora la competencia no es local ni nacional, sino *global*. Apuntan Heilbroner y Milberg: "El aumento del comercio internacional y las inversiones es solo un indicador de la globalización. Un indicador más dramático es el aumento en el número y rango de corporaciones multinacionales (esto es, corporaciones con operaciones en más de un país). En 2008, había más de 82 000 corporaciones con más de 850 000 ramas o sucursales operando en países extranjeros. Estas sucursales en el extranjero (…) tenían ventas estimadas de *más de 29 trillones de dólares*, más que el valor total de las *exportaciones mundiales* (…). Las corporaciones transnacionales dominan las ventas en industrias tan diversas como el petróleo, vehículos motorizados, alimentos, electrodomésticos, y químicos. (…) Las compañías han cubierto crecientemente sus necesidades

---

[140] Zymunt Bauman, *Modernidad Líquida*, Fondo de Cultura Económica, Buenos Aires, 2004, p. 64.
[141] Véase: Oswaldo de Rivero, *El Mito del Desarrollo*, Fondo de Cultura Económica, Lima, 2001, pp. 121-129.
[142] "Amazon Go: El futuro del retail minorista sin colas de compra", Gestión, 29 de abril de 2020.

de competir en mercado de todo el mundo a través de fusiones y adquisiones de empresas extranjeras"[143].

Asimismo, durante la tercera ola del capitalismo se observa una intensificación del *proceso de endogenización empresarial del cambio tecnológico*. Con el desarrollo del las tecnologías de la información y la cibernética, el cambio tecnológico pasa de ser *rápido* a *hiper-rápido*. El *empresario innovador* (como Steve Jobs de Apple o Jeff Bezos de Amazon) comienza a tomar mayor importancia que el *empresario planificador*. En ese contexto, la dinámica del mercado comienza a avanzar más de "desequilibrio en desequilibrio" que de "equilibrio en equilibrio" ya que en este contexto tecnológico, como decía Scumpeter, "la posición de un estado ideal de equilibrio (…) nunca alcanzado (…) se altera constantemente a causa de la alteración de los datos"[144]. La empresa tiene, pues, que innovar constante e "hiper-rápidamente". *Innovar o morir*: esa es la consigna. Más que una competencia en términos de precios o cantidades, lo que vemos es una *competencia tecnológica*.

Respecto del *modo de comunicar*, la tercera ola del capitalismo constituye la era de la *publicidad omnipresente*. Gracias al Internet y a que hemos pasado de ser "animales sociales" a "animales de *redes sociales*", recibimos una miríada de mensajes publicitarios las 24 horas del días, los 7 días de la semana y los 365 días del año. De hecho, ya hace algunos años se estimaba que "un ciudadano de una ciudad de tamaño medio recibe alrededor de 1500 mensajes comerciales al día a través de diferentes canales y en distintos formatos"[145]. *La publicidad no descansa*. Los que descansamos somos nosotros viendo cosas insulsas en Internet como videos de gatitos, bromas, parodias, "noticias" sensacionalistas, etc. *Y es allí cuando más ataca la publicidad, cuando somos más vulnerables, cuando tenemos la "guardia (mental) baja"*. Lo primero que hacemos al despertarnos es ver el celular y lo último que hacemos antes de dormirnos es ver el celular. Nuestras mentes son moldeadas por lo que nos sugiere el algoritmo (esencialmente publicitario) de las redes sociales. De este modo, "una bomba de información está estallando entre nosotros,

---

[143] Robert Heilbroner and William Milberg, *The Making of the Economic Society*, Ed. Pearson, Boston, 2012, p. 153.
[144] Joseph A. Schumpeter, *Teoría del Desenvolvimiento Económico*, Fondo de Cultura Económica, México, 1997, p. 73.
[145] Carolina López Álvarez, "La nueva era del consumidor", *Profesiones*, n° 117, 2009, p. 13.

lanzándonos una metralla de imágenes y *cambiando drásticamente la forma en que cada uno de nosotros percibe y actúa sobre nuestro mundo privado*"[146].

Ahora bien, un cambio interesante que se ha dado con la tercera ola es la *desmasificación de la publicidad*. No se quiere decir con esto que hayan dejado de existir los grandes medios de comunicación masiva, pero algo que es claro es que están proliferando día a día una cantidad enorme de mini-medios. Hoy en día cualquiera puede crearse, por ejemplo, un canal de YouTube y tener audiencia. Como nota Toffler: "Los medios de comunicación de masas se hallan sometidos a intenso ataque. Nuevos y desmasificados medios de comunicación están proliferando, desafiando -y, a veces, incluso remplazando- a los medios de comunicación de masas"[147]. Pero, cuidado, no se piense que es un entorno libre de mini-medios independientes a la publicad. Todo contrario, las grandes plataformas que albergan estos mini-medios están diseñadas para utilizarlos a fin de vender publicidad. Es la misma lógica que con la televisión: *la publicidad manda*. La diferencia es que ahora cada uno puede crear su "canal".

Otra diferencia es que, si en la segunda ola la publicidad era fundamentalmente *persuasiva*, en la tercera ola llega en no pocas ocasiones al extremo de ser *invasiva*. Hasta se ha creado una rama de estudio conocida como "neuromarketing" para conocer aprovechar el conocimiento sobre el cerebro del consumidor *a fin de influirlo mejor*. De hecho, hay interesantes análisis y reportes sobre el uso de mensajes subliminales en la publicidad. Ya en los inicios de la tercera ola del capitalismo Wilson Bryan Key, Ph. D. en comunicaciones por la Universidad de Denver, advertía en su libro *Seducción Subliminal* que los consumidores estaban siendo influenciados no solo a través de comunicaciones conscientes sino también a través de mensajes subconscientes[148]. A su vez, tenemos un estudio académico publicado en el *Journal of Advertising* que, con base en una muestra de 424 personas, halló que la inserción sutil de elementos sexuales en la publicidad hace aumentar la valoración de una bebida alcohólica[149].

---

[146] Alvin Toffler, *La Tercera Ola*, Ed. Plaza & Janes, Bogotá, 1980, p. 103.
[147] Alvin Toffler, *La Tercera Ola*, op. cit., p. 109.
[148] Véase: Wilson Bryan Key, *Subliminal Seduction: Ad Media's Manipulation of Not So Innocent America*, Ed. Signet, Englewood Cliffs, 1972.
[149] William Kilbourne, Scott Painton and Danny Ridley, "The effect of sexual embedding on responses to magazine advertisements", *Journal of Advertising*, vol. 14, nº 2, 1985, pp. 48-56.

En cuanto al *modo de consumir*, tenemos que, con la muerte de los "grandes meta-relatos" de la modernidad[150] y el consecuente advenimiento de la postmodernidad, el consumidor de la tercera ola del capitalismo se concentra en su propia felicidad personal. Atrás quedó la idea de deber para con la sociedad. Estamos en una "época del *post-deber*" que reemplaza los "valores sacrificiales" por "una ética débil y mínima, sin obligación ni sanción"[151]; y en la que el *imperativo categórico* ha sido reemplazado por "el *imperativo narcisista* glorificado sin cesar por la cultura higiénica y deportiva, estética y dietética"[152]. Luis González-Carvajal resume la situación con su característica genialidad: "Los postmodernos, olvidándose de la sociedad, concretan todas sus energías en la realización personal. Lo que importa es conseguir los ingresos adecuados, conservarse joven, cuidar la salud… Hace un par de años, una agencia de viajes empapeló los muros y autobuses de París con unos carteles en los que se leía: 'En un mundo totalmente cínico, una sola causa merece que usted se movilice por ella: sus vacaciones'"[153].

Hemos llegado, pues, a la *sociedad de hiper-consumo*. "Consumo, luego existo": he ahí la máxima de nuestra sociedad consumista e individualista. El consumidor de la tercera ola del capitalismo es uno que define y manifiesta su individualidad en función de lo que compra. Es la época de los emos, los metrosexuales, los otakus, los gamers, los geeks, los hípsters y toda suerte de "flora y fauna" de tribus urbanas. Estas "identidades" tienen necesariamente asociado un modo de consumir en tanto tiene cierta forma de vestir, comer, jugar, etc.

Las empresas saben esto *y lo aprovechan*. Esta proliferación de "identidades" simplemente se traduce en una proliferación de oportunidades de mercado para vender los dispositivos que permitan a cada iluso mostrarse como "único y diferente". *El consumo se come a la miríada de grupos de consumidores*. Hasta las tribus urbanas más "anticapitalistas" son absorbidas por el mercado capitalista. Lipovetsky lo reseña bien: "Ahora nos vemos en un continuo consumista cósmico, desincronizado e hiperindividualista en el

---

[150] Cfr. Jean-François Lyotard, La Condition Postmoderne, Ed. Minuit, París, 1979.
[151] Gilles Lipovetsky, *El Crepúsculo del Deber*, Ed. Anagrama, Barcelona, 1994, p. 12.
[152] Gilles Lipovetsky, *El Crepúsculo del Deber*, op. cit., p. 55.
[153] Luis González-Carvajal, *Ideas y Creencias del Hombre Actual*, Ed. Sal Terrae, Santander, 1991, p. 162.

que ninguna edad escapa ya a las estrategias mercadotécnicas de segmentación, pero donde cada cual puede emplear su tiempo a la carta, remodelar su apariencia, elaborar su estilo de vida. Es la hora del consumo-mundo en el que se han eliminado los antagonismos culturales y en el que el espíritu consumista tiende a reorganizar el conjunto de las conductas, incluidas las que no dependen del intercambio comercial. Poco a poco, el espíritu de consumo ha conseguido infiltrarse hasta las relaciones con la familia y la religión, con la política y el sindicalismo, con la cultura y el tiempo disponible"[154].

Esa es la sociedad a la que hemos llegado. Es la sociedad de la fiesta, pero no hay nada que festejar. Es la sociedad que busca fabricar a cada momento la *alegría artificial*, pero en la que no se ve ya la referencia a una *felicidad trascendental*.

---

[154] Gilles Lipovetsky, *La Felicidad Paradójica*, Ed. Anagrama, Barcelona, 2007, p. 10.

CAPÍTULO 4
LOS IMPERATIVOS ECONÓMICOS
O DE QUIÉN DOMINA REALMENTE EL SISTEMA

Naturaleza y alcance de los imperativos económicos

Al ver en el subtítulo del libro la frase *"De cómo nos manipula el sistema económico"* algún lector podría haber pensado que esto se trata de una "teoría de la conspiración", algo así como la idea de que hay un grupo de "empresarios malignos" sentados en un oscuro cónclave planificando cómo manipular a la gran masa de los consumidores del mundo mientras se frotan las manos y ríen de modo espeluznante.

Pues bien, la presente obra no descarta que existan conspiraciones en el mundo real. Por supuesto que existen agentes con poder (económico, político, comunicacional, etc.) que eventualmente coordinan de forma privada para generar ciertos efectos a nivel público con base en intereses muy particulares y muchas veces contrarios al bienestar general. Ya en el primer capítulo anotábamos que el mismísimo Adam Smith, padre de la Economía, veía a los capitalistas como "hombres cuyo interés nunca es exactamente el mismo que el de la sociedad, que tienen generalmente el interés de engañar e incluso de oprimir"[155].

Asimismo, tenemos que varias veces se han verificado importantes conspiraciones a lo largo de la historia, desde el Imperio Romano hasta nuestros días. Por ejemplo, Hervey Rivera, profesor de ciencia política de la Universidad Autónoma de Puebla, refiere que "los archivos del gobierno de los Estados Unidos y destacados trabajos de especialista han documentado el papel relevante de la Agencia Central de Inteligencia (CIA en inglés) en Chile para el derrocamiento del presidente Salvador Allende Gossens en 1973 que culminó con su muerte y el ascenso al poder por la vía armada del general Augusto Pinochet Ugarte. Estos ejemplos de conspiraciones políticas han sido ampliamente investigados, existen, son reales (...). Las conspiraciones de esta naturaleza son vigentes y, lamentablemente, son usuales en el mundo"[156]. Por tanto, así como es *extremadamente ingenuo* creer

---

[155] Adam Smith, *Investigaciones sobre la Naturaleza y Causas de la Riqueza de las Naciones*, London, 1776, Lib. I, cap. XI.
[156] Hervey Rivera, "Diferencias entre conspiración y teoría de la conspiración", *La Cuarta*, 18 de julio de 2020.

en toda teoría de la conspiración o que todo se debe a una conspiración, también es *extremadamente ingenuo* rechazar *a priori* toda teoría de la conspiración o el hecho de que haya ciertas conspiraciones reales en el mundo.

Indicado todo eso hay que apuntar que el planteamiento de ese libro *no constituye una teoría de la conspiración*. El subtítulo dice "De cómo nos manipula *el sistema económico*", no dice "De cómo nos manipula un pequeño grupo de personas malvadas con poder económico". No se niega que existan personas malvadas con enorme poder económico. Tampoco se niega que puedan usarlo (y, de hecho, lo usen) para manipular (no solo a los consumidores individuales *sino también a gobiernos e incluso instituciones supranacionales enteras*). Pero nuestro análisis se centra en ubicar mecanismos *impersonales* propios de la estructura y dinámica misma *del sistema económico* que llevan a que los agentes con poder económico se vean compelidos a manipular. Esto es lo que llamamos *imperativos económicos*.

Los imperativos económicos constituyen, pues, el poder de la estructura y la estructura del poder. Los sujetos, *sean productores o consumidores*, existen dentro de la estructura, que los condiciona, constriñe y direcciona. *Los sujetos son sujetados por la estructura. La subjetividad es sujetada por el poder*. Como dice el filósofo José Pablo Feinmann comentando el esquema de Michel Foucault, "dentro de esta trama de fuerzas es que el sujeto se disuelve. *No hay sujeto, hay fuerzas*. Estas fuerzas son estratégicas, son tácticas"[157]. Así, conforme a la noción de *imperativos económicos*, la estructura y dinámica del sistema económico impone sobre las empresas unas exigencias que las llevan a imponer exigencias sobre los consumidores.

Ahora bien, del hecho de que los imperativos sean tan, digámoslo, *imperativos*, no se sigue que quede anulada la responsabilidad moral. Los *imperativos impersonales* operan siempre y necesariamente a través de *agentes personales*. Los imperativos no causan nada de por sí. Son las personas las que, compelidas por los imperativos, generan efectos en el mundo. Y las personas siempre tienen responsabilidad moral. Incluso aquel que "se deja llevar por la corriente" tiene la responsabilidad moral de haberse dejado llevar, *de no haber tomado la decisión de luchar contra la corriente*. Cuando uno no elige, ¡ha elegido no elegir! Como decía Sartre: "Lo que no es posible es no

---

[157] José Pablo Feinmann, *La Filosofía y el Barro de la Historia*, Ed. Planeta, Buenos Aires, 2008, Clase 43.

elegir. Puedo siempre elegir, pero tengo que saber que, si no elijo, también elijo"[158]. Por tanto, en el presente sistema económico de manipulación sistematizada tienen responsabilidad moral tanto los *manipuladores* como los *manipulados*. Los manipuladores podrían elegir no manipular. Los manipulados podrían elegir no dejarse manipular. Pero se dejan arrastrar por la corriente de los imperativos económicos... No somos meras "víctimas", *somos también responsables*.

En línea con lo anterior, hay también que apuntar que la fuerza de los imperativos no anula la participación activa de los sujetos. Como se dijo, los imperativos impersonales operan a través de agentes personales. Los imperativos son estructuras y, como nos recuerda Feinmann, "las estructuras no salen a la calle"[159]. Todos estos imperativos implican procesos mercantiles, pero "las mercancías no van solas al mercado. Las tienen que llevar los agentes prácticos *que hacen y son hechos por la historia*"[160]. Sin embargo, aquí es importante distinguir: no hay simetría entre la presencia del rol activo en productores y en consumidores pues, como explica Schumpeter, "por lo general, *es el productor quien inicia el cambio económico*, educando incluso a los consumidores si fuera necesario"[161].

No obstante, no debe interpretarse esto como que estuviéremos diciendo que todo empresario tiene una malicia moral que ejerce de modo activo para manipular al consumidor. Más bien lo que acabamos de apuntar son matices con respecto al alcance de nuestro planteamiento inicial sobre los imperativos económicos. Debe, por tanto, recordarse que explícitamente se ha rechazado la idea de que nuestro planteamiento opere en términos de teoría de la conspiración con gente malvada manipulando adrede, con toda malicia y conciencia. Como explica Noam Chomsky, profesor emérito del Instituto Tecnológico de Massachusetts (MIT): "Se debe distinguir a la institución del individuo. La esclavitud, por ejemplo, y otras formas de tiranía, son inherentemente monstruosas, pero los individuos que participan en ello pueden ser seres tan maravillosos como uno puede

---

[158] Jean Paul Sartre, "El existencialismo es un humanismo", Conferencia en el Club Maintenant, París, 29 de octubre de 1945.
[159] José Pablo Feinmann, *La Filosofía y el Barro de la Historia*, Ed. Planeta, Buenos Aires, 2008, Clase 31.
[160] José Pablo Feinmann, *La Filosofía y el Barro de la Historia*, op. cit., Clase 31.
[161] Joseph A. Schumpeter, *Teoría del Desenvolvimiento Económico*, Fondo de Cultura Económica, México, 1997, p. 76.

imaginar: benévolos, amigables, buenos con sus hijos, incluso buenos con sus esclavos, interesados en otras personas, etc. Como individuos pueden ser cualquier cosa. En su rol institucional son monstruos porque la institución es monstruosa"[162].

Precisamente la fuerza de los imperativos es que pueden compeler, constreñir, condicionar a personas moralmente buenas a actuar de modos que generar consecuencias y dinámicas moralmente reprobables en el sistema económico. Si la *mano invisible* hacía que las acciones de hombres malos den lugar a consecuencias buenas, los *imperativos económicos* llevan a que las acciones de hombres buenos den lugar a consecuencias malas. De este modo, la dinámica empresarial transcurre por sobre los individuos que componen la empresa, inclusive los directivos. Como decía un ex ejecutivo de la poderosa multinacional Goodyear: "Ningún trabajo, en mi experiencia con Goodyear, ha sido tan frustrante como ser el Director Ejecutivo. Aunque la percepción es que uno tiene absoluto poder para hacer lo que quiera, la realidad es que no lo tiene. Algunas veces si tuvieras luz verde para hacer lo que quieras, algo acorde con tus pensamientos y prioridades personales, actuarías diferente, pero como ejecutivo no puedes hacer eso"[163]. De este modo, "el sistema económico ya no está controlado por el hombre. Funciona por sí solo, y los jefes son como una persona que monta un caballo desbocado, que se siente orgullosa de mantenerse en la silla, aunque es impotente para dirigir al animal"[164].

A su vez, es importante apuntar que la fuerza de los imperativos económicos es proporcional al poder y tamaño de las empresas. De este modo, nuestro planteamiento *no se enfoca en atribuir un rol manipulador al pequeño o mediano empresario que vende productos básicos*, sino que se centra en las grandes empresas. Mientras más pequeña es una empresa, más presencia hay de la conciencia personal y menos de la fuerza impersonal de los imperativos. Y a la inversa: mientras más grande es una empresa, menos presencia hay de la conciencia personal y más de la fuerza impersonal de los

---

[162] *The Corporation*, documental dirigido por Mark Archbar, Jennifer Abbott y Joel Bakan, 2003.
[163] *The Corporation*, documental dirigido por Mark Archbar, Jennifer Abbott y Joel Bakan, 2003.
[164] Erich Fromm, *Psicoanálisis de la Sociedad Contemporánea*, Fondo de Cultura Económica, México, 1956, p. 119.

imperativos. Cuanto más grande es la empresa más se plantean las exigencias *de la organización* y los efectos externos son cada vez más responsabilidad *de la organización*. Todo el elemento *personal* se va disolviendo en ese todo *impersonal* llamado "la organización".

A este respecto, resulta sumamente interesante el diagnóstico del psicólogo social Erich Fromm, a quien citamos en extenso a continuación: "Lo común a la autoridad racional y la irracional es que es una autoridad *franca y manifiesta*. Uno sabe quién manda y quién prohíbe: el padre, el maestro, el amo, el rey, el funcionario, el sacerdote. (…) Siempre sé que hay una autoridad, quién es, qué quiere y cuáles son los resultados de mi obediencia o de mi rebelión. A mediados del siglo XX la autoridad ha cambiado de carácter: ya no es una autoridad manifiesta, sino *anónima, invisible, enajenada*. Nadie da órdenes, ni una persona, ni una idea, ni una ley moral; pero todos nos sometemos tanto o más que lo haría la gente en una sociedad fuertemente autoritaria. Ciertamente, nadie es autoridad, excepto 'Eso'. ¿Qué es 'Eso'? *La ganancia, las necesidades económicas, el mercado* (…). Las leyes de la autoridad anónima son tan invisibles como las leyes del mercado, y exactamente tan inviolables como ellas. ¿Quién es la persona que puede atacar lo invisible? *¿Quién puede rebelarse contra Nadie?*"[165].

Sea lo que fuere, es claro que las corporaciones son consideradas como "personas" ante la ley con derechos de comprar, vender, pedir préstamos, demandar, etc. Como dice Chomsky: "Se les da a las corporaciones los derechos de personas inmortales, pero son personas especiales, personas que no tienen conciencia moral. Son un tipo especial de personas diseñadas por la ley para beneficiar solamente a sus accionistas, y no a la comunidad o a los trabajadores"[166].

En ese contexto, las grandes corporaciones, al ser entes impersonales pero que actúan como personas, pero buscando solo el beneficio de sus accionistas, no el de la sociedad, terminan actuando como *psicópatas*. Recuérdese que "la psicopatía es una alteración de la personalidad caracterizada por el narcisismo, la impulsividad *y las conductas de control y*

---

[165] Erich Fromm, *Psicoanálisis de la Sociedad Contemporánea*, Fondo de Cultura Económica, México, 1956, pp. 130-131.
[166] *The Corporation*, documental dirigido por Mark Archbar, Jennifer Abbott y Joel Bakan, 2003.

manipulación"[167]. Es más, en el famoso documental *The Corporation* (2003) se muestra que la conducta de múltiples corporaciones se corresponde con los rasgos propios de los psicópatas conforme a los estándares del *Manual Diagnóstico y Estadístico de los Trastornos Mentales* de la American Psychiatric Association (APA). Y esto no se trata meramente de una particularidad de dicho documental, sino que también hay análisis académicos sobre la posibilidad de este tipo de caracterización como muestra Martin Brueckner, PhD. por la Edith Cowan University, en su artículo "La Corporación como psicópata"[168].

Así, pues, las corporaciones son entes *impersonales* actuando como si fuesen entes *personales*. De hecho, estos "ciudadanos corporativos" tienen un rango de acción bastante más amplio que el de cualquier persona particular pudiendo influir más en la política que cualquier votante o incluso el conjunto de votantes. Esto resulta sumamente problemático porque, como notaba Baron Thurlow, "ellos no tienen alma que salvar ni cuerpo para encarcelar"[169].

"¿Y por qué te centras en las grandes corporaciones y no más bien en las pequeñas y medianas empresas?", preguntará alguno. A esto respondo con lo que ya decía en *Economía para Herejes*: "De seguro algún economista ortodoxo objetará que la teoría de los mercados competitivos todavía es relevante porque se aplica a todas aquellas empresas que caen fuera del sistema planificador, es decir, empresas pequeñas y competitivas. Le respondemos que compañías así (pequeñas y competitivas) efectivamente existen, y abundantemente. Pero uno puede preguntarse si lo auténticamente importante para un economista es estudiar empresas como la bodega de la esquina en lugar de a la IBM, la Coca Cola, la Nike o la Toyota"[170].

---

[167] Ángel Rull, "El perfil del psicópata: Rasgos que lo delatan", *El Periódico*, 4 de julio de 2019.

[168] Martin Brueckner, "Corporation as psychopath", en: Samuel Idowu, Nicholas Capaldi, Liangrong Zu and Ananda Das Gupta (Eds.), *Encyclopedia of Corporate Social Responsibility*, Ed. Springer, Berlín, 2013.

[169] *The Corporation*, documental dirigido por Mark Archbar, Jennifer Abbott y Joel Bakan, 2003.

[170] Dante A. Urbina, *Economía para Herejes: Desnudando los Mitos de la Economía Ortodoxa*, Ed. CreateSpace, Charleston, 2015, p. 158.

Finalmente, hay que decir que los imperativos económicos son *fuerzas, tendencias*, que se dan en general, pero no deben concebirse como reglas absolutas que no den lugar a ninguna excepción. Ciertamente hay excepciones, contrapesos, contingencias, fuerzas contrarias a los imperativos, e individuos y colectivos dentro y fuera de la empresa que deciden oponerse a ellos. Sin embargo, los imperativos se mantienen como tendencia general estructurando la mayor parte de la dinámica capitalista.

Asimismo, también es cierto que pueden surgir ciertos niveles de conflicto entre algunos imperativos. Por ejemplo, una empresa puede planificar (imperativo planificador) un tanto menos de rentabilidad (imperativo pecuniario) para ganar un poco de seguridad. O también puede darse el caso de una dinámica fuerte de avance tecnológico (imperativo tecnótico) que haga difícil planificar (imperativo planificador). Pero, en términos generales, los imperativos suelen estar alineados: *las empresas suelen dirigir (imperativo planificador) su fuerte avance innovativo (imperativo tecnótico) para ganar grandes beneficios (imperativo pecuniario).*

El imperativo pecuniario

Se entenderá por *imperativo pecuniario* a aquel referido a la necesidad que tienen las empresas de ganar más y más dinero, constituyéndose así una espiral interminable de acumulación. De acuerdo con esto, el *fin último* de la producción capitalista es producir dinero para los poseedores del capital; satisfacer a los consumidores sería solo un *fin intermedio*, siempre sujeto y condicionado al fin último.

En términos de génesis histórica, el imperativo pecuniario es principalmente característico de la primera ola del capitalismo. *Y es que la acumulación de riqueza es el cógido genético mismo del capitalismo.* Ergo, el capitalismo no puede comenzar ni siquiera a existir si no existe este imperativo. Capitalismo e imperativo pecuniario son coextensivos en su existencia. De ahí que Marx haya notado que la acumulación era el elemento distintivo del capitalismo ya en el contexto de la Primera Revolución Industrial. Sin embargo, al trarse de un elemento *constitutivo*, hay que decir que el imperativo pecuniario no se circunscribe a la primera ola del capitalismo sino que pervive *con toda su fuerza* en las siguientes olas u pervirirá en tanto exista el capitalismo.

En cuanto a la estructuración y dinámica del imperativo pecunuario, debe primero considerarse a fondo las implicancias de que constituya una característica *intrínseca* del capitalismo entendido como el sistema en que el capital tiene la primacía y centralidad en la organización del proceso de producción y la vida económica en general. Pudiendo definirse al "capital" como *riqueza para producir más riqueza*, el impulso inevitable del capitalismo será dirigirlo *todo* a la continua acumulación de riqueza. Como dice el economista austríaco y gran defensor del capitalismo Ludwig von Mises: "La función empresarial, *el obsesivo afán del empresario por cosechar ganancia*, es la fuerza que impulsa la economía de mercado"[171].

De este modo, el capital no es "libre", sino que es prisionero de sí mismo, está siempre aprisionado por su propia lógica: la de crecer incesantemente. Como dice el economista francés Serge Latouche: "La lógica 'diabólica' del dinero que siempre demanda más dinero no es más que la lógica del capital"[172]. He ahí lo que llamamos *acumulación*. El capital es como un ser vivo: nace, crece, se reproduce y, si dejar de crecer y reproducirse, muere. Pero el capital no quiere morir y no hay nada intrínseco en su "biología" que lo lleve a morir. Ergo, querrá siempre crecer y crecer, reproducirse y reproducirse.

Como decía el gran economista japonés Shigeto Tsuru, quien fue Presidente de la International Economic Association: "El capital producido constituye una unidad fundamental de las actividades económicas en una sociedad capitalista, su cualidad esencial es dilatarse continuamente. El capital que permanece estancado o no se reproduce a sí mismo, dilatándose continuamente, no se justifica como capital. (…) *La autoreproducción con expansión continua es el instinto del capital*"[173]. En la misma idea concurre Marx: "Cualquiera que sea la forma social del proceso de producción, es necesario que este sea continuo (…). Del mismo modo que una sociedad no puede dejar de consumir, tampoco le es posible cesar de producir. Por tanto, (…) *todo proceso social de producción es al mismo tiempo un proceso de reproducción*"[174].

---

[171] Ludwig von Mises, *La Acción Humana*, Unión Editorial, Madrid, 1980, p. 456.
[172] Serge Lautouche, *Farewell to Growth*, Polity Press, Cambridge, 2009, p. 18.
[173] Shigeto Tsuru, "¿Ha cambiado el capitalismo?", en: Shigeto Tsuru ed., *¿Adónde va el Capitalismo?*, Ed. Oikos, Barcelona, 1967, p. 43, 44.
[174] Karl Marx, *El Capital*, 1867, Tomo I, cap. XXI.

La clave de todo esto está en el hecho de que en el sistema capitalista las *mercancías* no son más que medios para ganar *dinero*. El capitalista no busca las mercancías por las mercancías sino las mercancías por el dinero. En las sociedades preindustriales el dinero era visto fundamentalmente como un *medio* para adquirir mercancías. De ahí que pensadores como Aristóteles y los escolásticos medievales vieran al dinero como esencialmente estéril: no se podía producir más dinero con el dinero. En el capitalismo, en cambio, el dinero deviene cada vez más en un *fin* y, para el capitalista, las mercancías son fundamentalmente vistas como un medio para adquirir dinero. No se produce por caridad, espíritu de servicio o diversión. Se produce para el lucro. Como decía Adam Smith: "No es la benevolencia del carnicero, del cervecero o del panadero la que nos procura el alimento, sino la consideración que ellos tienen de su propio interés. No invocamos sus sentimientos humanitarios sino su egoísmo; no les hablamos de nuestras necesidades, sino de sus ventajas"[175].

Así, pues, el dinero es al capitalismo lo que Dios es a la creación: *causa primera* y *fin último*. El proceso económico capitalista inicia con el dinero y es para conseguir dinero. Ya no estamos en el ciclo precapitalista "mercancía – dinero – mercancía" (M-D-M), sino en el ciclo capitalista "dinero – mercancías – dinero" (D-M-D). El fin no es el consumo, sino la acumulación. En otras palabras, el objetivo perpetuamente buscado por el capitalismo *no es el valor de uso, sino el valor de cambio*.

Esto ya lo había notado claramente Marx comparando el circuito económico precapitalista (M-D-M o "vender para comprar") con el capitalista (D-M-D o "comprar para vender"): "El ciclo M-D-M parte de un extremo constituido por una mercancía y concluye en el extremo configurado por otra, la cual egresa de la circulación y cae en la órbita del consumo. Por ende, *el consumo, la satisfacción de necesidades o, en una palabra, el valor de uso, es su objetivo final*. El ciclo D-M-D, en cambio, parte del extremo constituido por el dinero y retorna finalmente a ese mismo extremo. *Su motivo impulsor y su objetivo determinante es, por tanto, el valor de cambio mismo*. (…) La reiteración o renovación del acto de *vender para comprar* encuentra su medida y su meta, como ese proceso mismo, en un objetivo final ubicado fuera de este: *el consumo, la satisfacción de determinadas necesidades*. Por el contrario, en la *compra para la venta*, el principio y el fin son la misma cosa, dinero, valor de

---

[175] Adam Smith, *Investigaciones sobre la Naturaleza y Causas de la Riqueza de las Naciones*, London, 1776, Lib. I, cap. II.

cambio, y ya por eso mismo el proceso resulta carente de término. (…) El término de cada ciclo singular en el que se efectúa la compra para la venta, configura de suyo, por consiguiente, el comienzo de un nuevo ciclo. La circulación mercantil simple (vender para comprar) sirve, en calidad de medio, a un fin último ubicado al margen de la circulación: la apropiación de valores de uso, la satisfacción de necesidades. La circulación del dinero como capital es, por el contrario, un fin en sí, pues la valorización del valor existe únicamente en el marco de este movimiento renovado sin cesar. *El movimiento del capital, por ende, es carente de medida*"[176].

Uno no necesita ser marxista para darse cuenta de la validez de este análisis. Basta tener sentido común y observar con atención. De hecho, como habíamos visto, ya Ludwig von Mises, *enemigo extremo del marxismo*, identificaba a lucro como *causa primera* del capitalismo en tanto, en sus propias palabras, el "obsesivo afán del empresario por cosechar ganancia" constituye "la fuerza que impulsa la economía de mercado"[177]. Y también concurre Mises en que al capitalista, en tanto capitalista, le interesan las mercancías solo en función del lucro. Él escribe: "Un pintor, por ejemplo, es puro comerciante cuando se preocupa de producir los cuadros que le proporcionarán mayores ingresos"[178].

Ahora bien, el "obsesivo afán" por las ganancias impulsará al empresario a buscar expandir al máximo las ventas. El imperativo pecuniario se traducirá en una *presión por vender*. El capitalista que produce productos básicos buscará captar a todos los consumidores que pueda de su mercado actual. Por ejemplo, el fabricante de zapatos buscará vender a todas las personas de su localidad. Pero, si es verdaderamente un capitalista y no un productor de reminiscencias artesano-feudales, no querrá quedarse allí. El capital quiere expandirse. De este modo, el productor buscará rebasar los límites de su localidad y llegar a todo el país. ¿Pero por qué quedarse dentro de esas fronteras político-jurídicas que artificialmente constituyen lo que se llama "país"? *El capital quiere comerse al mundo*. De ahí que la dinámica de acumulación de la primera ola del capitalismo haya estado detrás de la expansión imperialista y colonial de naciones como Inglaterra. *La acumulación capitalista es la madre del imperialismo*. No se trata solamente de obtener materia prima y mano de obra barata de las colonias para producir

---

[176] Karl Marx, *El Capital*, 1867, Tomo I, cap. IV.
[177] Ludwig von Mises, *La Acción Humana*, Unión Editorial, Madrid, 1980, p. 456.
[178] Ludwig von Mises, *La Acción Humana*, op. cit., p. 374

las manufacturas. Se trata también de ir creando mercados en las colonias *para vender las manufacturas*.

Como dice Shigeto Tsuru: "*Puesto que está en el instinto del capital privado intentar extender su propia esfera de influencia conquistando la mayor proporción posible del mercado, recurrirá a todos los métodos permitidos por las circunstancias, no solo para conservar los antiguos clientes sino también para extender su dominio.* Por lo tanto, y como derivación de tales circunstancias, la 'presión para vender' se acentuará. Y como nos muestra la historia, los métodos empleados no se limitan a una cosa tan prosaica como la publicidad. Aunque la opinión mundial del siglo XX no tolere ya acciones drásticas como la industria algodonera inglesa que, por lo que se cuenta, en el primer período de su desarrollo, hizo mutilar los dedos de los tejedores indios expertos para asegurarse a sí misma el mercado, está todavía fresco el recuerdo de casos en que *los frenéticos esfuerzos llevados a cabo por un poderoso grupo capitalista para monopolizar un mercado han sido el principal factor de la agresión imperialista*"[179].

Bueno, ¿y qué hacer una vez que el capital se ha expandido *a todo el mundo*? ¿Le vendemos a los extraterrestres? Por supuesto que al capital le encantaría vender baratijas a civilizaciones alienígenas. Pero mientras dicha opción no esté disponible (y nadie sabe si lo estará o podrá estarlo), el capital tiene que circunscribirse a este mundo. *Pero el capital se revela a que le pongan límites, a que los circunscriban*. ¿Qué hacer, entonces? *Sofisticar la producción*.

Siguiendo con el caso hipotético del productor de zapatos básicos que expande su mercado, podemos pensar que tal vez ya ha llegado a una gran proporción del mundo y le queda poco margen real para expandirse. De hecho, se enfrenta al problema de que la gente suele comprar un par de esos zapatos básicos y los usa por algunos años reparándolos con el zapatero local de cuando en cuando para que duren. ¿Qué hacer? *Hay que sofisticar el producto*. La gente no va a comprar obsesivamente los mismos zapatos básicos. *Pero sí podemos hacer que se obsesione por una miríada de sofisticaciones de zapatos*. Zapatos para hombre, zapatos para mujer, zapatos con dibujos para niños, zapatos para un coctel, zapatos rojos, zapatos verdes, zapatos azules, zapatos fosforescentes, zapatos con luces, tacones alto, tacos en punta, tacos abiertos, zapatillas, zapatillas de básquet, zapatillas de fútbol,

---

[179] Shigeto Tsuru, "¿Ha cambiado el capitalismo?", en: Shigeto Tsuru ed., *¿Adónde va el Capitalismo?*, Ed. Oikos, Barcelona, 1967, p. 45.

zapatillas de la marca A, zapatillas de la marca B, zapatillas de la marca C, las zapatillas que usó el jugador X, las zapatillas que usó el jugador Y, las zapatillas con la huella digital del jugador Z, etcétera, etcétera, etcétera y etcétera *ad infinitum*. Si alguien cree que esta es una ridícula exageración, hay que darle la razón: es una *ridícula exageración,* pero no de este autor, *sino de la realidad.* Baste recordar que ya en 2004 la empresa Adidas lanzó la línea de pomposamente llamada "David Beckham Predator Pulse" en que las zapatillas ¡llevaban la huella dactilar del jugador inglés David Beckham!

Así, pues, el imperativo pecuniario se traduce en un hiper-sofisticación de los productos lo cual se traduce a su vez en una hiper-profiliferación de nichos de mercado. Hay que vender a toda clase de deseos *y hay que estimular toda clase de deseos para vender. Nada* debe escapar al mercado. Nada. Ni la religión, ni la sexualidad, ni los sentimientos. *Todo debe ser transformado en mercancía y toda mercancía debe devenir en una multiplicad de sofisticaciones. El mercado es el Uno. El mercado es el Todo.*

Las implicancias de todo esto para la supuesta soberanía del consumidor son en verdad enormes. En primera instancia, tenemos que *el imperativo pecuniario fracasaría irremediablemente si se centrara en las necesidades básicas y más reales del hombre.* Somos seres biológicamente limitados. No tenemos infinitos estómagos, ni infinitas manos, ni infinitos órganos sexuales. Hay un límite en nuestra capacidad de satisfacción de necesidades físicas. *Pero el capital no se deja poner límite.* Y resulta que producir para las necesidades reales tiene límite, *pero producir para las necesidades imaginarias no lo tiene.* Por tanto, el imperativo pecuniario llevará que las empresas se enfoquen en producir cada vez más para las "necesidades" imaginarias. O, para decirlo con exactitud, las empresas ya no producirán satisfacer *necesidades,* sino para satisfacer *deseos.* Pero, ¿para qué quedarse en los deseos *que tiene* la gente?, ¿por qué limitarse a su imaginación que, para la mayor parte de los mortales, *es poca*? Recuérdese: *el capital no se deja poner límite.* Por tanto, no basta con servir a los deseos preexistentes, *hay que estimularlos, potenciarlos, sofisticarlos e incluso producirlos.* Si no se puede ya colonizar países para expandir las ventas, *habrá que colonizar la subjetividad de los consumidores a nivel global.* Así, el imperativo pecuniario engendra una hiper-publicidad devoradora de subjetividades.

Tsuru concurre con esto: "No se toleran ya los métodos expeditivos de conquista del mercado, nada extraño en el apogeo de la era imperialista. En cambio, se estudia un método mucho más refinado *para influenciar a los consumidores e inducirlos a adquirir determinados productos, como la 'producción subliminal' (...). Los centros nerviosos de la economía americana se han trasladado de Wall Street a Madison Avenue.* En este mundo de *comercialismo ultrapotente* hay que hablar de una nueva especie de 'alineación' para los individuos que viven en una sociedad capitalista. (...) *No podemos huir del asalto, sutil o rudo, del moderno comercialismo de la sociedad capitalista"*[180].

De este modo, las empresas no compiten tanto en términos de producto o precio sino de estímulo y manipulación de los deseos. Como explica Paul Baran, gran economista heterodoxo y profesor de la Universidad de Stanford: "La plétora de excedente y la aparición de las empresas monopolistas y oligopolistas han cambiado drásticamente la naturaleza y estrategia del moderno mundo de los negocios. La reducción del precio, que durante la primera fase del capitalismo, la concurrencial, era el principal método con el cual cada empresa pretendía mantener y ampliar sus ventas, ahora ocupa un lugar muy secundario en las estrategias competitivas. *Su puesto ha sido desplazado por organizaciones de venta terriblemente grandes (y costosas), por campañas publicitarias, por programas de relaciones públicas, por planes de penetración y por un continuo e incansable esfuerzo encaminado a diferenciar los productos, a la variación de modelos, a la invención y al lanzamiento de bienes de consumo más elegantes, más elaborados, más lujosos y más costosos"*[181].

Otra implicancia del imperativo pecuniario es que las empresas buscarán estimular no meramente cualquier deseo sino sobre todo *los malos deseos, los deseos desordenados, los deseos desenfrenados. Estimular el vicio es mucho más rentable que estimular la virtud. Ergo,* el sistema tenderá a estimular el vicio. Por supuesto, este juicio suena duro. Pero razonamos un momento sobre él.

Piénsese en un hombre verdaderamente virtuoso. ¿Qué se le puede vender? Bueno, se le podría vender, por ejemplo, *una* Biblia, y difícilmente se le podrán vender varias más durante algún tiempo, porque en general ese tipo de hombre es el que agarra *una* Biblia y la resalta, la subraya, le dobla las hojas, etc. hasta que la Biblia queda destrozada (y gracias a ello ese hombre no está destrozado). Tal vez allí evaluaría comprar otra Biblia. Asimismo,

---

[180] Shigeto Tsuru, "¿Ha cambiado el capitalismo?", en: Shigeto Tsuru ed., *¿Adónde va el Capitalismo?*, Ed. Oikos, Barcelona, 1967, p. 53.
[181] Paul A. Baran, "Reflexiones sobre el subconsumo", en: Shigeto Tsuru ed., *¿Adónde va el Capitalismo?*, Ed. Oikos, Barcelona, 1967, p. 116.

este hombre, al ser virtuoso, no se dejaría llevar por el consumismo. *Disfrutaría plenamente de la vida con las cosas esenciales.* Se fijaría más en las relaciones personales que en los productos. Además, hay que considerar que a ese hombre *no podría vendérsele toda la multiplicidad de cosas contrarias a la ética.*

Piénsese ahora en un hombre terriblemente vicioso, en una especie en encarnación de los siete pecados capitales. Él está poseído, por ejemplo, por la *lujuria*. ¡Oh, eso da una infinidad de posibilidades para venderle una infinidad de cosas! Suscripciones a canales pornográficos, cuentas "premium", "servicios" de todo tipo, "juegos" eróticos, "juguetes" eróticos, formas aberrantes de "turismo", etcétera, etcétera y etcétera. Y no basta con venderle un producto (y un tipo así considera hasta a las personas como productos). Él querrá otro, *y otro, y otro, y otro... Es el consumidor perfecto porque siempre está insatisfecho, siempre quiere más, y cuando se le da más, sigue insatisfecho porque sigue queriendo más...* ¿Se cree que puede ser un problema la falta de dinero? ¡Pero no se olvide que ese hombre es la encarnación de los siete pecados capitales! Luego, está poseído por el pecado de la *codicia*, así que se habrá agenciado los medios (incluso, o tal vez sobre todo, *deshonestos*) para conseguir *mucho* dinero. Además está poseído por la *envidia*, así que comprará compulsivamente con tal de no estar por debajo de aquellos a quienes envidia. Es más, al estar también poseído por la *soberbia* procurará estar siempre por encima de todos, especialmente en sus estándares de consumo. Y, por supuesto, la *gula* jugará también un papel importante en constituir a este hombre como el *perfecto consumidor*.

Por tanto, en virtud del imperativo pecuniario, contrariamente a un predicador que estimule las virtudes, *la publicidad tendrá que estimular los vicios*. De este modo, como dice el experto en neuromarketing Néstor Braidot, "las estrategias de marketing más exitosas son las que implementan las empresas que, al focalizarse en los sentimientos *y el hedonismo*, logran desencadenar la *compra por impulso*"[182].

Así, pues, las empresas no pueden conformarse con los deseos *dados* de los consumidores. Conviene que estimulen los deseos viciosos porque eso permite vender más. *El consumidor no puede ser el rey allí donde el dinero es dios.*

---

[182] Néstor Braidot, *Neuromarketing: ¿Por qué tus clientes se acuestan con otro si dicen que les gustas tú?*, Ed. Gestión 2000, Barcelona, 2009, p. 34.

En el ciclo M-D-M de las sociedades precapitalista el fin es el consumo. En el ciclo D-M-D de las sociedades capitalistas el fin es el dinero. Y allí donde el dinero es el fin, *el consumidor deviene en medio*.

El imperativo planificador

Se entenderá por *imperativo planificador* a aquel referido a la necesidad que tienen las empresas capitalistas de organizar las condiciones de mercado -tanto de oferta como de demanda- con el fin de minimizar la incertidumbre y el riesgo a que se enfrentan. Y es que el capital tiene el instinto de expandirse, pero eso no quita que tenga también el instino de supervivencia, lo cual lo lleva a buscar seguridad.

En términos de génesis histórica, el imperativo planificador es principalmente característico de la segunda ola del capitalismo. Como vimos, durante la primera ola del capitalismo la empresas eran en general pequeñas y solían operar en un esquema de amplia competencia. Pero con la segunda ola del capitalismo comienzan a formarse, crecer y consolidarse grandes monopolios y oligopolios que, por su mismo tamaño e importancia, tienen no solo *poder de mercado* sino también, y sobre todo, *poder sobre el mercado*. Por supuesto, esto también se mantiene durante la tercera ola del capitalismo.

En cuanto a la estructuración y dinámica del imperativo planificador, lo primero que hay que decir es que para funcionar y manifestarse de modo efectivo requiere de un entorno de *concentración industrial*. Una empresa que no tiene *poder de mercado* difícilmente podrá tener *poder sobre el* mercado. El pequeño no planifica porque, al ser pequeño no puede influir sobre el conjunto, solo tiene que ver de acomodarse lo mejor posible. El grande, en cambio, puede influir sobre el conjunto, por lo que tiene la posibilidad de acomodarlo lo mejor posible para sí mismo. De ahí que el imperativo planificador no se haya desarrollado durante la primera ola del capitalismo en la que era la "mano invisible del mercado" (Adam Smith) la que estructuraba la dinámica de las empresas, sino más bien a partir de la segunda ola del capitalismo en la que es la "mano visible de los administradores" (Alfred Chandler Jr.) la que comienza a configurar crecientemente el entorno de mercado. Así, como decía Peter Drucker, padre de la administración moderna, en el presente contexto gestionar "implica la responsabilidad de intentar *dar forma al entorno económico, para planificar, iniciando y llevando a cabo los cambios en dicho entorno*"[183].

Por cierto, esto llama mucho la atención: uno de los teóricos más relevantes de la administración de empresas dice que gestionar implica dar forma al entorno económico, mientras que la teoría económica estándar nos propone esquemas en que las empresas simplemente se ajustan a las condiciones de mercado. Esto es verdad ¡incluso en el caso de monopolios y oligopolios! En efecto, en el *modelo de monopolio* el esquilibro se halla allí donde se cruzan las curvas de costo marginal e ingreso marginal. El ingreso marginal se calcula como la derivada del ingreso total y este ingreso total depende directamente de la demanda de los consumidores, *la cual no depende del monopolio, le viene dada*. Lo mismo pasa con los modelos de oligopilio. De hecho, en el *modelo de oligopolio de Cournot* las empresas simplemente tienen el poder de determinar la cantidad que van a producir con base en sus "funciones de reacción" siendo que cada empresa toma como dada la cantidad producida por sus competidores. En el *modelo de Bertrand* las empresas compiten exclusivamente en términos de precios, bajándolos hasta llegar al nivel de costo marginal. En el modelo de Stakelberg, si bien hay una empresa líder (que "mueve" primero) y una empresa seguidora (que "mueve" después), resulta que ambas están sujetas a la misma demanda de mercado que viene *dada*.

En todo caso, queda claro lo que significa el imperativo planificador para la empresa: controlar en la medida de lo posible las condiciones de mercado para minimizar el riesgo y la incertidumbre. Así, como apunta Galbraith, bajo este sistema, "además de decidir qué es lo que deseará y pagará el consumidor, la firma tiene que tomar todas las medidas viables para conseguir que lo que ella desea producir sea deseado por el consumidor a un precio remunerador. Y tiene también que conseguir que la fuerza de trabajo, los materiales y el equipo que necesita se encuentren disponibles a un costo coherente con el precio que ella va a cobrar. La empresa tiene que controlar lo que vende, y tiene que controlar lo que recibe. Tiene, pues, que *sustituir el mercado por la planificación*"[184].

Por consiguiente, a causa del imperativo planificador, lejos de estar controlada por el mercado, la empresa debe de hacer todo lo posible para que el mercado quede subordinado a los fines de su planificación. *El que*

---

[183] Peter Druker, *The Practice of Management*, Ed. Harper, New York, 1954, p. 11.
[184] John Kenneth Galbraith, *El Nuevo Estado Industrial*, Ed. Sarpe, Madrid, 1984, p. 74.

tiene poder, lo usa. Por tanto, la gran empresa no perderá la oportunidad de usar su poder *sobre* el mercado. Habría que ser muy ingenuos para pensar que las grandes empresas son tan ingenuas como para no usar (e incluso abusar) de su poder.

Y esto nos lleva al tema de las *relaciones de poder*. En este nuevo entono industrial ya no hay lugar para las empresas atomísticas y equipotentes de la que nos habla la teoría neoclásica de los mercados competitivos sino que, como bien decía Bourdieu en su obra *Las Estructuras Sociales de la Economía* (2000), "la lucha se circunscribe a un *pequeño número* de *poderosas* empresas rivales que, *lejos de adaptarse pasivamente a una 'situación de mercado', están en condiciones de moldearla activamente*"[185].

En este contexto la capacidad para "moldear la condiciones del mercado" es ejercida por las empresas en función de una estructura *interactiva* y *jerárquica*. Cedamos nuevamente la pluma al sociólogo francés: "El dominante es quien ocupa en la estructura una posición tal que la estructura actúa en su favor. Las firmas dominantes ejercen su presión sobre las dominadas y sus estrategias por medio del peso que poseen en esa estructura, más que por las intervenciones directas que también puede efectuar: definen *las regularidades* y a veces *las reglas* del juego, imponiendo la definición de las cartas de triunfo más favorable a sus interesas y modificando todo el medio ambiente de las demás empresas y el sistema de restricciones que pesan sobre ellas o el espacio de posibilidades que se les ofrecen"[186].

La competencia por la configuración del entorno de mercado: he ahí la esencia de la dinámica que impone a las empresas el imperativo planificador. Y esta no es una cuestión menor pues, aunque "hace 150 años la corporación era una institución relativamente insignificante, hoy se ha extendido como la Iglesia, la monarquía o el partido comunista en épocas anteriores. *La corporación es hoy la institución dominante*"[187]. En la primera ola del capitalismo las empresas ejercían una influencia *local*; en la segunda ola del capitalismo ejercían una influencia *nacional*; y hoy en día en la tercera ola del capitalismo

---

[185] Pierre Bourdieu, *Las Estructuras Sociales de la Economía*, Ed. Manantial, Buenos Aires, 2002, p. 229.
[186] Pierre Bourdieu, *Las Estructuras Sociales de la Economía*, op. cit., p. 223.
[187] *The Corporation*, documental dirigido por Mark Archbar, Jennifer Abbott y Joel Bakan, 2003.

ejercen una influencia *global*. Así, las empresas planifican ahora *a escala global*.

Esto nos lleva a la cuestión de las implicancias del imperativo planificador para el postulado de soberanía del consumidor. Si hoy en día las grandes empresas adecúan materias primas, proveedores, trabajadores, fusiones, adquisiciones e *incluso leyes y hasta gobiernos* a escala global, ¿es acaso razonable pensar que no buscarán "adecuar" al consumidor mismo?

Aquí hay que entender que el capitalismo se mueve no solo por la *codicia* sino también por el *miedo*. Las empresas buscan expandirse al máximo, pero quieren también mantener una estabilidad, una predictibilidad. En suma, buscan seguridad. De este modo, como decía Shigeto Tsuro refiriéndose al capitalismo de la segunda ola, "resultó claro que el criterio esencial determinante del comportamiento de la empresa era más bien el de estabilizar el beneficio por un cierto período de tiempo bastante largo. Más recientemente, se ha sugerido una enmienda en el sentido que el objetivo de las empresas debía dirigirse a mantener la posición de estabilidad para un largo período"[188].

Ahora bien, si esto es así tendremos que, por un lado, a causa de la *codicia*, los empresarios buscarán siempre acrecentar sus ganancias y, en consecuencia, expandir sus ventas (*imperativo pecuniario*); mientras que, por otro, a causa del *miedo*, se verán en la necesidad de planificar y hasta -en la medida de lo posible- *controlar* todas las variables que pueden afectar su posición, crecimiento o seguridad (*imperativo planificador*). Ello implica que no solo deberán planificar las *variables de oferta* (lo cual es obvio) sino *sobre todo* -también en la medida de lo posible- las *variables de demanda*. ¿Y por qué *sobretodo* las variables de demanda? Porque son justamente ellas las que más *riesgos* entrañan para la consecución de los nombrados objetivos empresariales (posición, crecimiento y seguridad).

En efecto, si los consumidores fueran en verdad *soberanos*, los continuos y muy caprichosos cambios en sus *gustos* y *preferencias* pondrían *siempre* en una situación de *insoportable* incertidumbre a las empresas. El mismo Ludwig von Mises decía que los consumidores "son jerarcas egoístas e implacables, *caprichosos y volubles*, difíciles de contentar. Solo su personal

---

[188] Shigeto Tsuru, "¿Ha cambiado el capitalismo?", en: Shigeto Tsuru ed., *¿Adónde va el Capitalismo?*, Ed. Oikos, Barcelona, 1967, p. 47.

satisfacción les preocupa. No se interesan ni por pasados méritos, ni por derechos un día adquiridos. *Abandonan a sus tradicionales proveedores en cuanto alguien les ofrece cosas mejores o más baratas"*[189]. Ese tipo de conducta hace del todo imposible la planificación empresarial. Si los gustos y preferencias de los consumidores son totalmente libres y autónomos ello afectará de modo directo y continuo a la demanda haciendo que sea muy cambiante y, en consecuencia, el equilibrio de mercado se verá constantemente afectado, siendo que los precios y cantidades de mercado variarán a cada momento. En tales condiciones *¿cómo podría la empresa siquiera planificar su presupuesto? ¿cómo podría estar segura de que obtendrá beneficios netos al final del año? ¿cómo podría razonablemente convencer a los accionistas y/o a los bancos para que le provean del dinero que necesita para su inversiones?... ¿cómo podría -en suma- operar en un contexto de tanto riesgo e incertidumbre?*

Las empresas conocen bien el mensaje de la parábola de la casa sobre la roca (cfr. Mateo 7:21-29): solo un hombre necio construye sobre la arena, el hombre inteligente construye sobre la roca. Pues bien, si, en línea con Mises, vemos a los consumidores como volubles como la arena, las empresas tendrían que estar locas para construir su imperio sobre tal base.

Es evidente, entonces, que los consumidores *soberanos* son los mayores *enemigos* de la *seguridad, estabilidad* y *poder* empresariales. Si el consumidor reina la empresa no puede reinar. Por tanto, para que ésta reine tiene primero que eliminarlo. Sin embargo, ello sería tanto como suicidarse pues se estaría matando a la gallina de los huevos de oro: si no hay consumidores se esfuma el "reino" de las empresas porque ya no tienen de dónde ganar. ¿Qué alternativa queda, entonces? *Condicionarlo y manipularlo*, orientar –por medio de los "instrumentos de producción de necesidades"- *sus gustos y preferencias en función de los objetivos de la planificación*. De este modo, se constituye en el mercado una "monarquía parlamentaria" en la que el consumidor "reina *pero no gobierna*", siendo que el gobierno de la economía es delegado a un poderoso Parlamento constituido por grandes empresas oligopólicas. Y así como el varios países hoy en día se conservan reyes *de adorno* para preservar una tradición, también las empresas conservan la *idea* de consumidor soberano como *adorno* para preservar un *mito*.

He ahí el objeto de tantos "estudios de mercado": conocer al consumidor,

---

[189] Ludwig von Mises, *La Acción Humana*, Ed. Unión Editorial, Madrid, 1980, p. 416.

pero no para servirlo *sino para manipularlo*. De este modo, las grandes empresas actúan respecto del consumidor así como el amo respecto del caballo: se familiariza con él, se gana su "confianza", *para montarlo y dirigir mejor sus movimientos*. De ahí que las grandes empresas estén tan interesadas en contar con información *extremadamente detallada* sobre nosotros. ¿Y dónde se halla esa información? En nuestras redes sociales. Es por ello que *el verdadero negocio de las redes sociales es vender nuestra información privada a las grandes empresas*. Las empresas quieren planificarlo todo, incluso nuestra subjetividad. Para ello necesitan información. Y nosotros se las damos con un solo clic en "Acepto todos los términos y condiciones". No somos soberanos. *Con un solo clic hemos rendido nuestra subjetividad, nuestra información privada, a los verdaderos amos del sistema*. Así como se adiestra un caballo, *nos adiestran como consumidores*. Así como como se sujeta un caballo, *se sujeta nuestra subjetividad*.

El imperativo tecnótico

Se entenderá por *imperativo tecnótico* a aquel referido a la necesidad que tiene la tecnología de autoexpandirse y desarrollarse, a la inevitabilidad del cambio tecnológico. En esencia, puede formularse como sigue: todo lo que puede lograrse, debe lograrse. Así, por ejemplo, "el éxito en la producción de la bomba atómica nos obliga a fabricar la bomba de hidrógeno. No elegimos nuestros problemas, sino que nos vemos empujados, obligados. ¿Qué es lo que nos empuja? Un sistema que no tiene ninguna finalidad ni meta fuera de sí mismo y que convierte al hombre en un apéndice suyo"[190].

Cabe aquí señalar que el para el imperativo tecnótico el *cambio tecnológico* se define básicamente, en línea con el enfoque neoschumpeteriano, como la "puesta en práctica de nuevas combinaciones"[191] tanto a nivel de productos como de procesos de producción y, por tanto, no solo vale para los llamados "productos tecnológicos" (computadoras, celulares, etc.) sino para todo tipo de productos diferenciados y procesos. De este modo, no solo el desarrollar sucesivos modelos de celulares es manifestación de cambio tecnológico sino que también lo es el introducir diferenciaciones en productos existentes (por ejemplo, galletas sabor panetón), generar nuevos nichos de mercado (por

---

[190] Erich Fromm, *Psicoanálisis de la Sociedad Contemporánea*, Fondo de Cultura Económica, México, 1956, p. 78.
[191] Joseph A. Schumpeter, *Teoría del Desenvolvimiento Económico*, Fondo de Cultura Económica, México, 1997, p. 78.

ejemplo, bebidas especiales para mujeres embarazadas) o implementar nuevos métodos de producción (por ejemplo, robots que cocinan platos típicos en algún lugar turístico).

En términos de génesis histórica, el imperativo tecnótico es principalmente característico de la tercera ola del capitalismo. Ciertamente el avance tecnológico ha sido siempre parte de la dinámica capitalista. Asimismo, es cierto que en la segunda ola del capitalismo las empresas comenzaron a endogeneizar el cambio tecnológico introduciendo departamente de Investigación y Desarrollo. Sin embargo, es con el advenimiento de las tecnologías de la información y la globalización en el marco de la tercera ola del capitalismo que, con las virtualmente infinitas posibilidades que se dan, el cambio tecnológico pasa de ser rápido a ser *hiper-rápido*. Es así como nace el imperativo tecnótico.

En cuanto a la estructuración y dinámica del imperativo tecnótico, este se manifiesta en el proceso de mercado por medio de dos vías: la "presión a innovar" y la "destrucción creativa".

En cuanto a la *presión a innovar* tenemos que esta surge principalmente como consecuencia del proceso competitivo en entornos de alta concentración industrial y, al mismo tiempo, de alta rivalidad tales como los correspondientes a estructuras de mercado oligopolísticas o de competencia monopolística. Que esto es característico del presente estado del capitalismo es tal claro que los gurús del marketing Al Ries y Jack Trout han llegado a hablar de una *ley de la dualidad*. Ellos escriben: "Al principio, una categoría nueva es una escalera de muchos escalones. Gradualmente la escalera se convierte en un asunto de solo dos escalones. (…) Cuando se mira el marketing a largo plazo, se comprueba que la batalla suele terminar en una lucha titánica entre dos grandes jugadores; normalmente la vieja marca de confianza y el aspirante"[192]. Microsoft vs. Apple, Coca-Cola vs. Pepsi, LG vs. Samsung… la realidad no hace más que mostrarnos múltiples ejemplos de esto.

Pues bien, en ese tipo de entornos empresariales altamente concentrados y altamente competitivos la empresa que no innova *constantemente* se ve

---

[192] Al Ries y Jack Trout, *Las 22 Leyes Inmutables del Marketing*, Ed. Mc Graw Hill, México, 1996, p. 28.

inmediatamente en desventaja en términos de productos, costos, diferenciación, sofisticación y/o calidad. Esta desventaja será inmediatamente aprovechada por sus competidores para aumentar su *poder y participación* en el mercado. Si la empresa en desventaja no responde de modo rápido *innovando*, se verá condenada a perder participación de mercado y, en el peor de los casos, a perecer. De ahí que esta dinámica se pueda analizar tan bien desde los modelos de "selección natural darwiniana" propuestos por los teóricos de la *escuela evolucionista del cambio tecnológico*[193]. *Innovar o morir*: esa es la consigna. La lucha del mercado es la lucha por la supervivencia y solo sobreviven los más aptos, es decir, los que innovan. Los que no, están condenados a perecer. De este modo, *la presión por innovar es la ley de selección natural*.

De otro lado, tenemos el *proceso de destrucción creativa* propuesto por Schumpeter[194]. Es en virtud de este proceso que desaparecen los productos viejos y obsoletos y son reemplazados por otros nuevos y mejores. La creación de productos nuevos implicará la destrucción de los productos viejos y este ciclo continuará incesantemente pues *todo lo nuevo se irá haciendo viejo*. La "tecnología de punta" de hace uno o dos años ya no está en la "punta", sino en el fondo del olvido. El "último grito de la moda" de hace uno o dos años ya no es el "último grito", sino que está ahogado en el olvido. El producto que no tenía "casi nadie" hace uno o dos años ahora lo tienen "casi todos". *La vida del capitalismo es un continuo nacer y matar a lo anterior*.

En este contexto, las empresas exitosas serán aquellas que pongan en práctica nuevas técnicas y productos. Así, por ejemplo, las carretas tiradas por caballos son reemplazadas por los automóviles dándose, en consecuencia, la quiebra de las empresas dedicadas al primer negocio. *Lo viejo es destruido por lo nuevo. La obsolescencia se genera a cada paso del progreso.* Por tanto, la empresa está *obligada* a innovar constantemente si es que no quiere quedar en el cementerio de la obsolescencia junto con sus productos (y procesos). Esa es la fuerza del imperativo tecnótico.

Ahora bien, para determinar las implicancias del imperativo tecnótico sobre la supuesta soberanía del consumidor debe averiguarse primero si es que el cambio tecnológico (innovación) se inicia más por el lado de la oferta

---

[193] Véase: John Elster, *El Cambio Tecnológico*, Ed. Gedisa, Barcelona, 2006, cap. 6.
[194] Cfr. Joseph A. Schumpeter, *Capitalismo, Socialismo y Democracia*, Ed. Aguilar, México, 1963, pp. 120-121.

(empresas) o por el lado de la demanda (consumidores).

Durante la década de los sesenta y los setenta fueron populares entre los economistas las teorías de la innovación basadas en la demanda, es decir, en las necesidades de los consumidores. Ahí tenemos, por ejemplo, el famoso trabajo empírico sobre más de 500 innovaciones realizado por Myers y Marquis[195] o también el estudio de Schmookler sobre la relación entre la "actividad inventiva" y la "actividad inversora" en el que sostenía que el principal estímulo a la innovación venía del patrón cambiante de la demanda[196].

Las "teorías del tirón de la demanda puro" fueron fuertemente criticadas ya en los años setenta. Sin embargo, el golpe de gracia vino de la mano de Mowery y Rosenberg quienes en su demoledor artículo "Market demand and innovation" mostraron que los estudios empíricos de la innovación, que se citaban a menudo para apoyar la teoría del tirón de la demanda no justificaban sus conclusiones y que, de hecho, en varias ocasiones los autores de los mismos rechazaban la interpretación de que la innovación partiera del lado de la demanda. Dicen estos autores: "La noción de que las fuerzas de la demanda de mercado 'gobiernan' el proceso de innovación simplemente no está demostrada por los análisis empíricos que han clamado apoyar tal conclusión. (…) El concepto de demanda utilizado en muchos de estos estudios es muy vago, frecuentemente tan amplio que abarca todos los determinantes posibles del proceso innovador"[197].

En esa línea, Mowery y Rosenberg señalan que suele haber una confusión en la literatura entre "necesidades" y "demanda" y también entre "demanda potencial" y "demanda efectiva". Sobre esto se ha hablado en . Aquí la cita: "La *demanda* de mercado no solo viene dada por lo que la gente "está dispuesta a pagar" sino más bien por lo que la gente "está dispuesta *y puede* pagar". De este modo, no basta con que yo tenga una necesidad para que el mercado la tome en cuenta; *es también necesario que disponga de los medios para*

---

[195] Sumner Myers and Donald Marquis, *Successful Industrial Innovation*, National Science Foundation, Washington D.C., 1969.

[196] Jacob Schmookler, *Invention and Economic Growth*, Harvard University Press, Cambridge, 1966.

[197] David Mowery and Nathan Rosenberg, "The influence of market demand upon innovation: A critical review of some recent empirical studies", *Research Policy*, vol. 8, 1979, p. 104.

poder expresarla (poder adquisitivo). Si no dispongo de ellos el mercado simplemente no atenderá mi necesidad por más urgente que sea. Lo único que importa son los votos monetarios. El mercado se guía por ellos, *no por la mayor necesidad*. Los empresarios producen para obtener una ganancia, no por diversión o por caridad. Por tanto, bien puede suceder que el gato de un hombre rico se tome la leche que necesita un niño pobre para sobrevivir"[198].

Ahora bien, dado que las "necesidades" humanas son extremamente diversas y a menudo están insatisfechas durante largos períodos, no pueden explicar por sí mismas el surgimiento de innovaciones particulares en un determinado momento. La innovación, entonces, no debería verse como un proceso lineal que va como una orden de la demanda hacia la oferta sino como una compleja interacción que vincula a los usuarios *potenciales* (demanda) con los nuevos desarrollos tecnológicos (oferta), siendo que la iniciativa viene principalmente por este último lado. Así, por ejemplo, tenemos el caso de la computadora en que, como mostraron Katz y Phillips[199], fue el empuje de la ciencia y la tecnología por el lado de la oferta el que predominó incluso cuando hombres de negocios tan capacitados como T. J. Watson mantuvieron que no había ni habría demanda de mercado.

El caso de los productos "regeneradores de la piel" es incluso más ilustrativo. Escribe O'Saughnessy: "Ciertamente los consumidores compran productos que no estaban buscando activamente antes de que se les hiciera tener conciencia de ellos. Algunos de estos nuevos productos pueden ser simplemente soluciones mejores a viejos problemas, en cuyo caso no se crea una nueva necesidad. No obstante, *¡algunos productos nuevos resuelven algo que no se había considerado un problema hasta que apareció el producto!* Así pues, tenemos la reciente avalancha de productos 'regeneradores de la piel' que aseguran acelerar la regeneración natural de las células dañadas de la piel, aunque seguramente la mayoría de los consumidores no era consciente de la posibilidad de tener dañadas las células de la piel"[200]. Curioso: se hace surgir en el imaginario el problema para traer (*vender*) la solución…

---

[198] Dante A. Urbina, *Economía para Herejes: Desnudando los Mitos de la Economía Ortodoxa*, Ed. CreateSpace, Charleston, 2015, p. 171.
[199] B. Katz and A. Phillips, "Government, technological opportunities and emergence of the computer industry", en: H. Giersch ed., *Emerging Technologies: Consequences for Economic Growth, Structural Change, and Employment*, J. C. B. Mohr., Tübingen, 1982.
[200] John O'Saughnessy, *Por Qué Compra la Gente*, Ed. Díaz de Santos, Madrid, 1989, pp. 16-17.

Ahora bien, si la innovación tecnológica se inicia principalmente por el lado de la oferta debemos preguntarnos qué implicancias tendrá ello sobre la demanda (recuérdese que estamos en una estructura *interactiva* de mercado). En este punto hay que valerse de la *Ley de fractura* enunciada por Downes y Mui[201] y de acuerdo con la cual los sistemas sociales, políticos y económicos cambian de forma incremental; mientras que la tecnología lo hace de modo exponencial. Entonces se tendrá que el marco institucional de la sociedad estará en permanente desfase con respecto al cambio tecnológico. ¿La consecuencia de ello? Que las condiciones institucionales (políticas, socio-económicas, culturales, psicológicas, etc.) que configuran las necesidades de los consumidores se verán constantemente sobrepasadas por la dinámica del cambio tecnológico que principalmente desarrollan las empresas. Como dice el economista francés Charles O. Bettelheim: "Una de las características esenciales del capitalismo es su incapacidad para aumentar el poder de consumo al mismo ritmo que aumenta la capacidad de producción"[202]. Este es un contexto sumamente incómodo para estas últimas: si se da la ley de fractura, la demanda no se acopla a la oferta; y si la demanda no se acopla a la oferta, no se vende; y si no se vende, no se gana. ¿La solución? "Acoplar" en la medida de lo posible el marco institucional que determina las necesidades de los consumidores a los desarrollos tecnológicos específicos de la empresa.

Aquí, como era de esperarse, toma protagonismo el *empresario innovador* schumpeteriano, aquel que, en palabras de Shumpeter, es capaz de ir contra la corriente y vencer todos los obstáculos que impone "el medio social contra aquel que desea hacer algo nuevo", obstáculos que van desde los "impedimentos legales o políticos" hasta la condena a "toda conducta desviada"[203]. Es él es el que, valiéndose de la gestión de los instrumentos de producción de necesidades, debe "romper con la tradición" y "crear una nueva"[204]. ¿Hay una tradición que dice que no se trabaja los días domingo? Se romperá con esa tradición. ¿Hay una tradición que dice que las mujeres no fuman? Se romperá con esa tradición. ¿Hay una tradición que dice que

---

[201] Larry Downes and Chunka Mui, *Unleashing the Killer App: Digital Strategies for Market Dominance*, Harvard Business Press, Cambridge, 1998.
[202] Charles Bettelheim, "Comentario a las tesis Tsuru", en: Shigeto Tsuru ed., *¿Adónde va el Capitalismo?*, Ed. Oikos, Barcelona, 1967, p. 87.
[203] Joseph A. Schumpeter, *Teoría del Desenvolvimiento Económico*, Fondo de Cultura Económica, México, 1997, p. 96.
[204] Joseph A. Schumpeter, *Teoría del Desenvolvimiento Económico*, op. cit., p. 101.

no es bueno que niños y adolescelentes tengan teléfonos móviles personales? Se romperá con esa tradición. ¿Hay una tradición que dice que la pornografía es dañina? Se romperá con esa tradición. *El imperativo tecnótico es enemigo a muerte de la tradición.* Tradición es venerar "lo viejo" y el imperativo tecnótico tiene que darle muerte para dar a luz a "lo nuevo".

Como este proceso es gestionado fundamentalmente por las empresas, el empresario innovador tendrá, por causa del imperativo tecnótico, que erosionar la soberanía del consumidor. Dejemos que nos lo diga no un crítico del capitalismo, sino el gran Schumpeter: "Estas alteraciones espontáneas discontinuas (…) aparecen en la esfera de la vida industrial y comercial y no en la esfera de las necesidades de los consumidores de productos acabados. (…) Por lo general, las innovaciones en el sistema económico *no tienen lugar de tal manera que las nuevas necesidades surjan primero espontáneamente en los consumidores, adaptándose más tarde al aparato productivo a su presión.* No negamos la presencia de este nexo. Pero, *por lo general, es el productor quien inicia el cambio económico, educando incluso a los consumidores si fuera necesario; les enseña a necesitar cosas nuevas, o cosas que difieran en algún respecto de las ya existentes*"[205].

Ahora bien, en virtud de la destrucción de la creativa, tienen que morir los productos, tienen que morir las tradiciones, *pero no deben morir las empresas*. Recuérdese: las empresas también están sometidas al imperativo pecuniario y al imperativo planificador. Por tanto, deben gestionar la vorágine tecnológica de un modo tal que les permita expandirse de modo estable en lo posible. De este modo, como apunta Paul Sweezy, discípulo de Schumpeter y Ph. D. por la Universidad de Harvard, "es esencial tener presente que, ahora, el progreso tecnológico está principalmente controlado por las grandes compañías que regulan cuidadosamente el tipo y el ritmo de introducción de las innovaciones con la finalidad de que refuercen y que no minen las posiciones monopolistas existentes"[206].

Esto nos lleva a una de las grandes consecuencias del imperativo tecnótico: la *obsolescencia programada*. Si el ritmo de la innovación tecnológica es tan rápido que no permite la adecuación *natural* de empresas y consumidores entonces hay que introducir una adecuación *artificial*. Como se dice en el

---

[205] Joseph A. Schumpeter, *Ibíd.*, p. 76.
[206] Paul Sweezy, "Capitalismo monopolista y socialismo", en: Shigeto Tsuru ed., *¿Adónde va el Capitalismo?*, Ed. Oikos, Barcelona, 1967, p. 75.

famoso documental *Comprar, Tirar, Comprar: La Historia Secreta de la Obsolescencia Programada*: "De las nuevas máquinas salían mercancías mucho más baratas y esto era fantástico para los consumidores. Pero había tanta producción que la gente ya no podía seguir el ritmo de las máquinas"[207].

Así, por ejemplo, en las primeras décadas del siglo XX la compañía Ford fabricó un modelo estándar de automóvil bastante durable sacó una cantidad absolutamente enorme de ejemplares a la venta. Había muchísima producción que iba a inundar el mercado. ¿Qué hizo General Motors, principal competidor de Ford? Nos lo informa el referido documental: "introdujo el concepto del modelo anual, con una sucesión de diferentes tamaños, gormas y colores. Su objetivo era que los consumidores cambiaran de coche cada tres años"[208]. Así, el consumidor quiere tener el auto *del año*. Por tanto, los autos de años pasados se vuelven obsoletos. Pero no porque técnicamente ya no sirvan, sino porque artificialmente se los ha hecho inútiles en la subjetividad del consumidor deseoso de lucirse. O más bien lucir *el producto*, porque aquí *el sujeto* solo "se luce" en virtud de *sus objetos*.

Es claro, pues, que "la obsolescencia programada, el motor secreto de nuestra sociedad de consumo"[209]. *Nuestra sociedad de consumo se construye sobre la mentira, sobre una artificiosa mentira*. Y es aquí donde juega un rol clave la publicad. Como dice Paul Baran: "La importancia económica de la publicidad no se mide, ni tan sólo aproximadamente, por el volumen de recursos que absorbe directamente, aunque tampoco éstos sean de una magnitud despreciable. Su función consiste en promover una ampliación continua del sector improductivo de la economía, *al constituir uno de los más poderosos métodos para la propagación de la obsolescencia artificial y para la diferenciación irracional de los bienes de consumo*, al representar un mecanismo indispensable para plasmar las necesidades de los consumidores *y adaptarlas a las exigencias de las empresas monopolistas y oligopolistas*"[210].

Y, bueno, Baran era un crítico del capitalismo. Pero en el mismo punto coincide Brooks Stevens, amante del capitalismo y gran "apóstol" de la

---

[207] *Comprar, Tirar, Comprar*, documental dirigido por Cosima Dannoritzer, 2011.
[208] *Comprar, Tirar, Comprar*, documental dirigido por Cosima Dannoritzer, 2011.
[209] *Comprar, Tirar, Comprar*, documental dirigido por Cosima Dannoritzer, 2011.
[210] Paul Baran, "Reflexiones sobre el subconsumo", en: Shigeto Tsuru ed., *¿Adónde va el Capitalismo?*, Ed. Oikos, Barcelona, 1967, p. 117.

obsolescencia programada (de hecho, él acuñó este término), cuando decía: "El enfoque americano es crear un consumidor *insatisfecho con el producto que ha disfrutado*, que lo venda de segunda mano y que compre el producto más nuevo en la versión más nueva posible"[211]. El consumidor *perfectamente satisfecho* con su actual modelo de celular no compra el nuevo. *Hay que hacerlo sentir insatisfecho. Solo así comprará la vorágine de celular generados por la obsesión tecnótica.* Como recomiendan los expertos en marketing Ries y Trout: "Una manera de mantener la demanda a largo plazo para su producto es no satisfacer jamás del todo la demanda"[212]. Es, por ende, innegable que el imperativo tecnótico lleva a las empresas no a *servir al* consumidor sino a *servirse del* consumidor.

---

[211] *Comprar, Tirar, Comprar*, documental dirigido por Cosima Dannoritzer, 2011.
[212] Al Ries y Jack Trout, *Las 22 Leyes Inmutables del Marketing*, Ed. Mc Graw Hill, México, 1996, p. 67.

CAPÍTULO 5
LOS MEDIOS DE PRODUCCIÓN DE NECESIDADES
O DE CÓMO SE EXPLOTA AL CONSUMIDOR

Naturaleza y alcance de los medios de producción de necesidades

Según habíamos visto, se puede conceptuar lo que llamamos "sistema de producción de necesidades" como aquel que toma como "materia prima" a la subjetividad del consumidor y la manipula, condiciona o direcciona de un modo tal que beneficie a las empresas vía la expansión de las ventas. De este modo, así como uno puede tomar harina, azúcar, leche y huevos para hacer una torta, se pueden tomar diferentes elementos de la subjetividad o *habitus* (para usar la terminología de Bourdieu) del consumidor en un momento dado y "moldearlos" para dar lugar a algo distinto (al menos en ciertos aspectos) que lo impulse a comprar. En otras palabras, hay que formar sistemáticamente un *habitus consumista* en la gente: *los imperativos económicos simple y llanamente no dejan otra opción*.

Pero, así como la harina, azúcar, leche y huevos no se convierten mágicamente en tortas sino que es necesario aplicar ciertas acciones e instrumentos (bateas, jarras, horno, etc.) para ello, se da también que para la operacionalización del "sistema de producción de necesidades" se requieren ciertos instrumentos. Y estos son los *medios de producción de necesidades*.

Por supuesto, al tomar como "materia prima" la subjetividad de la persona, los medios de producción de necesidades se focalizan no propiamente en el cuerpo, sino en la mente. Como decía muy pertinentemente John Kenneth Galbraith: "En una sociedad en la cual los deseos tienen raíces psíquicas, los instrumentos de acceso a la psique no pueden carecer de importancia"[213]. Y, mucha atención, aquí las empresas no buscan solo conocer la mente del consumidor para *someterse pasivamente* a sus deseos (eso sería contradictorio con los imperativos) sino también para tener la posibilidad de *moldearlos activamente*. Pensar lo contrario sería pecar de ingenuo. Como ya habíamos apuntado, si un jinete buscar conocer a su caballo no es para someterse sus deseos y simplemente ir a donde el caballo quiera, sino *para poder montarlo mejor y dirigirlo a donde él (es decir, el jinete) quiere*. Las grandes empresas no

---

[213] John Kenneth Galbraith, *El Nuevo Estado Industrial*, Ed. Sarpe, Madrid, 1984, p. 321.

realizan "estudios de mercado" simplemente para informarse sobre los consumidores y nada más. Usan también esa información para manipularlos mejor. Así como el lobo del cuento comenzaba diciendo a caperucita que tenía los ojos muy grandes para "verla mejor" y al final que tenía la boca muy gran grande para "comerla mejor", las grandes corporaciones hacen grandes estudios de mercado no solo para "conocernos mejor" sino también para "manipularnos mejor".

Elocuente muestra de lo anterior es el caso de las consultoras Western International Media, Century City y Lieberman Research Worldwide que en 1988 realizaron un estudio en que pidieron a un grupo de padres de familia que llevaran un registro durante tres semanas de cada vez que sus hijos los fastidiaban para que les compraran algún producto. Debían registrar todos los detalles: el cuándo, cómo, dónde y porqué. Ahora bien, este estudio privado *no se realizó para ayudar a los padres respecto de los berrinches de los niños, ¡sino para ayudar a las corporaciones a hallar mejores métodos para impulsar que los niños hagan berrinches de forma más efectiva por sus productos!*

No es necesario presentar nuestras propias inferencias. Basta y sobra con citar lo que cínicamente confiesa una de las responsables del estudio (las cursivas son nuestras, la indignación también): "Entre el 20% y 40% de las ventas *no se hubiera realizado si el niño ni hubiera fastidiado a sus padres.* (...) Cuatro de cada diez visitas a Chuck E. Cheese no hubieran ocurrido. *A los padres no les gusta.* Chuck E. Cheese es, *oh Dios, muy ruidoso.* Pero si el niño fastidia, van. Igual pasa con las películas, los videos, la comida rápida. *Tenemos que atravesar esa barrera donde ellos nos dicen que no les gusta que sus hijos fastidien.* (...) *Puedes manipular a los consumidores para que deseen y compren tus productos. Es un juego.* (...) *Mientras más sepamos del consumidor, más creativos seremos en nuestra estrategia de comunicación.* (...) Se me pregunta si esto es ético, *dado que se está manipulando a los niños.* Yo no sé si es ético o no, pero *nuestro rol es vender productos*"[214].

Ahora bien, cuando ella dice "No sé si es ético" es obvio que el trasfondo de su frase es "En el fondo sé que no es ético". Pero no importa la ética, ¡lo que importa es vender! ¡He ahí la fuerza de los imperativos económicos en acción! De hecho, en gran parte la "eficiencia" del sistema se construye con base en que los individuos dejen de pensar en las implicancias morales de sus acciones.

---

[214] *The Corporation*, documental dirigido por Mark Archbar, Jennifer Abbott y Joel Bakan, 2003.

De este modo, como apuntaba el gran historiador económico R. H. Tawney, la *sociedad adquisitiva* "deja libre la mente para concentrarse sin distracciones en actividades lucrativas, porque no se distrae por gusto en especulaciones no lucrativas"[215].

Así pues, en nuestro sistema las grandes empresas "emplean las mejores mentes creativas para asegurar nuestra fe en el mundo corporativo, nos seducen con ilusiones *y manufacturan nuestro consentimiento*"[216]. Esto conecta con el tema del *fetichismo de la mercancía*. Se nos muestra a los productos como objetos encantadores, cuasi-mágicos. Quien no lo crea basta con que ponga atención a los cortos publicitarios y verá cómo se anuncian hasta los productos más triviales (como jabones o desodorantes) con un entusiasmo y fuerza dignos de anunciar la Segunda Venida de Cristo. Se hace de cada producto un fetiche. De este modo, "a primera vista, una mercancía parece ser una cosa trivial, de comprensión inmediata. Su análisis demuestra que es un objeto endemoniado, rico en sutilezas metafísicas y hasta reticencias teológicas"[217].

Ya no creemos en totems o demás fetiches de cultos religiosos primitivos, pero vivimos en un mundo en que estamos -en toda la acepción de la palabra- *encantados* por una multiplicidad de productos. Como dice el filósofo francés Étienne Balibar: "El mundo moderno, a la inversa de lo que (…) dirá Max Weber, no está 'desencantado' sino *encantado*, en la medida en que es el mundo de los objetos de valor y de los valores objetivados"[218]. El filósofo argentino José Pablo Feinmann concurre: "Vamos a un *shopping*. ¿Qué vemos? El vértigo de las mercancías. ¿De dónde salen? Nadie se lo pregunta. Pero es un mundo de fascinación en el cual las mercancías nos reclaman, nos seducen, nos *encantan*. Y aquí quería llegar: *el mundo de las mercancías es un mundo encantado*"[219].

Estamos, pues, en la *sociedad del espectáculo*, consustancial al sistema de producción de necesidades. Como dice Debord: "Entendido en su totalidad,

---

[215] R. H. Tawney, *The Acquisitive Society*, Ed. G. Bell & Sons, London, 1922, p. 1.
[216] *The Corporation*, documental dirigido por Mark Archbar, Jennifer Abbott y Joel Bakan, 2003.
[217] Karl Marx, *El Capital*, 1867, Tomo I, Sec. I, cap. I.
[218] Étienne Balibar, *La Filosofía de Marx*, Ed. Nueva Visión, Buenos Aires, 2000, p. 68
[219] José Pablo Feinmann, *La Filosofía y el Barro de la Historia*, Ed. Planeta, Buenos Aires, 2008, Clase 14.

el espectáculo es tanto el resultado como el proyecto del presente modo de producción. No es un mero suplemento o decoración que se añade al mundo real, *es el corazón de la irrealidad de esta sociedad real*. En todas sus manifestaciones particulares (noticias, propaganda, publicidad, entretenimiento) *el espectáculo es el modelo del modo de vida dominante. Es la afirmación omnipresente de las elecciones que ya han sido hechas en la esfera de la producción y en el consumo implicado por tal producción*"[220].

Ahora bien, como "la función debe continuar" en tanto los imperativos económico implican que el espectáculo del fetichismo de la mercancía no puede parar, se requerirán medios para mantener el espectáculo en marcha. ¿Pero cuáles son los medios y métodos *específicos* que se requieren para ello? De eso nos ocuparemos en lo que sigue. Hemos distinguido básicamente cuatro medios de producción de necesidades, cada uno con tres mecanismos de influencia o acción. Dicha clasificación es simplemente esquemática y expositiva. No se pretende que sean categorías independientes ni separadas. Varias pueden darse al mismo tiempo y tienen diferentes conexiones entre sí, a la vez que, en cierto modo, se podría llegar a decir que todo es "publicidad" o todo es "marketing". Teniendo eso en mente, pasemos a analizar estos medios de producción de necesidades y sus mecanismos de acción específicos.

La publicidad

Es claro que la *publicidad* se constituye como el primero y más importante de los medios de producción de necesidades. En efecto, no cabe duda que es una poderosa herramienta para incentivar y condicionar el consumo. Como dice Sánchez Guzmán en su libro *Teoría de la Publicidad*: "La publicidad *desde un punto de vista estrictamente económico*, actúa sobre la demanda del consumidor *a través de los efectos que provoca en sus necesidades y a través de los que provoca en su propensión al consumo*"[221].

En el marco de la teoría microeconómica ortodoxa esto se traduciría en una curva de demanda expandida y de mayor pendiente (más inelástica). Sin embargo, los economistas ortodoxos no han profundizado (o no han querido profundizar) en el estudio y análisis de los mecanismos específicos que

---

[220] Guy Debord, *La Société du Spectacle*, Ed. Buchet-Chastel, París, 1967, n. 6.
[221] José Ramón Sánchez Guzmán, *Teoría de la Publicidad*, Ed. Tecnos, Madrid, 1993, p. 292.

explican este proceso. Por supuesto, se tiene a la mano la llamada *condición Dorfman-Steiner*[222], que es un teorema matemático que pretende establecer el "nivel óptimo" de publicidad que una empresa debe realizar, *pero no se piensa para nada sobre las tremendas implicancias de eso*. Si la curva de demanda puede ser movida por acción de los ofertantes, entonces deja de ser independiente de la oferta y eso pone en cuestión gran parte de la teoría del bienestar pues ya no se puede justificar sin más la producción apelando a que sirve a las reales necesidades pre-existentes de los consumidores. O sea, ya no se puede defender que la oferta sirve a la demanda de modo unívoco porque *ahora también la oferta puede servirse de la demanda*.

Pero ya vimos que la teoría económica ortodoxa se basa en el supuesto de "exogeneidad" de las preferencias. De este modo, a lo máximo que puede llegar dentro de su esquema (léase *corsé*) epistemológico es a establecer un teorema como la condición Dorfman-Steiner (la cual, por cierto, es vista en la teorización ortodoxa como algo muy raro y exótico siendo que se la encuentra en poquísimos manuales de microeconomía). Lo único que ve el economista ortodoxo respecto de la demanda es que "la curva se mueve" pero no entra a fondo en la pregunta verdaderamente interesante: *¿cuáles son los mecanismos que están detrás de ese movimiento de la curva y qué implicancias tiene ello?* Nosotros, en cambio, rechazamos el supuesto de exogeneidad de las preferencias y planteamos explícitamente la *endogeneidad de las preferencias*. Así que sí vamos a "ensuciarnos" con la cuestión de los mecanismos detrás de los cambios de la demanda de los consumidores a partir de la publicidad (los ortodoxos probablemente seguirán muy "limpiesitos", *limpios de la realidad…*). En específico, distinguimos tres mecanismos al respecto. Pasemos a detallarlos.

En primer lugar, la publicidad influye sobre la subjetividad del consumidor por medio de la *creación de imaginarios*. En efecto, el poder de la publicidad reside ante todo en su capacidad de simbolizar, de crear mundos y personas, de elaborar y reelaborar el concepto de lo bueno, lo bello y lo verdadero (en antítesis a lo malo, lo feo y lo falso), de construir y destruir consensos… *en suma, el poder de la publicidad reside en su capacidad de "pensar" la totalidad de lo real*. Desde esta perspectiva, el consumidor no *piensa* la publicidad, sino que *es pensado* por la publicidad. Es esta la que le dice quién es él o, al menos, la que -al construir gran parte de los símbolos del imaginario social- le da los

---

[222] Cfr. Robert Dorfman and Peter Steiner, "Optimal advertising and optimal quality", *American Economic Review*, vol. 44, nº 5, 1954, pp. 826-836.

elementos para pensarse a sí mismo. De ahí que "la publicidad, preocupada originalmente por embellecer las mercancías (...) se haya convertido con el paso de las décadas *en un discurso que habla, más que de los objetos, de los usuarios, y que intenta encarnar, con formas de representación muy convencionales, el universo simbólico de los consumidores*"[223]. No se publicitan productos, sino estilos de vida, estilos de pensamiento. Como dice la escritora canadiense Naomi Klein, "las corporaciones no producen productos, producen un significado"[224].

Tomemos el caso de la belleza femenina, uno de los tópicos más fuertes en el imaginario social y, por ende, en la publicidad. ¿Cuál es la figura de máxima idealización de la belleza de la mujer? *La princesa*. ¿Y cuál es el modelo de princesa que nos vende la industria publicitaria y comunicativa? No cualquier tipo de princesa, sino la princesa *joven, blanca, delgada, rubia, de ojos azules y labios rojos*. Evidentemente las películas de Disney han jugado un gran papel en crear esta idea, *idea que se introduce desde ya en la subjetividad de las niñas respecto de la apreciación de su propia belleza*. Por supuesto, estas niñas crecen. Pero el parámetro de "belleza" ya está bien establecido. ¡Y de aquí salen miles de productos! Cremas "rejuvenecedoras", cremas para "blanquear" la piel, tratamientos para bajar de peso, tintes de pelo, lentes de contacto, labiales, etc. La princesa de Disney no es un ente real, es un ente puramente ideal. Pero estableciendo fuertemente ese ente ideal como parámetro de referencia para las mujeres reales, *gran parte* de estas (nadie dice que *todas*) lucharán por ser en lo posible "a imagen y semejanza" de ese ente ideal ¡y eso aumentará las ventas de las empresas en el mundo real! Recuérdese la definición de "necesidad" que dimos antes: esta implicaba la percepción de la discrepancia entre una situación real y una situación ideal, ¡así que un excelente método para generar necesidades artificiales es manipular la "situación ideal" y poner el estándar cada vez "más alto"! He ahí lo que consituye la creación de imaginarios.

Y sí, *lo anterior también está correlacionado con la gran extensión de la anorexia y la bulimia en las adolescentes de nuestros días*. Nuestras madres o abuelas no

---

[223] Raúl Eguizábal Maza, "De la publicidad como actividad de producción simbólica", en: María Isabel Martín Requero y María Cruz Alvarado López ed., *Nuevas Tendencias en la Publicidad del Siglo XXI*, Ed. Comunicación Social, Sevilla, 2007, p. 15.

[224] *The Corporation*, documental dirigido por Mark Archbar, Jennifer Abbott y Joel Bakan, 2003.

estaban expuestas, por su propia época, a tanto bombardeo publicitario como las adolescentes de ahora a las que constamente se les dice que tienen que estar *delgadas* para ser bellas. ¿Alguien ha visto a las modelos que usan las compañías de ropa cuando lanzan un nuevo diseño? ¡Son cadavéricas! Ese es un peligroso estándar de belleza, donde ser "gorda" equivale automáticamente a ser "fea"[225]. Ello entra en el "imaginario social adolescente" y, vía el *bulling* que le puedan hacer sus compañeras, la chica "gorda" se convence de que tiene que ser "flaca" y llevará ello hasta las últimas consecuencias… Son casos extremos, claro está, *pero nos muestran el poder de la creación de imaginarios*.

"¡Oh, pero ahora las empresas están fomentando cada vez más la diversidad y estan incorporando a modelos gordas, no rubias, no blancas, etc.! ¡El propio Disney está rompiendo con los estándares tradicionales ('heteropatriarcales') de belleza!", objetará alguno. Pero esto no refuta *en nada* nuestro argumento sino que más bien lo confirma porque resulta que *toda la protesta "progre" se ha convertido también en una mercancía que las empresas capitalistas han sabido aprovechar para expandir las ventas*. Recuérdese que cuando tratamos sobre el imperativo pecuniario se dijo que las empresas buscarían abarcar e incluso generar todos los nichos de mercados posibles. Ergo, *¡hay que crear productos especiales para la gente "progre"!* Así la misma protesta progre contra los estándares de belleza se ha convertido en un producto y las empresas explotan ello para vender una miríada de cosas como camisetas con mensajes feministas, productos irónicamente fabricados *en masa* para "chicas *únicas y diferentes*", peinados propios de *social justice warriors*, tintes de pelo azules, verdes, morados, etc. *¡Con sus modas superficiales los púberes "de izquierda" no hacen más que llenar de dinero a los grandes hombres de negocio "de derecha"! ¡Los borregos anti-sistema no hacen más que engordar al sistema!*

Esto conecta con la cuestión de la "ideología de género". A este respecto hay que decir que entre los que, correctamente, se oponen a la misma hay

---

[225] Alguno pudiera pensar que la férrea asociación entre "delgadez" y "belleza" es un absoluto y que lo único que hace la publicidad es reflejar ello. Pero la verdad es que dicha asociación no es para nada absoluta. Basta con ver las pinturas de la época del Renacimiento para verificar cómo los "rollitos" o "gorditos" eran algo perfectamente consistente con la belleza femenina. Nuestras cadavéricas modelos puestas como estándar absoluto de belleza son en realidad un producto histórico muy concreto que la industria de la publicidad sabe fomentar y explotar muy bien.

también ideólogos simplistas que todo lo ven como un asunto de "marxismo cultural". Es la "malvada izquierda" la que *políticamente* desde el Estado quiere imponer la ideología de género. No se niega la existencia de tal nexo. Pero es extremadamente simplista reducir el problema solo al lado de la izquierda cuando no son solo los Estados sino también grandes empresas *privadas* y grandes agentes *privados* los que promocionan *económicamente* la ideología de género como parte de sus esquemas publicitarios de construcción de imaginarios. ¿Es que acaso nadie se da cuenta de que son *empresas capitalistas privadas* como Facebook, Google, Coca-Cola, Calvin Klein, Starbucks, Nike o Uber las que nos llenan de "banderitas de colores" o íconos alusivos al "orgullo" cierto mes del año?

La segunda forma mediante la cual la publicidad influye y condiciona la subjetividad del consumidor es la *influencia en el proceso de socialización*. Consumir se ha convertido poco a poco en un deber social, y el consumo es, quizá, el elemento más importante que permite al individuo identificarse, relacionarse e integrarse en el grupo social. Los *verdaderos* amigos beben tal cerveza, los chicos *cool* escuchan tal música, las chicas *in* visten tal ropa... He ahí la capacidad que tiene la publicidad para configurar los *habitus de clase,* es decir, aquellos relacionados con las "condiciones de existencia" y el conjunto de "condicionamientos comunes" entre los miembros de un mismo grupo[226]. Y no podría ser de otro modo. Para vender más y mejor en el presente entorno industrial no basta con fabricar productos en masa, *también es necesario fabricar consumidores en masa,* consumidores encuadrados en diversos "rebaños" con nuevas y más sofisticadas "necesidades" que cubrir[227].

Tomemos, por ejemplo, el caso de los teléfonos móviles. Aquí el punto fundamental es el de la *conectividad*. Estar conectado con el mundo, con la sociedad, con los amigos, con la familia... eso es lo más importante. ¿Y quien hace posible esa conexión? Pues el teléfono móvil. *Si no tienes teléfono móvil no existes.* ¿La consecuencia de ello? Que como no puedes arriesgarte a perder tu existencia, debes estar conectado al teléfono móvil todo el tiempo. "Tengo teléfono móvil, luego existo": esa es la enfermiza idea que sabe explotar muy bien la publicidad. Ahí tenemos, por ejemplo, el caso de Claro, marca peruana de teléfonos móviles, que en el 2010 lanzó una campaña de

---

[226] Cfr. Pierre Bourdieu, *Le Sens Pratique,* Ed. Minuit, París, 1980, p. 100.
[227] Cfr. María Victoria Reyzábal, *Publicidad: Manipulación o Información*, Ed. San Pablo, Madrid, 1996, p. 118-119.

paquetes para Smartphones con el eslogan "para vivir conectado"[228]. Suena como a que, cual enfermo en estado terminal, si te desconectas, dejas de vivir.

En ese contexto, la promoción de servicios de Internet y acceso a las "redes sociales" en los teléfonos móviles ha tomado una importancia capital. Facebook, Twitter, YouTube, WhatsApp, Instagram, Spotify y los que vendrán: todas esas redes sociales *tienen* que estar en nuestro teléfono móvil porque *casi la totalidad de nuestras relaciones sociales de dan a través de ellas*. La "red social" Facebook ha sabido capitalizar muy bien eso al punto que en el 2013, cuando uno entraba a su página principal, veía que esta empresa promocionaba su servicio de "Facebook móvil" utilizando frases tales como "¿Vas a salir? Sigue en contacto" o "Conecta con tus amigos más rápido, estés donde estés". ¿Y qué imagen acompañaba a esas frase? Obvio: la del teléfono móvil. Así que, ¡ay del que salga sin teléfono móvil (con conexión a Internet, por supuesto) a la calle, es casi tanto como salir desnudo! Ya no poseemos el teléfono móvil, *es el teléfono móvil el que nos posee a nosotros*. Y nos hemos vuelto adictos a él porque la sociedad y, por ende, el proceso de socialización ya no existe "allí afuera", sino que ahora prácticamente todo está dentro del móvil. *¡Los teléfonos móviles han secuestrado la realidad!* Así que usted ya no puede salir de la "Matrix" si es que quiere ser un ente social y no un cavernícola solitario: tiene que tener teléfono móvil *con todos los productos que ello implica*.

Si alguno piensa que esto es una exageración, baste con referirle lo que dice el artículo científico "La adición invisible" publicado en la revista académica *Journal of Behavioral Addictions*: "La adicción a los teléfonos celulares en la muestra total está en gran parte dominada por el deseo de conectarse socialmente. (…) En tanto la funcionalidad de los teléfonos celulares continúa expandiéndose, la adicción a esta aparentemente indispensable pieza de la tecnología se convierte en una posibilidad crecientemente realista"[229]. Otro estudio, publicado en el *Journal of Affective Disordes*, halla que la adicción al teléfono móvil es un problema relevante entre adolescentes y que los efectos "eran más fuertes en adolescentes con menor

---

[228] "Claro explica sus estrategias publicitarias realizadas en el 2010", www.filmsperu.pe, 5 de enero de 2011.
[229] James Roberts, Luc Honore Petnji and Chris Manolis, "The invisible addiction: Cell-phone activities and addiction among male and female college students", *Journal of Behavioral Addictions*, vol. 3, n° 4, 2014, p. 254.

capacidad para estar solos"[230].

De eso se trata: de evitar que estemos solos, que reflexionemos, ¡que pensemos! Lo mejor es tener consumidores que *no piensen* sino que *sean pensados* por el celular. Es la publicad, *omnipresente en las redes sociales*, la que les tiene que decir quiénes son y qué tienen que hacer. No la religión, ni la filosofía, ni los padres de familia. No. *Es la publicad la que les tiene que decir esto*. Para ello es absolutamente necesario que estén constantemente *pegados al celular* (sí, incluso mientras están en clase, en el trabajo, en la cena con la familia, en la cama con el cónyuge, jugando con los hijos, etc.). Parafraseando a Quevedo, podemos decir: *Érase una hombre pegado a un celular, era un celular superlativo*. Nos la pasamos en redes sociales viendo no tanto los videos que conscientemente hemos buscado sino en gran parte los que "el algoritmo" nos ha "sugerido". *¡Perdemos horas y horas de nuestras insustituibles vidas viendo tonterías que nos ha sugerido "el sistema"!* "Tú no buscaste este video, este video te buscó a ti": esa es la triste realidad que *demuestra* que *no somos consumidores soberanos sino serviles esclavos de lo que "nos ponen delante"*.

De hecho, el sistema publicitario es tan fuerte que hasta ha sabido aprovecharse del nicho de "intelectualoides" (psedo-intelectuales). Púberes o jóvenes que se creen los de "pensamiento independiente" en gran parte han formado "su" pensamiento no con lecturas profundas y amplias sino ¡con los videos que les ha "sugerido" el algoritmo de YouTube! Y no es lo intelectualmente sólido y profundo lo que se difunde sino el espectáculo *porque la "intelectualidad" misma ha devenido en espectáculo*.

Reflexionemos: ¿quiénes son los economistas, filósofos y politólogos (sean "de derecha" o "de izquierda") cuyos videos aparecen más veces sugeridos por el algoritmo de YouTube? No los que de verdad tienen un *trabajo académico serio* sino principalmente charlatanes que se hacen famosos no tanto por el *fondo* de sus ideas sino por la *forma* en que las expresan. Y no se entienda aquí por ello "elegancia" ¡sino todo lo contrario! Recuédese: estamos en la sociedad del espectáculo. Los "intelectuales" que se expresan con lisuras, gritos destemplados, burlas, son los que obtienen más espacio.

---

[230] Shuai-Len Lian, Xiao-Jun Sun, Geng-Feng Niu, Xiu-Juan Yang, Zong-Kui and Chen Yang, "Mobile phone addiction and psychological distress among Chinese adolescents: The mediating role of rumination and moderating role of the capacity to be alone", *Journal of Affective Disordes*, vol. 279, 2021, p. 701.

Y hasta los llaman a la televisión porque *todo* es parte del *show*. Como dice no un payaso sino *un verdadero intelectual* como Pierre Boudieu: "La televisión privilegia a cierto número de 'pensadores rápidos' que proponen 'comida rápida' cultural, alimento cultural pre-digerido, pre-pensado"[231]. La gente no quiere alimento sólido, *quiere comida chatarra*. Así, se pone a "intelectuales" a debatir contra periodistas de cara bonita *y cabeza vacía* y como las "destrozan" en los debates, se los tiene por "grandes debatientes". La gente no académica los considera como grandes académicos, *pero en el mundo académico ni se los tiene en cuenta (o hasta se los ve con vergüenza ajena)*.

Estamos asistiendo a la muerte de la cultura en tanto intelectualidad. Como decía Vargas Llosa en *La Civilización del Espectáculo*: "La cultura, en el sentido que tradicionalmente se ha dado a este vocablo, está en nuestro días a punto de desaparecer. Y acaso haya desaparecido ya, discretamente vaciada de su contenido"[232]. Ya lo profetizaba también décadas antes T. S. Eliot: "No veo razón alguna por la cual la decadencia de la cultura no pueda continuar y no podamos anticipar un tiempo, de alguna duración, del que se pueda decir que carece de cultura"[233]. La publicidad se ha tragado a la cultura.

Finalmente, la tercera forma por medio de la cual la publicidad condiciona la subjetividad del consumidor es la *influencia en el proceso de individuación*. No se trata aquí de *habitus de clase* sino más bien de *habitus individuales*. En ese contexto son pertinentes las palabras del filósofo y sociólogo francés Gilles Lipovetsky, quien dice que "la publicidad debe ser vista como un agente que activa la búsqueda de la personalidad y autonomía de los particulares. Más allá de las manifestaciones reales de homogeneización social y paralelamente a la promoción de los objetos y de la información, la publicidad se esfuerza por acentuar el principio de individualidad"[234].

"Dime qué compras y te diré quien eres": he ahí la máxima no siempre implícita de la publicidad. Lo único que importa es la realización personal y la realización personal se logra a través del consumo. Conclusión: lo único

---

[231] Pierre Bourdieu, *Sobre la Televisión*, Ed. Anagrama, Barcelona, 1997, p. 40.
[232] Mario Vargas Llosa, *La Civilización del Espectáculo*, Ed. Alfaguara, Lima, 2012, p. 13.
[233] T. S. Eliot, *Notes Towards the Definition of Culture*, Ed. Faber and Faber, London, 1962, p. 19.
[234] Gilles Lipovetsky, *El Imperio de lo Efímero: La Moda y su Destino en las Sociedades Modernas*, Ed. Anagrama, Barcelona, 2004, p. 224.

importante es el consumo. Pero un consumo *específico*: de *tal* o *cual* producto y de *tal* o *cual* marca. La publicidad te dice 'Sé tú mismo' ¡e *inmediatamente* luego te dice *cómo* tienes que ser "tú mismo"! En ese sentido, de acuerdo con el sistema publicitario, "lo que se opone al bienestar, a la felicidad, a la autorrealización es invariablemente el no utilizar la marca de detergente adecuada, la marca de bebida adecuada, la marca de automóvil adecuada"[235].

A su vez, la apelación a la vanidad, el hedonismo y el individualismo se ha convertido en una constante. *La publicidad actual ha devenido en narcisista por excelencia*. El *imperativo categórico* propio de la ética kantiana ha sido reemplazado por, en palabras de Lipovetsky, "el *imperativo narcisista* glorificado sin cesar por la cultura higiénica y deportiva, estética y dietética"[236]. Así, "la sociedad de consumo, por medio del hedonismo, ha multiplicado los modelos de vida y las referencias (…) creando una especie de sociedad a la carta donde los individuos construyen sus modos de vida"[237].

De ahí que mensajes tales como "¿Por qué negarse a uno mismo?", "Te mereces un descanso", "Porque tú lo vales", o "Especialistas en ti" se hayan vuelto tan comunes. Claudio Bravo, consultor de la agencia Infopress y socio fundador de la red social de los profesionales de la comunicación BitsPR, lo expresa sin ambages: "El nuevo consumidor consume valores, es decir, estatus, belleza, elegancia, sofisticación, independencia, que son los que marcan las diferencias (inclusive de precio) en muchos productos y servicios. *Todo va encaminado a la búsqueda de uno mismo, a la autorrealización individual*"[238].

Pero no sólo está la *promesa* de la satisfacción. También está la *amenaza* de la insatisfacción. La publicidad tiene que crear insatisfacción en el consumidor

---

[235] Raúl Eguizábal Maza, "De la publicidad como actividad de producción simbólica", en: María Isabel Martín Requero y María Cruz Alvarado López eds., *Nuevas Tendencias en la Publicidad del Siglo XXI*, Ed. Comunicación Social, Sevilla, 2007, p. 23.
[236] Gilles Lipovetsky, *El Crepúsculo del Deber*, Ed. Anagrama, Barcelona, 1994, p. 55.
[237] Gilles Lipovetsky, "¿Alta cultura y cultura de masas?", diálogo con Mario Vargas Llosa en el Instituto Cervantes, Madrid, 25 de abril de 2012.
[238] Citado por: Carolina López Álvarez, "La nueva era del consumidor", *Profesiones*, n° 117, 2009, p. 12.

para cumplir su propósito. Cuanto más pobre, feo, tonto, gordo o sexualmente insatisfecho le haga sentir, mejor cumplirá su cometido porque más necesidad le generará de adquirir el producto que mágicamente solucionará su problema. Se crea insatisfacción para vender satisfacción; se hace la herida para vender la cura. El consumidor se ve casi inevitablemente atrapado en la polaridad éxito-fracaso que le vende la publicidad. Comprar es la vía automática para no ser un *loser* (perdedor). Como decía Lamberto Pignotti, "si no aceptas el código estético y moral del régimen consumista eres un fracasado y un derrotado y todo el mundo te señala con el dedo; ese es el chantaje de la publicidad"[239]. *Comprar o no comprar: he ahí la cuestión*.

En conclusión, es evidente que "la publicidad constituye el instrumento privilegiado para *adaptar la demanda* de bienes de consumo *a las condiciones y exigencias del sistema productivo*"[240], es decir, aquellas que le imponen los imperativos económicos. De esto se desprende que resulta equivocado el considerar a la publicidad como una actividad meramente "informativa" cuando la abrumadora evidencia nos muestra que es una actividad *fundamentalmente persuasiva* (¿o acaso las chicas que aparecen semidesnudas en los comerciales de cerveza son elementos informativos sobre la calidad y características del producto?).

La gestión de marcas

"¡Cread marcas! ¡¡Cread marcas!! ¡¡¡Cread marcas!!! Ese es el mensaje", recomendaba Tom Peters, "gurú" de la administración de empresas, a los empresarios[241]. Y no le faltaba razón. La *gestión de marcas* se ha convertido en uno de los medios de producción de necesidades más importantes en la actualidad.

Son varios los mecanismos por medio de los cuales la gestión de marcas influye en la subjetividad y decisiones del consumidor.

El primero de ellos es el que aquí llamaremos *autoconstitución trascendente de la marca*. En virtud de este mecanismo la marca se independizada en cierto

---

[239] Lamberto Pignotti, *La Super-Nada: Ideología y Lenguaje de la Publicidad*, Ed. Fernando Torres, Valencia, 1976, p. 26.
[240] Pilar Sanagustín, Joaquín López y Francisco Rocha., *El Sueño Consumista*, Ed. Junta de Andalucía, Sevilla, 1991, p. 49.
[241] Tom Peters, *The Circle of Innovation*, Ed. Alfred A. Knopf, Nueva York, 1997, p. 377.

modo del producto y comienza a tener "vida propia". Ya no es el producto el que da prestigio a la marca sino que es más bien la marca la que da prestigio al producto. La marca, efectivamente, *marca* a los productos. El *objeto real* es reemplazado por la *imagen ideal*. Como dice Bourdieu, la marca "cambia no la naturaleza material del objeto, sino su naturaleza social. (...) Lo que está en juego no es la rareza del producto, sino la rareza del productor"[242].

De este modo, como decía Eguizábal, "*el poder de las marcas es el poder mágico de la imagen*. Esto puede sonar quizá muy irracional, muy esotérico, pero todos los días estamos comprobando cómo *el consumidor está dispuesto a hacer un esfuerzo notable por conseguir los codiciados símbolos pegados a las prendas de vestir y a los objetos de consumo, cómo confía en sus marcas,* cómo queda deslumbrado ante los nuevos modelos que las grandes firmas están poniendo año tras año en el mercado. (...) *Las marcas son los amuletos de la sociedad postindustrial,* los símbolos alrededor de los cuales se agrupan cientos de miles de personas en todo el mundo"[243].

El hombre es necesariamente un animal religioso: *tiene que adorar a algo*. Si no adora a Dios, adorará a cualquier otra cosa, no de modo explícito pero sí muy real. He ahí que las marcas se convierten en "amuletos": tienen el poder de generar cosas más allá de la mera materialidad de los productos pues llegan a dar prestigio, sentido de pertenencia y hasta identidad. Como apunta Fromm: "*Bebemos etiquetas.* Con una botella de Coca-Cola bebemos el dibujo de las bellas jóvenes que la beben en el anuncio, bebemos la consigna de 'la pausa que refresca', bebemos la gran costumbre norteamericana. *Con lo que menos bebemos es con el paladar.* (...) *Consumir es esencialmente satisfacer fantasías artificialmente estimuladas, una creación de la fantasía ajena a nuestro ser real y concreto*"[244].

Hemos pasado del "fetichismo de la mercancía" al "fetichismo de la marca". De este modo, podemos aplicar perfectamente e incluso con más propiedad

---

[242] Pierre Bourdieu, *Sociología y Cultura*, Editorial Grijalbo, México, 1990, p. 175.
[243] Raúl Eguizábal Maza, "De la Publicidad como Actividad de Producción Simbólica", en: María Isabel Martín Requero y María Cruz Alvarado López eds., *Nuevas tendencias en la publicidad del siglo XXI*, Ed. Comunicación Social, Sevilla, 2007, p. 19.
[244] Erich Fromm, *Psicoanálisis de la Sociedad Contemporánea*, Fondo de Cultura Económica, México, 1956, p. 115.

a la marca aquello que habría dicho Marx de las mercancías en el sentido de que si bien "a primera vista parece ser una cosa trivial, de comprensión inmediata", se convierte ahora en "un objeto endemoniado, rico en sutilezas metafísicas y hasta reticencias teológicas"[245].

El segundo mecanismo por medio del cual la gestión de marcas influye en la subjetividad y decisiones del consumidor es la *apropiación asociativa*. Aquí la clave es lograr que la marca sea fuertemente asociada en la mente del consumidor a algún otro elemento con connotaciones tales que permita incrementar las ventas. Así, la marca "se apropia" de una cosa distinta a sí misma. En específico, esta apropiación se da en tres niveles.

El primero es el de *apropiación asociativa de valores*. En este caso se asocia la marca a determinados valores que son bien vistos por el consumidor (o al menos el nicho de consumidores al que se quiere llegar). De este modo, Coca Cola no es simplemente una bebida, es "la bebida de la felicidad"; Nike no es simplemente un fabricante de calzado deportivo, es "la definición misma del deporte"[246].

En un segundo nivel está la *apropiación asociativa de personajes*. Una caso sumamente llamativo a este respecto es el de Nike y el jugador de baloncesto Michael Jordan. Es conocida la escena de Jordan volando por los aires con un movimiento en suspenso en el comercial televisivo de 1985. La tecnología de las zapatillas deportivas había creado un ser superior. "Lo que Nike ha hecho conmigo es convertirme en sueño", declaraba Jordan[247]. Otro ejemplo conocido es el de Pepsi y Britney Spears. Pero hay un caso que es definitivamente el más poderoso de todos: *la creación de Papá Noel*. No hablamos aquí de Nicolás de Bari, santo obispo del siglo IV canonizado por la Iglesia Católica, sino del tipo gordo vestido de rojo *creado para robarle la Navidad a Jesús y reemplazarlo por el consumismo*.

¿Quién creó a ese monstruo devorador de la Navidad *cristiana*? Coca-Cola. Como nos informa Castro Soto en "Coca-Cola: La historia negra de las aguas negras": "El reinvento de Santa Claus fue gracias a Haddom Sundblom, de origen sueco, quien durante muchos años fue ilustrador de Coca-Cola,

---

[245] Karl Marx, *El Capital*, 1867, Tomo I, Sec. I, cap. I.
[246] Naomi Klein, *No Logo: El Poder de las Marcas*, Ed. Paidós, Barcelona, 2001, p. 69.
[247] Cfr. Donald Katz, *Just Do It: The Nike Spirit in the Corporate World*, Ed. Adams Media Corporation, Holbrook, 1994, p. 8

aunque no le gustaba el refresco. A Sundblom se le ocurrió representar al personaje como un abuelo jovial y simpático, con una gran barba, bonachón y gordinflón, feliz, y vestido con un cinturón, gorrito y sus botas negras. *Y algo esencial: con los colores de la marca Coca-Cola. Desde entonces todos nos la tragamos.* Cualquier chico espera que Santa Claus baje por la chimenea de su casa, si la tiene porque si no se lo imagina, para que le deje unos regalos. *Desde décadas atrás ha sido difícil para muchos sectores de la sociedad concebir la Navidad sin este personaje y la Coca-Cola.* Los niños ricos o pobres, del norte o del sur, católicos o evangélicos, se pueden tomar una fotografía sentados en las piernas del Santa Claus que circula por las calles de Nueva York o frente al pinito de Navidad de Coca-Cola que la empresa instala frente a la Catedral de San Cristóbal de Las Casas, en Chiapas, *donde también la empresa pone un nacimiento del Niño Jesús con su estrella Coca-Cola sin que el obispo pueda hacer nada"*[248].

En un tercer nivel está la *apropiación asociativa de experiencias*. Aquí se asocia la marca a un determinado tipo de experiencia positiva para que ello se aplique también al producto en la mente del consumidor (ello no tiene por qué ser necesariamente un proceso consciente como veremos al tratar sobre el neuromarketing). No hay mejor ejemplo que el de Starbucks. Como bien explicaba su presidente Howard Schultz, la gente no va los establecimientos de Starbucks por café sino que acude "por el romanticismo de la experiencia, por el sentimiento de calidez y de comunidad que se percibe"[249]. El café de Starbucks, considerado en sí mismo, no tiene nada de extraordinario y, de hecho, es muy poca cosa en relación al precio que se suele pagar por él. ¿Por qué la gente paga un precio tan alto, entonces? Por una razón muy sencilla: porque en el fondo no van a tomar café sino a vivir una especie de experiencia "mágica". Pagan por la experiencia, no por el café. *El café es solo una excusa*: he ahí la clave del éxito de Starbucks.

El tercer mecanismo que utiliza la gestión de marcas para producir necesidades es el de *autoconstitución como referente de identificación y estratificación social*. La marca es sinónimo de distinción social y prestigio. El caso más emblemático es, evidentemente, el de los relojes Rolex. Portar un reloj Rolex es una clara muestra de estar en lo más alto de la escala social. A un nivel más extendido tenemos el caso de las marcas de ropa. Calvin Klein,

---

[248] Gustavo Castro Soto, "Coca-Cola: La historia negra de las aguas negras", *Chiapas al Día*, 30 de octubre del 2003.
[249] Howard Schultz, *Pour Your Heart into It*, Ed. Hyperion, New York, 1997, p. 5

Lacoste, Ralph Lauren, Esprit y Armani pasaron de ser una simple afectación ostentosa a convertirse en elementos *esenciales* de las prendas que los llevan al punto de reducir a estas a la simple categoría de portadoras de la marca. Así, por ejemplo, para el caso de Lacoste, podría decirse que el cocodrilo *ideal* se ha tragado a la camisa *real*. *Las marcas son voraces*. De este modo, se cumple también en gran parte para la ropa lo que se cumplía para el café de Starbucks: *el producto no es más que una excusa para ostentar la marca*.

Tener un determinado tipo de ropa con determinada marca no es solo el mero acto individual de vestirse sino que constituye parte de la estrategia y norma de posicionamiento social. Apunta Nannini: "El prestigio que tendrá una persona cualquiera que lleva una prenda o accesorio de ese diseñador o de cierta marca estará derivado de la posición que tiene ese diseñador o marca en el espacio social de la moda. De esta manera, la marca, además de dar cuenta del origen de una prenda, manifiesta la posición social de quien la lleva, que se apropia de ella para mostrar algo de sí mismo. En este sentido la marca distingue al consumidor, lo diferencia de otros y lo une o identifica con un grupo social. Se denota con ello lo que se quiere aparentar y con quién se identifica o de quién se intenta diferenciar"[250].

Por tanto, la marcas han llegado para quedarse. Ya no pueden existir los bienes anónimos. De seguro que en el siglo XIX se podía conseguir fácilmente un jabón o un zapato sin marca. ¡Pero hoy en día es un verdadero reto conseguirlos así (sin marca)! Y es que en nuestra sociedad de hiperconsumo las empresas se han dado claramente cuenta del tremendo poder de las marcas. De hecho, se generan *hipermarcas* de alcance global con toda una serie de productos y eslóganes que simplemente se adecúan en ciertos aspectos a las particularidades locales.

Si hay un agente determinante en el proceso de *homogenización cultural* al que asistimos en nuestro contexto de "globalización" definitivamente es la marca. Los países pueden tener regímenes políticos, religiosos y sociales muy diferentes, pero en prácticamente todos ellos hay McDonald's y Coca Cola, con todo el conjunto de estilos y hábitos de consumo que se dan en torno a sus productos. No se difunde la tecnología, no se difunde el conocimiento, no se difunden los recursos médicos… pero las marcas sí que llegan a *todo* el mundo. Si alguno cree que esta es una exageración hay que

---

[250] Victoria Nannini, *Moda, Comunicación y Poder: ¿Qué vestimos, por qué y qué queremos decir con eso?*, Universidad Nacional de Rosario, Rosario, 2016, p. 16.

decir que sí; pero, de nuevo, no una exageración de este autor, sino de la realidad. Resulta que *¡hay sitios dónde prácticamente no llega agua potable pero sí llega Coca-Cola!* Reportan López y Jacobs: "El agua potable es cada vez más escasa en San Cristóbal de las Casas, una pintoresca ciudad montañosa en el estado de Chiapas, en el sureste de México, donde algunos vecindarios tiene agua corriente solo unas cuantas veces a la semana. (...) En consecuencia, mucho habitantes se hidratan con Coca-Cola"[251]. Y si algún liberal económico está pensando "¡Oh, qué bueno que llegue esa empresa!", debemos agregar este dato: *en esa localidad también se han venido multiplicando los casos de diabetes.*

El mundo es absorbido cada vez más en un consumismo con nombre y apellido, es decir, con marcas. O, como se diría parafraseando a la filosofía zen, *las marcas son el Uno, las marcas son el Todo.*

La gestión de modas

El tercero de los medios de producción de necesidades es la *gestión de modas*. Podemos definir a la moda como un mecanismo regulador de elecciones realizadas en función de criterios subjetivos asociados a lo que socialmente se considera como "de buen gusto". La gestión de modas será, entonces, una técnica por medio de la cual la empresa buscará primero condicionar -o incluso *generar*- los criterios sociales subjetivos sobre el "buen gusto" y luego orientar la dinámica mercantil que de ello se derive en función de su beneficio.

Son tres las principales formas de la gestión de modas: la obsolescencia artificial, la asociación con nichos de mercado específicos y la "socialización hacia abajo".

Respecto de la *obsolescencia artificial*, en este punto nos centramos más en la artificialidad del consumo que en las exigencias de la producción, lo cual ya se discutió al tratar el imperativo tecnótico. Pues bien, ya a finales del siglo XIX el economista institucionalista Thorstein Veblen, refiriéndose al "vestido como expresión de la cultura pecuniaria", escribía: "Que la supuesta belleza -o "lo encantador"- de los estilos en boga, en cualquier momento dado, no es sino transitoria y espuria se pone de manifiesto por el

---

[251] Óscar López y Andrew Jacobs, "En una ciudad con poca agua, la Coca-Cola y la diabetes se multiplican", *The New York Times*, 16 de julio de 2018.

hecho de que *ninguna de las múltiples y cambiantes modas resiste la prueba del tiempo*. Contemplada con la perspectiva de media docena de años o más, la mejor de nuestras modas nos sorprende... por lo desagradable. *Nuestra afección transitoria por cualquier cosa que sea el último grito de la moda se basa en fundamentos de carácter no estético y dura solo hasta que el sentido estético permanente puede reafirmarse y repudiar ese último artificio imposible de tolerar*"[252].

Lo viejo es reemplazado por lo nuevo no porque ya no sirva o no sea útil sino simple y llanamente *porque no está a la moda*. Se asume a lo nuevo como *siempre* y *necesariamente* mejor que lo anterior (de allí que no haya palabra más usada en el mundo de la moda que el adjetivo "nuevo"). Estamos en la "cultura de la inmediatez".

"Usar y tirar": ese es el paradigma actual. Nada es eterno. Todo es reemplazable por algo nuevo y mejor. El "último grito" de la moda de ayer es el "mal gusto" de hoy y el producto hecho con tecnología de punta el mes pasado es ahora una "chatarra". De este modo, "los productos son desechados por su función, pues otros nuevos aparecen en el mercado y cumplen esa misma función de forma más rentable, más fácil, más rápida; o por su calidad, *que no siempre es mejor pero sí al menos más actual*"[253]. Esto último es lo que más importa: que el producto sea novedoso, no tanto que sea óptimo. De este modo, como apunta el sociólogo alemán Georg Simmel, padre del interaccionismo simbólico, "la arbitrariedad con que la moda impone algunas veces lo útil, en otras lo absurdo y en algunas otras lo práctico y estéticamente indiferente, indica su desvinculación con las normas prácticas de la vida"[254].

Primero la ropa femenina, después la masculina, el mundo de los coches, los productos para el hogar, la pintura de las paredes, las tapicerías, las alfombras, los muebles y electrodomésticos, y finalmente, toda clase de

---

[252] Thorstein Veblen, *Teoría de la clase ociosa*, Fondo de Cultura Económica, México, 1944, p. 157.
[253] María Isabel Martín Requero, "Creatividad publicitaria y nuevas tendencias de consumo", en: María Isabel Martín Requero y María Cruz Alvarado López ed., *Nuevas tendencias en la publicidad del siglo XXI*, Ed. Comunicación Social, Sevilla, 2007, p. 112.
[254] Citado por: Victoria Nannini, *Moda, Comunicación y Poder: ¿Qué vestimos, por qué y qué queremos decir con eso?*, Universidad Nacional de Rosario, Rosario, 2016, p. 13.

artilugios: nada queda fuera de la dinámica de la obsolescencia artificial. Lo importante es generar insatisfacción en el consumidor. No puede, *no debe*, estar satisfecho por mucho tiempo con el producto que ha adquirido. De lo contrario no comprará el nuevo. *Porque un consumidor satisfecho es un consumidor que no compra y eso es lo último que querría la empresa.* No se quiere al hombre racional sino al hombre que continuamente se deje llevar por el impulso irracional. Como apunta Fromm: "Hoy está fascinado el hombre por la posibilidad de comprar más cosas, mejores *y, sobre todo, nuevas*. Está hambriento de consumo. *El acto de comprar y consumir se ha convertido en una finalidad compulsiva e irracional,* porque es un fin en sí mismo, con poca relación con el uso o el placer de las cosas compradas y consumidas. *Comprar la última cosa, el último modelo de cualquier cosa que salga al mercado, es el sueño de todo el mundo,* al lado del cual es completamente secundario el placer real de usarla"[255].

Pasemos ahora a examinar la segunda modalidad: la *asociación con nichos de mercado específicos*. Se trata de generar modas específicas para grupos específicos de tal modo que estos últimos puedan identificarse y distinguirse *en* y *por medio de* las primeras. El caso más conocido es el de las élites adineradas. Sin embargo, en los últimos años ha surgido un nicho de mercado aun más rentable y dinámico: los adolescentes. Y es que, como decía Naomi Klein, ya no es la época de vender productos a las amas de casa "sino de lanzar MTV, Nike, Hilfiger, Microsoft, Netscape y Wired a los adolescentes de todo el mundo y a sus imitadores. Sus padres podían haber cuidado su dinero, pero los hijos estaban dispuestos a pagar para ser aceptados"[256]. En efecto, aquí la mayor parte del trabajo la hace la "presión de grupo", producto a su vez de la "presión de la publicidad". En todos los colegios la pregunta "¿Soy *cool*?" se convirtió en la más importante y absorbente del momento. No tardaron las empresas en apropiárselo, ponerle marca, empaquetarlo y venderlo. Decía Phil Spur, director de marketing de Pepe Jeans: "Es necesario que (los jóvenes *cool*) miren tus jeans y tu imagen de marca y digan 'Eso es *cool*' (...). Por el momento, nos aseguramos de que los Pepe aparezcan en los sitios adecuados y que los vea la gente adecuada"[257].

---

[255] Erich Fromm, *Psicoanálisis de la Sociedad Contemporánea*, Fondo de Cultura Económica, México, 1956, p. 116.
[256] Naomi Klein, *No Logo: El Poder de las Marcas*, Ed. Paidós, Barcelona, 2001, p. 87.
[257] Citado por: Naomi Klein, *No Logo: El Poder de las Marcas*, Ed. Paidós, Barcelona, 2001, p. 89.

El punto en esta modalidad es aprovechar las *externalidades positivas de red* o *efecto vagón*. Si quien es considerado *cool* está a la moda con un determinado producto todos querrán seguirlo (o al menos no quedarse atrás). Como dijo la minorista de la vestimenta Elise Decoteau sobre sus jóvenes clientes: "Se mueven en manada. Si le vendes a uno, les venderás a todos los de su clase y a todo su colegio"[258]. En efecto, como apunta Simmel, la moda "conduce al individuo por la vía que todos llevan y crea un módulo general que reduce la conducta de cada uno a mero ejemplo de una regla"[259]. Nannini concurre: "Al imitar, el individuo siente cierto apoyo, se siente contenido en su actuar, muchos usan lo mismo y eso los hace sentir parte del grupo con el que comparten el mismo estilo de vestir, prendas similares o marcas parecidas"[260].

Ahora bien, esto tiene que hacerse de modo tal que no se elimine la *ilusión de individualidad*, también esencial para la moda. Así, como explica Simmel, si bien la moda constituye "la imitación de un modelo dado y (…) la necesidad de apoyarse en un determinado grupo (…), no menos satisface la necesidad de distinguirse, la tendencia a la diferenciación, a cambiar y destacarse"[261]. Lo importante es hacer creer a las personas que son independientes en sus decisiones, que son consumidores soberanos; *porque ser consumidores soberanos también es cool*. De ahí que, al ofrecer consejos sobre cómo vender productos a muchachas adolescentes, la periodista Nina Munk escriba que "es necesario *fingir* que ellas lo deciden todo (…). Que aún no te han descubierto. *Que son ellas quienes gobiernan*"[262]. ¡Ahí lo tienen!: por un lado, los economistas liberales creyendo ingenuamente en la sobernaía del consumidor y, por otro, los grandes expertos del mundo empresarial real negándola cínicamente. Así, los economistas liberales han caído en la misma mentira que las adolescentes despitadas que se creen "soberanas", "únicas y diferentes".

La tercera modalidad de la gestión de modas es la *socialización hacia abajo*. Consiste fundamentalmente en extender una moda inicialmente centrada en una élite a la totalidad de la sociedad. Se "democratiza" el lujo y el derroche.

---

[258] *Greater Baton Rouge Business Report*, 28 de junio de 1994, p. 30.
[259] Georg Simmel, *Cultura Femenina*, Revista de Occidente, Madrid, 1934, p. 144.
[260] Victoria Nannini, *Moda, Comunicación y Poder: ¿Qué vestimos, por qué y qué queremos decir con eso?*, Universidad Nacional de Rosario, Rosario, 2016, p. 13.
[261] Georg Simmel, *Filosofía de la Moda*, Ed. Casimiro, Madrid, 2014, p. 35.
[262] Nina Munk, "Girl power", *Fortune*, 8 de diciembre de 1997, p. 137.

El "consumo ostensible" y la "emulación pecuniaria" de los que tanto nos hablaba Veblen dejan de ser un asunto de "ociosas" élites adineradas y comienzan a penetrar en las conductas y hábitos de consumo de las clases populares y trabajadoras al punto de que las personas comunes extreman esfuerzos y hasta agotan presupuestos en adquisiciones con características que no corresponden a sus posibilidades de pago. De este modo, "las personas sufren un grado considerable de privaciones de las comodidades o de las cosas necesarias para la vida, con objeto de poderse permitir lo que se considera como una cantidad decorosa de consumo derrochador"[263]. Razón tenía Ortega y Gasset cuando decía: "Para el ser humano lo superfluo es necesario"[264].

De este modo "se ha producido la incorporación de la clase proletaria a la ceremonia del consumo"[265], y la gestión de modas es la encargada de la liturgia. Ahora *todo* el mundo *tiene* que tener un *buen* teléfono celular. *Todo* el mundo tiene que comer en "buenos sitios" para subir las fotos a su Facebook, Instagram o demás redes sociales. Hasta las personas de más abajo en la escala socio-económica tratan de subir hasta lo más arriba que pueden de la escala de la moda, aunque sea de forma transitoria. Y si sus ingresos no se lo permiten... ¡todavía puede endeudarse! Así, "nuestro papel parece limitarse a pedir créditos y comprar cosas que no necesitamos"[266].

Curiosamente, el mundo de la moda ha establecido una verdadera lucha de clases. Pero no una *real* y *violenta*, como planteaba Marx, sino una *simbólica* y *banal*. Por norma general, las modas comienzan en las clases altas, se difunden a las clases medias y finalmente llegan a las bajas. Hasta ahí parece un proceso de difusión armonioso. ¡Pero no! ¡Hay lucha! Lucha simbólica. La moda es para *distinguirse* y si los de la clase media comienzan a vestir lo

---

[263] Thorstein Veblen, *Teoría de la Clase Ociosa*, Fondo de Cultura Económica, México, 1944, pp. 148-149.
[264] Citado por: María Isabel Martín Requero, "Creatividad publicitaria y nuevas tendencias de consumo", en: María Isabel Martín Requero y María Cruz Alvarado López ed., *Nuevas Tendencias en la Publicidad del Siglo XXI*, Ed. Comunicación Social, Sevilla, 2007, p. 133
[265] Raúl Eguizábal Maza, "De la publicidad como actividad de producción simbólica", en: María Isabel Martín Requero y María Cruz Alvarado López ed., *Nuevas Tendencias en la Publicidad del Siglo XXI*, Ed. Comunicación Social, Sevilla, 2007, p. 20
[266] *Comprar, Tirar, Comprar*, documental dirigido por Cosima Dannoritzer, 2011.

mismo que los de clase alta, los de clase alta tienen que realizar un acto revolucionario de cambiar de moda. Igualmente, si los de clase baja comienzan a vestir lo mismo que los de clase media, los de clase media tienen que realizar el mismo acto revolucionario, pues no puede estar al mismo nivel que "esa gentuza". Como dice Nannini: "La moda es la última moda, *y pierde su carácter distintivo cuando esta es divulgada*. En esa *lucha interminable* la clase que posee una determinada distinción a partir de sus gustos la abandona cuando la otra clase la alcanza y así se busca una nueva moda"[267]. El que sale perdiendo en esta lucha es el planeta: ¡qué enorme cantidad de desperdicios genera la vanidad de la moda! El sistema está endemoniado. Bien cierto es que *el diablo viste a la moda*.

El marketing

El cuarto y último de los medios de producción de necesidades que aquí consideraremos es el *marketing*. Podemos definir al marketing como un conjunto de técnicas utilizadas por las empresas en la gestión comercial con el fin de captar, retener y fidelizar a los consumidores. En esto no hay que perder de vista la enorme diferencia no solo *cuantitativa* sino sobre todo *cualitativa* de lo que significa el marketing en nuestra sociedad actual. En 1958 el gran economista institucionalista John Kenneth Galbraith publicaba su libro *La Sociedad Opulenta* en que veía ya con preocupación cómo los medios de comunicación constituían poderosos instrumentos para manipular al consumidor. ¡Y en esa época no había Internet ni teléfonos celulares ni redes sociales! De hecho, gran parte de la población ni siquiera tenía televisión, solo tenía radio. ¿Qué pensaría Galbraith si viera el poder de los medios de comunicación hoy en día y la enorme (y nada inocente) influencia que ejercen sobre los consumidores? De seguro se desmaya. Y con toda razón. Profundicemos para entender.

Se distinguen principalmente tres mecanismos por medio de los cuales el marketing influye de modo directo en la subjetividad y decisiones de compra del consumidor.

El primero de ellos es el de *ubicuidad creativa*. En términos de *ubicuidad*, el marketing se asocia directamente con el producto o marca que desea promocionar y busca hacerlo presente en todos los lugares, medios y

---

[267] Victoria Nannini, *Moda, Comunicación y Poder: ¿Qué vestimos, por qué y qué queremos decir con eso?*, Universidad Nacional de Rosario, Rosario, 2016, p. 16.

situaciones posibles. "Comparar el marketing de antes con el de hoy es como comparar un rifle de aire con una bomba. No es el mismo de cuando los adultos jóvenes de hoy eran niños. Es mucho más sofisticado y mucho más ubicuo": esto se dijo en un documental de 2003[268]. ¡Con cuánta más razón podría decirse del marketing de hoy! El marketing está en todas partes. En nuestra sociedad Dios ya no es omnipresente, ¡el marketing es omnipresente! Dios ha quedado relegado a las iglesias y espacios privados. *Quien se ha posesionado de los espacios públicos no es el público, sino los grandes agentes privados con su contaminación visual de etiquetas, mensajes y marcas.*

Ahora bien, no basta la *ubicuidad*. Esta tiene que ser *creativa*. Se requiere captar la atención del consumidor por sobre otros productos o marcas y, en un entorno *sobresaturado* de información promocional, las empresas deben gritar más fuerte que nunca si es que quieren que su voz se oiga por encima de las otras. Es una lucha de *todos contra todos*. De ahí que los ejecutivos de Nike hayan dicho que "en el futuro su competidor será Disney y no Reebok"[269]. Pero en toda lucha son necesarias las armas y aquí la principal arma es la creatividad. "Los consumidores son como las cucarachas: los rocías una y otra vez hasta que con el tiempo se vuelven inmunes", decía David Lubars, alto ejecutivo del Grupo Omnicon[270]. La estrategia pasa entonces por que los agentes de marketing generen nuevos y cada vez más potentes "insecticidas", insecticidas de potencia industrial.

Es de esta irracional y destructiva "lógica" que nacen varias de las sofisticaciones más insólitas del marketing llegándose incluso a extremos tales como etiquetas que promueven las comedias televisivas de la cadena ABC adheridas en frutas, lavabos públicos con anuncios de la marca de ropa Levi's, entradas de concierto con pegatinas perfumadas de Calvin Klein, anuncios de películas proyectados en la acera o el cielo nocturno y hasta empleados de Nike con el logo de la empresa tatuado en las pantorrillas[271]. Y eso por no hablar del caso de la empresa Mattel que pintó toda una calle de Salford (Inglaterra) con el color rosa de las Barbies: las casas, los porches,

---

[268] *The Corporation*, documental dirigido por Mark Archbar, Jennifer Abbott y Joel Bakan, 2003.
[269] "Armchair Adventures", *Globe and Mail*, January 11, 1999.
[270] Citado por: Yumiko Ono, "Marketers seek the 'naked' truth in consumer psyches", *Wall Street Journal*, May 30, 1997.
[271] Cfr. Naomi Klein, *No Logo: El Poder de las Marcas*, Ed. Paidós, Barcelona, 2001, pp. 76, 27-28.

los árboles, las aceras, los perros y los coches eran accesorios de las celebraciones televisivas del Mes de la Muñeca Barbie Rosa[272].

¿Y qué hay de nuestro teléfonos móviles a los que estamos literalmente *pegados* todo el día? No se puede decir que el marketing nos "llueve" en ellos. ¡Ya estamos inundados! Cuando "navegamos" por la web, por nuestro Facebook, YouTube, y demás redes sociales, navegamos en medio de un "mar": el "mar-keting". Y entre tanto nadar y nadar *¡es prácticamente imposible que no traguemos agua!* Ahora bien, esa agua no es agua potable, tragamos agua llena de desperdicios que el marketing publicita como la "octava maravilla" del mundo... del mundo del consumismo.

¿No quiere escuchar a este autor porque le suena demasiado crítico del capitalismo y el consumo? Bueno, entonces al menos escuche no una opositora al capitalismo consumista sino a una agente del mismo: Hannah Guerrero Rivera, experta en marketing en redes sociales con varios premios (incluyendo dos del Club de Creativos) y que ha trabajado con marcas como Netflix, Virgin Mobile y Warner. Ella, *no criticando a las empresas sino dándoles recomendaciones*, escribe en su artículo "Las redes sociales son Dios": "Somos creyentes de las redes sociales, tanto así que *las visitamos más que a las iglesias*. Por esto, las marcas han encontrado *el lugar perfecto para predicar su palabra* y atraer nuevos seguidores (...). Y bueno, enganchar a la audiencia no será cosa de milagro. Para generar contenido relevante hay que tener en mente los tres atributos de Dios para las redes sociales: *Omnipresencia*: Están en todos los lugares a la vez (...), lo que nos permite estar conectados entre todos. (...) *Omnisciencia*: Las redes sociales lo saben todo: tus gustos, tus intereses *e incluso tus pecadillos*. (...) *Omnipotencia*: Es exagerado el poder que tienen las redes sociales, se podría decir que todo lo pueden"[273].

El segundo mecanismo utilizado por el marketing para es la *manipulación de percepciones*. Los referentes mundiales del marketing Al Ries y Jack Trout nos lo dicen sin ambages en *Las 22 Leyes Inmutables del Marketing*: la batalla del mercado "no es una batalla de productos, sino una batalla de percepciones" y "*el marketing es una manipulación de esas percepciones*"[274]. He

---

[272] *Daily Mail*, London, November 17, 1997.
[273] Hannah Guerrero Rivera, "Las redes sociales son Dios", *ElPublicista.es*, 31 de enero de 2018.
[274] Al Ries y Jack Trout, *Las 22 Leyes Inmutables del Marketing*, Ed. Mc Graw Hill, México, 1996, p. 15.

ahí la esencia de la que llaman la *ley de la percepción*. De acuerdo con esta, la mayoría de los errores del marketing se deben a que se parte del supuesto erróneo de que se libra una batalla de productos enraizada en la realidad y en la que el mejor producto ganará a la larga, siendo que, a decir verdad, ello no es más que una ilusión. *"No existe una realidad objetiva. No hay hechos. No hay mejores productos. Lo único que existe en el mundo del marketing son percepciones en las mentes de los clientes actuales y potenciales. La percepción es la realidad. Todo lo demás es una ilusión"*[275].

No hay ejemplo más conocido y representativo de este punto que el famoso "Desafío Pepsi" realizado por la compañía Pepsi Cola en 1975. El desafío consistía en realizar una prueba de sabor a ciegas. Se servía a los participantes dos vasos de cola proveniente de dos botellas distintas, cuyas respectivas marcas e identificaciones se mantenían ocultas. Se pedía al participante que indicara cuál de las dos bebidas le había gustado más y, efectuada la elección, se descubrirían las botellas, una de Pepsi Cola y otra de Coca Cola. Los resultados fueron impresionantes. Más de la mitad de los participantes elegía a ciegas la Pepsi y, sin embargo, era la Coca Cola la que lideraba ampliamente el mercado. *¿Pero cómo es posible que, si la mayoría de la gente prefiere un producto en función de sus cualidades, consuma masivamente el de la competencia?* La respuesta es simple: Coca Cola había utilizado mejor la manipulación de percepciones, vendiendo más una imagen que un producto.

Vemos, pues, que el marketing es clave en mantener y fomentar el fetichismo de la mercancía, es la "magia" que convierte a los productos en objetos "mágicos". Como apuntan León y Olabarría: "Un rasgo dominante de las comunicaciones del marketing parece confirmar ampliamente la intuición maslowiana: a medida que ha ido creciendo la cultura del consumo se ha dado una disminución progresiva de las apelaciones persuasivas elementales relativas al valor práctico de los productos y ha tenido lugar el ascenso de aquellos valores que Veblen llamaba conspicuos, relativos a la *capacidad sígnica de los productos*, esto es, a *su poder como referentes sociales psicológicamente complejos*"[276].

Si alguno sigue escéptico respecto de la centralidad de la manipulación de

---

[275] Al Ries y Jack Trout, *Las 22 Leyes Inmutables del Marketing*, op. cit, p.15.
[276] José Luis León y Elena Olabarría, *Conducta del Consumidor y Marketing*, Ed. Deusto, Bilbao, 1991, p. 26.

percepciones en el marketing, baste con citar las palabras Frédéric Beigbeder, que dice lo siguiente en la novela autobiográfica *13.99 Euros* en que reflexiona sobre su exitosa labor como especialista en marketing: "Soy publicista: eso es, contamino el universo. Soy el tío que os vende mierda. *Que os hace soñar con esas cosas que nunca tendréis.* Cielo eternamente azul, tías que nunca son feas, una felicidad perfecta, *retocada con PhotoShop*. Imágenes relamidas, músicas pegadizas. *Cuando, a fuerza de ahorrar, logréis compraros el coche de vuestros sueños, el que lancé en mi última campaña, yo ya habré conseguido que esté pasado de moda.* Os llevo tres temporadas de ventaja, y *siempre me las apaño para que os sintáis frustrados*. El glamour es el país al que nunca se consigue llegar. *Os drogo con novedad* (…). *En mi profesión, nadie desea vuestra felicidad, porque la gente feliz no consume. Vuestro sufrimiento estimula el comercio.* (…) Necesitáis urgentemente un producto pero, inmediatamente después de haberlo adquirido, necesitáis otro. El hedonismo no es una forma de humanismo: es un simple flujo de caja. ¿Su lema? *Gasto luego existo*. Para crear necesidades (…) *resulta imprescindible fomentar la envidia, el dolor, la insaciabilidad: estas son nuestras armas. Y vosotros sois mi blanco*"[277].

El tercer mecanismo es el llamado *neuromarketing*. Básicamente podríamos definirlo como la aplicación de los avances de las neurociencias al ámbito de la mercadotecnia tal que se estudian los efectos que pueden tener las diferentes acciones comunicativas sobre el cerebro humano con el objetivo de llegar a incidir sobre la conducta del consumidor. De este modo, se aplica lo dicho por Walter Dill Scott, uno de los primeros investigadores de la psicología de la publicidad: "El empresario *debe entender el funcionamiento de las mentes de sus consumidores*, y debe conocer *cómo influenciarlas efectivamente, debe saber cómo aplicar la psicología a la publicidad*"[278].

Así, algunos investigadores distinguen entre el "cerebro racional" (asociado al neo-córtex), el "cerebro emocional" (asociado al sistema límbico) y el "cerebro primitivo" (o repitiliano). Dado esto, "para ser efectiva, la publicidad necesita dirigirse primero al cerebro emocional y al primitivo"[279].

---

[277] Jorge David Fernández Gómez, "Algunas reflexiones em torno al problema de la creación de necesidades em publicidad y marketing", *Comunicación* nº 3, 2005, pp. 101-102.

[278] Citado por: Larisa Dragolea and Denisa Cotirlea, "Neuromarketing: Between influence and manipulation", *Polish Journal of Management Studies*, vol. 3, 2011, p. 79.

[279] Larisa Dragolea and Denisa Cotirlea, "Neuromarketing: Between influence and manipulation", *Polish Journal of Management Studies*, vol. 3, 2011, p. 83.

Como bien explica Néstor Braidot, uno de los mayores expertos en este campo, para el neuromarketing constituye una "falacia el atribuir al consumidor un comportamiento racional" ya que "en la mayor parte de los casos, los factores desencadenantes de las compras son las emociones, los valores y todo aquello que active el sistema de recompensas del cerebro"[280].

Existen muchos ejemplos de aplicación del neuromarketing a la mercadotecnia. Los más interesantes tienen que ver con el manejo de lo que en economía conductual se conoce como *fenómeno de la presentación*, es decir, aquel en virtud del cual la forma en que se nos presentan los problemas u opciones afecta nuestra decisión. De este modo, como reporta Palazzesi, "los científicos han desmenuzado el proceso de compra, y saben perfectamente qué zonas de nuestra tienda favorita captan nuestra atención o cuánto tiempo dura cada acción que llevamos a cabo durante el proceso de selección y compra (...) *y luego estos datos ayudan a los genios del marketing a organizar la distribución de los artículos en el local para que terminemos comprando bastante más cosas de las que realmente necesitamos*"[281]. Braidot concurre: "Las estrategias de marketing más exitosas son las que implementan las empresas que, al focalizarse en los sentimientos *y el hedonismo*, logran desencadenar la *compra por impulso*"[282].

De este modo, las empresas no perderán la oportunidad de aprovechar cualquier debilidad de los consumidores para venderles algo. La manipulación está a la orden del día. Como explica el especialista en marketing Steven Stanton: "La neuro-investigación ha mostrado que las mujeres son más propensas a comprar ropa 'sexy' y símbolos de estatus tales como autos y diamantes en ciertos puntos específicos de sus ciclos menstruales. Una empresa podría aplicar este hallazgo para dirigirse a las mujeres con anuncios *cuando ellas son más susceptibles* a la tentación de comprar el producto publicitado"[283]. Es claro, entonces, que en el mundo del marketing y las ventas *nada es casual*.

---

[280] Néstor Braidot, *Neuromarketing: ¿Por qué tus clientes se acuestan con otro si dicen que les gustas tú?*, Ed. Gestión 2000, Barcelona, 2009, pp. 11, 35.
[281] Ariel Palazzesi, "Neuromarketing: Publicidad directo al subconsciente", www.neoteo.com.
[282] Néstor Braidot, *Neuromarketing: ¿Por qué tus clientes se acuestan con otro si dicen que les gustas tú?*, Ed. Gestión 2000, Barcelona, 2009, p. 34.
[283] Citado por: Ania Wieckowski, "When neuromarketing crosses the line", *Harvard Business Review* (webpage), January 23, 2019.

CAPÍTULO 6
LAS CONSECUENCIAS DEL PROCESO
O DE CUÁN MAL ESTAMOS

Alienación

Graves son las consecuencias del sistema de producción de necesidades de esta *economía irracional* en la que vivimos. En primer lugar, tenemos a la alienación. El término *alienación* se deriva del vocablo latino *alien*, que quiere decir "extraño", "ajeno" (de ahí que al término se le conozca también como *enajenación*). Dice Erich Fromm: "Entendemos por enajenación un modo de experiencia en que la persona se siente a sí misma como un extraño. Podría decirse que ha sido enajenado de sí mismo. No se siente a sí mismo como centro de su mundo, como creador de sus propios actos, sino que sus actos y las consecuencias de ellos se han convertido en amos suyos, a los cuales obedece y a los cuales quizás hasta adora"[284].

Así pues, un hombre alineado es un hombre que se ha hecho ajeno a sí mismo, que no es más que una existencia deviniendo fuera de su esencia. Los términos *existencia* y *esencia* pueden ayudarnos a entender esto. La esencia es lo que una cosa es. El hombre es, por esencia, un ser racional, un sujeto orientado hacia la trascendencia. ¿Y cómo deviene la existencia del hombre en el presente sistema económico? No como racional, sino como pasional; no como sujeto, sino como objeto; no como orientado hacia la trascendencia, sino como derramado sobre la inmanencia. De este modo, la economía irracional genera que el hombre en su existencia viva fuera de su esencia. Y eso es lo que constituye la alienación. El sentido de la existencia del hombre es la plena realización de su esencia. Pero el sistema lo hace vivir fuera de su esencia. *Ergo*, frustra el propósito de su existencia.

No se puede pensar que un sistema en el que somos reducidos a trabajar, comprar, vender, endeudarnos y consumir en un ciclo interminable dé lugar a la realización de nuestra esencia. ¡Cuánta validez tienen las siguientes palabras para nuestros tiempos!: "Vanidad de vanidad, todo es vanidad. ¿Qué provecho saca el hombre de todo el trabajo con el que se afana bajo el sol? (…) Todos los ríos van al mar y el mar no se llena; al lugar de donde los

---

[284] Erich Fromm, *Psicoanálisis de la Sociedad Contemporánea*, Fondo de Cultura Económica, México, 1956,

ríos vinieron, allí vuelven para correr de nuevo. Todas las cosas son fatigosas, más de lo que el hombre puede expresar; no se sacia el ojo de ver, ni el oído de oír"[285].

En lugar de vivir una *existencia auténtica* que fluya desde nuestro interior, vivimos una *existencia inauténtica* arrastrada por lo exterior. Como notaba el filósofo alemán Martin Heidegger, hemos olvidado "la verdad del Ser" y nos hemos volcado al dominio de los entes[286]. Vivimos fuera de nosotros mismos, volcados en las redes sociales, ávidos de novedades. Nuestra vida se pierde en seguir, cansada y a la vez incansablemente, "dándole hacia abajo" a la pantalla del celular para ver imágenes, videos, productos, publicidades... Dice Heidegger: "La avidez de novedades solo busca lo nuevo para saltar de ello nuevamente a algo nuevo (...). De aquí que tampoco busque el ocio del demorarse en la contemplación, sino la inquietud y la excitación por parte de algo siempre nuevo y del cambio de lo que está en frente. (...) La avidez de novedades está en todas partes"[287]. No nos preguntamos sobre nuestro interior, solo estamos *constantemente distraídos* por las novedades del exterior.

Devenimos en productos. Usando los medios de producción de necesidades las empresas fabrican nuestra subjetividad generándonos todo un conjunto de necesidades artificiales. Como nota el filósofo y sociólogo alemán Herbert Marcuse: "Se puede distinguir entre necesidades verdaderas y falsas. 'Falsas' son aquellas que intereses sociales particulares imponen al individuo para su represión (...). Su satisfacción puede ser de lo más grata para el individuo, pero (...) sirve para impedir el desarrollo de la capacidad (la suya propia y la de otros) de reconocer la enfermedad del todo y de aprovechar las posibilidades de curarla. El resultado es, en este caso, la euforia dentro de la infelicidad. La mayor parte de las necesidades predominantes de descansar, divertirse, comportarse y consumir de acuerdo con los anuncios, de amar y odiar lo que otros aman y odian, pertenece a esta categoría de falsas necesidades"[288].

---

[285] Eclesiastés 1:2-3,7-8
[286] Véase: Martin Heidegger, *Carta Sobre el Humanismo* (carta a Jean Beaufret), París, 1946.
[287] Martin Heidegger, *Ser y Tiempo*, Fondo de Cultura Económica, México, 1962, p. 191-192.
[288] Herbert Marcuse, *El Hombre Unidimensional*, Ed. Artemisa, México, 1985, p. 35.

No somos ya *personas* abocadas a cumplir un *propósito,* sino *consumidores* lanzados a satisfacer *deseos* para el beneficio de otros. El sistema no quiere individuos cuyo mayor deseo sea "Hallar la verdad", "Hacer el bien", "Vivir el amor", "Servir a Dios", sino "Comprarme un carro nuevo", "Verme más bonita que las demás", "Probar ese nuevo sabor", "Darle clic a ese nuevo video". Prácticamente todo está estructurado para frustrar el auténtico sentido de nuestra existencia, para alienarnos. Uno no debe pensar, debe consumir. *Consumo, luego existo.* Así lo describe Fromm: "Nunca estoy a solas conmigo mismo, porque siempre estoy ocupado, ya en trabajar, ya en divertirme. No tengo necesidad de conocerme a mí mismo como yo mismo, porque estoy constantemente absorbido en la busca de placer. Soy un sistema de deseos y de satisfacciones; tengo que trabajar para satisfacer mis deseos, y esos mismos deseos son constantemente estimulados y dirigidos por la máquina económica"[289]. En suma, *perdemos nuestra alma por consumir el mundo.*

La esclavitud de la libertad

"Libre soy, libre soy…": esa es la cantaleta que nos repite el sistema para que nos la creamos. *La mejor forma de mantenernos como esclavos es hacernos creer que somos libres.* En efecto, un esclavo que tiene conciencia de su esclavitud puede elegir rebelarse. Pero un esclavo que cree que es libre jamás se rebelará. De este modo, la idea de libertad es usada para controlarnos o, como diría Marcuse, "la libertad se puede convertir en un poderoso instrumento de dominación"[290].

¿Quiénes son los que más afirman su libertad, su individualidad? Los adolescentes. "Mamá, deja de molestar, voy a hacer *lo que yo quiera…*" dice el joven que a continuación va a drogarse, o la joven que a continuación a vestirse como "cualquiera", como cualquiera de sus amigas que van a salir a la fiesta. Son precisamente los adolescentes los que más atrapados están por la sociedad de hiperconsumo con sus modas, videos, fiestas, marcas, lugares, bebidas, sexo, drogas y pornografía. Esto ya se asume como normal. "Todos los hacen", dicen ellos. "Bueno, es que son muchachos", dicen incluso los cada vez más permisivos padres. Se ve todo ello como la conducta que *debe* tener un joven que *debe* "vivir su libertad" y "disfrutar de

---

[289] Erich Fromm, *Psicoanálisis de la Sociedad Contemporánea*, Fondo de Cultura Económica, México, 1956, p. 141.
[290] Herbert Marcuse, *El Hombre Unidimensional*, Ed. Artemisa, México, 1985, p. 37.

su juventud". Ese *"debe"* de nuestra sociedad consumista es un debe fuerte, *totalitario*. Si hay algún joven que, con su libertad, *elige* salirse de ese molde y se dedica, por ejemplo, intensivamente a la lectura, *es inmediatamente etiquetado como "anormal" por la Inquisición de la sociedad consumista*. Se le señalará, se le presionará, se le perseguirá... como en un sistema totalitario.

En el sistema de la economía irracional ciertamente se promociona la libertad. Pero no la auténtica libertad entendida como autorrealización, sino la libertad entendida como "Hacer lo que me da la gana". *Pero quien hace lo que le da la gana, termina siendo esclavo de sus ganas*. Es más, *termina siendo esclavo de quien le controle sus ganas*. He aquí el gran drama: esta es la *esclavitud de la libertad*. La gente se dice libre y hace "lo que le da la gana", pero luego termina esclavizada a vicios, a relaciones "tóxicas", a comprar compulsivamente, a endeudarse, a desperdiciar todo el día viendo el celular, etc. Y algunos se dan cuenta de su situación de esclavitud, *¡esclavitud a la que llegaron en nombre de su libertad!*, y, cual propósito de Año Nuevo, se dicen cosas como "Ya no voy a gastar tanto", "Ya no voy a ver estas tonterías", "Ya no voy a desperdiciar tanto tiempo en el celular", "Ya no voy a seguir comiendo esto". Pero no logran salir. *Están esclavizados*. El sistema consumista los ha atrapado a punta de hábitos. Así, por ejemplo, irónicamente, es en la sociedad de la "libertad sexual" en la que más encontramos *esclavos* del sexo.

Se nos dice que vivimos en sociedades "libres", "democráticas", de "libre mercado". Siguiendo la "lógica" política del liberalismo moderno, hemos generado en nuestras sociedades todo un conjunto de garantías contra el abuso de poder del Estado sobre nuestras libertades pero, al mismo tiempo, hemos dejado el terreno libre a las grandes corporaciones privadas para que nos manipulen. *He ahí el totalitarismo de la "sociedad de mercado"*, un "totalitarismo publicitario"[291]. Escribe Marcuse: "No solo es 'totalitaria' una coordinación política terrorista de la sociedad, *sino también una coordinación técnico-económica no-terrorista que opera a través de la manipulación de las necesidades por intereses creados*"[292]. Pareciera que la "democracia política" no es más que una pantomima para ocultar nuestra *opresión económica*. Creemos que somos libres porque votamos *cada 5 años* por algún candidato a la vez que tenemos que comparecer *cada mes* ante los bancos para asegurar nuestro

---

[291] Véase: Lluís Pla Vargas, "Totalitarismo publicitario", *Astrolabio*, n° 4, 2007, pp. 131-137.
[292] Herbert Marcuse, *El Hombre Unidimensional*, Ed. Artemisa, México, 1985, p. 33.

derecho económico a "seguir viviendo".

La obsesión por el crecimiento

Como ya hemos visto, detrás del sistema de producción de necesidades están, junto con el imperativo planificador, el *imperativo pecuniario* y el *imperativo tecnótico*. Ambos requieren una expansión desmedida del sistema, sea por las "necesidades de expansión" que impone el capital o la tecnología. Esto lleva a que nuestra sociedad esté obsesionada con el crecimiento. Como dice Latouche: "El destino de nuestra sociedad está atado a una organización basada en la acumulación ilimitada. El sistema está condenado a crecer. (…) Nos hemos vuelto adictos a la droga del crecimiento"[293].

Realmente asistimos a una suerte de culto al "dios Crecimiento". Idolatramos el PIB (Producto Interno Bruto). Ya en la obra precedente[294] se ha mostrado que este indicador tiene múltiples limitaciones: solo toma en cuenta la cantidad y no la calidad o cualidad de los bienes y servicios, no nos dice nada sobre la distribución de los ingresos, no considera pasivos ambientales, etc. Sin embargo, se lo sigue idolatrando como la medida perfecta del éxito y valor de una sociedad. De este modo, el crecimiento del PIB es "una cosa admirablemente sencilla en sí misma, de hecho, simplemente un número, pero es tratada con una inalterable reverencia. Aparentemente, basta con consultarlo para hacerse cargo de la entera condición de la sociedad. Entre sus fieles, y estos constituyen una legión, cualquier duda con respecto a que, por ejemplo, una tasa de crecimiento del 4%, puesta de manifiesto por el índice, sea mejor para la nación que una tasa del 3%, es algo que raya en la herejía; equivale a poner en duda que 4 es mayor que 3"[295].

De este modo, solo tenemos dos opciones: crecer, o crecer más. ¿Crecer por qué?, ¿crecer hacia qué?, ¿crecer para qué?, ¿crecer para quiénes?, ¿crecer a qué costo?, ¿crecer hasta qué límite?... "¡Deja de hacer preguntas tontas y ponte a trabajar para crecer!": esa es la respuesta que da la sociedad de hiperconsumo. Se considera que tales preguntas solo caben para las "discusiones de salón" de sermoneadores, moralista y filósofos, pero que no

---

[293] Serge Latouche, *Farewell to Growth*, Polity Press, Cambridge, 2009, pp. 16, 20.
[294] Dante A. Urbina, *Economía para Herejes: Desnudando los Mitos de la Economía Ortodoxa*, Ed. CreateSpace, Charleston, 2015, cap. 10.
[295] E. J. Mishan, *Los Costes del Desarrollo Económico*, Ed. Orbis, Barcelona, 1983, p. 15.

tienen ninguna relevancia para economistas y políticos. No importan las reflexiones teóricas, lo que se quiere es "hombres prácticos" que nos lleven al crecimiento. Es como si estuviésemos embarcados en el asiento trasero de un automóvil que va a toda velocidad, preguntásemos "¿A dónde nos dirigimos?", y el piloto automático (porque no se trata de una persona, sino de un mecanismo impersonal) "¡No importa! Lo único importante es ir a toda velocidad". Sabemos que podemos terminar encontrándonos con un acantilado. Entonces, ante tal locura, intentamos tirarnos del auto. Pero ello sería también una locura, considerando la velocidad. *El sistema no ha atrapado en su propia locura.* Los hombres cuerdos quieren parar el auto o al menos orientar su curso... pero sus voces son ahogadas por la masa de alienados que repite y repite "¡Hay que crecer!".

Uno de estos hombres cuerdos fue E. J. Mishan, profesor de la London School of Economics y tal vez el economista que más profundamente ha reflexionado sobre este error de "ausencia de elección". En su libro *Los Costes del Desarrollo Económico* escribe: "La fascinación de los índices económicos aparta la atención de más amplios fines de la política económica y tiende a convertirse en su sustitutivo. (...) Es este un círculo de razonamiento que parece abrir pocas alternativas de elección. Parece que estuviésemos presos de un engranaje, debiendo esforzarnos cada vez más si queremos 'no quedar rezagados en la carrera', o incluso simplemente subsistir. Sin embargo, a decir verdad, no existe ninguna justificación económica para tales creencias. En todo caso, deberíamos avergonzarnos de que nuestros patriotas nos hayan hipnotizado durante tantos años con su inexorable mentalidad. (...) La denominada política de desarrollo económico, como popularmente se la conoce; no es apenas nada más que una política de verse arrastrado por la corriente de -o de tratar de- asir cualquier innovación tecnológica que aparece como comerciable, con escaso respeto por las consecuencias sociales que ello pueda tener"[296].

Las proféticas palabras de Mishan fueron ignoradas, así como en tiempos pasados se ignoró a Jesús y a Moisés y los profetas. Como las ratas en el cuento del flautista de Hamelin, seguimos hipnotizados con la vorágine de consumo, crecimiento, consumo. No hay límite. Así, nuestra sociedad ha desoído las también proféticas palabras del gran economista Ernst Schumacher, quien fue profesor de la Universidad de Columbia, y en su libro *Lo Pequeño es Hermoso* advertía que "cualquier actividad que deja de

---

[296] E. J. Mishan, *Los Costes del Desarrollo Económico*, op. cit., pp. 33, 36, 38.

reconocer un principio de autolimitación deviene en demoníaca"[297]. A nuestra sociedad no le interesa lo *hermoso* y más bien ha preferido seguir las siguientes palabras de Keynes en su artículo "Posibilidades económicas para nuestros nietos": "Por lo menos durante 100 años debemos simular ante nosotros mismos y ante cada uno que lo bello es sucio y lo sucio es bello, porque lo sucio es útil y lo bello no lo es. La avaricia, la usura y la precaución deben ser nuestros dioses por un poco más de tiempo todavía. Porque solo ellos pueden guiarnos fuera del túnel de la necesidad económica a la claridad del día"[298].

Keynes escribió eso en 1930. Ya casi han pasado esos 100 años. Hemos seguido la vía del crecimiento basado en la avaricia, la usura y la precaución. Pero no pareciera que nos encontrásemos cerca del final del túnel de la necesidad económica. *Vivimos tan o más obsesionados con el crecimiento como en los tiempos de Keynes*. Somos los "nietos" de la profecía de Keynes y ni siquiera es claro que para nuestros "nietos" el futuro sea promisorio.

Un mundo infeliz

En 1932 se publica *Un Mundo Feliz* (*Brave New World*, en la versión original en inglés), del escritor británico Aldous Huxley. En esta novela se plantea una distopía similar a la sociedad que tenemos hoy en día: muy avanzada tecnológicamente y muy liberal sexualmente. El sexo está desligado de la noción de formar familia, los bebés son fabricados en el laboratorio, los niños son adiestrados en entornos controlados para eliminar su individualidad, cada individuo adulto en valorado únicamente en términos de productividad para el sistema y, si en algún momento le surgen angustias existenciales, toma inmediatamente una droga llamada *soma* que lo lleva a un estado de euforia. Es la dinámica del productivismo y el consumismo en la sociedad hipertecnológica. En realidad, no hay felicidad, todo está lleno de hastío. Pero la droga del consumo oculta la situación de *omnipresente alienación*. Una conversación entre Bernard (el reflexivo y crítico) y Lenina (la alienada por el sistema), protagonistas de la obra, resulta sumamente ilustrativa a este respecto. Citamos:

---

[297] Ernst Schumacher, *Lo Pequeño es Hermoso*, Ed. Orbis, Barcelona, 1983, p. 161.
[298] John Maynard Keynes, "Economic possibilities for our grandchildren", en: *Essays in Persuasion*, Ed. Harcourt Brace, New York, 1932, pp. 358-373.

"—Quiero poder mirar el mar en paz (...) -insistió Bernard-. Me hace sentir como si... -vaciló, buscando palabras para expresarse-, como si fuese más yo, ¿me entiendes? Más yo mismo, y menos como una parte de algo más. No solo como una célula del cuerpo social. ¿Tú no lo sientes así, Lenina?
Pero Lenina estaba llorando.
—Es horrible, es horrible -repetía una y otra vez-. ¿Cómo puedes hablar así? ¿Cómo puedes decir que no quieres ser una parte del cuerpo social? Al fin y al cabo, todo el mundo trabaja para todo el mundo. No podemos prescindir de nadie. (...)
—¿Cómo puedo decirlo? -repitió Bernard en otro tono, meditabundo-. No, el verdadero problema es: ¿Por qué no puedo decirlo? O, mejor aún, puesto que, en realidad, sé perfectamente por qué, ¿qué sensación experimentaría si pudiera, si fuese libre, si no me hallara esclavizado por mi condicionamiento?
—Pero, Bernard, dices unas cosas horribles.
—¿Es que tú no deseas ser libre, Lenina?
—No sé qué quieres decir. Yo soy libre. Libre de divertirme cuanto quiera. Hoy día todo el mundo es feliz.
Bernard rio.
—Sí, hoy día todo el mundo el feliz. Eso es lo que ya les decimos a los niños a los cinco años. Pero ¿no te gustaría tener la libertad de ser feliz... de otra manera? A tu modo, por ejemplo; no a la manera de todos. (...) ¿No lo comprendes?
—No comprendo nada -dijo Lenina con decisión, determinada a conservar intacta su incomprensión-. Nada. Y lo que menos comprendo es por qué no tomas *soma* cuando se te ocurren esta clase de ideas. Si lo tomaras olvidarías todo eso. Y en lugar de sentirte desdichado serías feliz. *Muy feliz* -repitió"[299].

Lo que tenemos es un mundo infeliz, infeliz en medio de la abundancia. Vivimos en una *miserable sociedad opulenta*. O, bueno, opulencia para ciertos países pues vivimos en un mundo en que millones mueren por exceso de alimento al mismo tiempo que millones mueren por falta de alimento. Lo curioso es que el sentimiento de infelicidad parece hacerse más presente en aquellas sociedades donde están los "mejor alimentados".

"El dinero no compra la felicidad": esta, que parece una frase idealista propia de galletitas chinas, es una afirmación con sólida evidencia estadística. Los países con más alto PIB per cápita no son necesariamente lo

---

[299] Aldous Huxley, *Brave New World*, Ed. Chatto & Windus, London, 1932, ch. 6.

más felices y, de hecho, exhiben graves síntomas de infelicidad. Por ejemplo, en los países nórdicos -que encabezan los rankings de desarrollo humano, calidad institucional, transparencia, etc.- hay relevantes señales de insatisfacción como en el caso de Noruega, donde la tasa de suicidio no se ha reducido durante los últimos 20 años, a pesar de los numerosos planes, mejor conocimiento y mejor tratamiento, siendo que, según Ekeberg y Hem, "las condiciones sociales son la principal razón de por qué la tasa de suicidios no está disminuyendo"[300].

Asimismo, *la depresión se ha convertido en la enfermedad crónica de las sociedades "desarrolladas"*. Islandia, otro país nórdico, encabeza el ranking del consumo de antidepresivos, siendo que el 13% de la población consume tales fármacos. Y este porcentaje es de 10.4%, 9.5%, 9.4%, 9.3% y 9% en Australia, Portugal, Reino Unido, Suecia y Canadá, respectivamente[301]. La gente ya no quiere ir a confesarse con el sacerdote ("Dios no existe" o "Yo me confieso directo con Dios", dicen), pero cuentan toda su vida al psicólogo. En nuestras infelices sociedades postmodernas occidentales el psicólogo ha tomado el lugar que antes tenía el sacerdote en las sociedades medievales.

La infelicidad es una condición necesaria para el funcionamiento del sistema. Si esta no existe, *hay que fabricarla*; o, si existe, *hay que estimularla*. Los individuos verdaderamente felices no están obsesionados con comprar. Compran los bienes materiales necesarios para vivir adecuadamente y luego dedican tiempo a aquellas cosas que el dinero no puede comprar. Los individuos infelices, en cambio, están sumamente dispuestos a comprar porque ello les ayuda (ilusoriamente) a huir de su estado de insatisfacción. Ergo, el sistema de ventas, en función del *imperativo pecuniario*, tiene que mantener este espejismo. Como dice Latouche: "La publicidad nos hace *querer lo que no tenemos* y *despreciar lo que ya tenemos*. *Crea y re-crea la insatisfacción y tensión del deseo frustrado*"[302].

En el fondo todos sabemos que esto es verdad. Pero no queremos aceptarlo. Estamos demasiado aferrados a ciclo trabajar-comprar-consumir. De este modo, como apuntaba Schumacher, "la presente sociedad es como un

---

[300] Øivind Ekeberg y Erlend Hem, "Why is the suicide rate not declining in Norway?", *Tidsskriftet*, August 16, 2019.
[301] "¿En qué países se consumen más antidepresivos?", *El Boletín*, 26 de septiembre de 2019.
[302] Serge Latouche, *Farewell to Growth*, Polity Press, Cambridge, 2009, p. 17.

drogadicto que a pesar de lo mal que pueda sentirse encuentra extremadamente difícil salir del atolladero"[303].

La pérdida de la privacidad

"A la espalda de Winston, la voz de la telepantalla seguía murmurando datos (…). La telepantalla recibía y transmitía simultáneamente. Cualquier sonido que hiciera Winston superior a un susurro, era captado por el aparato. Además, mientras permaneciera dentro del radio de visión de la placa de metal, podía ser visto a la vez que oído. Por supuesto, no había manera de saber si le contemplaban a uno en un momento dado. Lo único posible era figurarse la frecuencia y el plan que empleaba la Policía del Pensamiento para controlar un hilo privado. Incluso se concebía que los vigilaran a todos a la vez. Pero, desde luego, podían intervenir la línea de usted cada vez que se les antojara. Tenía que vivir -y con esto el hábito se convertía en un instinto- con la seguridad de que cualquier sonido emitido por usted sería registrado y escuchado por alguien y que, excepto en la oscuridad, todos sus movimientos serían observados"[304].

Estas palabras pertenecen a la descripción que realiza George Orwell sobre la vida privada (o más bien la falta de vida privada) del protagonista de su conocida obra *1984*. Dicha obra trata de una distopía en que un gobierno comunista totalitario controla a toda la población vigilando cada uno de sus movimientos. El ojo del "Gran Hermano" lo alcanza todo. Nadie ni nada escapa de su vigilancia.

Pues bien, irónicamente, la distopía que Orwell había imaginado para una sociedad comunista totalitaria, ha terminado cumpliéndose en nuestra sociedad capitalista democrática. Pero no es un gobierno el que nos vigila. Son las empresas. Nos vigilan en el "lugar" en que más estamos: nuestras redes sociales. Facebook, Google, YouTube, Twitter, Instagram, WhatsApp… todos ellos se han convertido en verdaderas *redes* por medio de las cuales las empresas capturan nuestra subjetividad, cual si fuéramos peces. Basta con que hayamos dado clic a "Acepto todas las condiciones" para que estamos declinando nuestro derecho a la privacidad. Quienes están detrás de las redes saben (o pueden saber casi a la distancia de un clic)

---

[303] Ernst Schumacher, *Lo Pequeño es Hermoso*, Ed. Orbis, Barcelona, 1983, p. 160.
[304] George Orwell, *Nineteen Eighty-Four*, Ed. Secker & Warburg, London, 1949, Part. I, cap. 1.

nuestros gustos, preferencias, secretos, frustraciones, manías... Saben más de nosotros que lo que sabe nuestra madre, nuestro mejor amigo, nuestro psicólogo o nuestro sacerdote confesor.

Todos nuestros movimientos en la red son orwellianamente vigilados. La araña sabe cómo se mueve cada mosca atrapada dentro de la telaraña. El sistema de producción de necesidades necesita recopilar toda la información posible para manipularnos. Por supuesto, la excusa es que se busca darnos "mejor servicio" o "productos más personalizados". Así, si alguna noche uno busca, por ejemplo, un modelo de teléfono celular por Internet, navega unos cuantos minutos buscando el modelo deseado y luego se va a dormir, al día siguiente, al entrar a su Facebook o a su YouTube, le comienzan a aparecer una avalancha de publicidades sobre diversos modelos de celular. O sucede que uno le avisa por mensaje *privado* a un amigo que tiene pensado viajar y al rato comienzan a aparecerle publicidades de vuelos, hoteles y paquetes turísticos. "¡Qué suerte!", dirá algún ingenuo. Pero no es *casualidad*, es *causalidad*: hay un trabajo detrás.

Así, por ejemplo, como reporta Scott Huettel, se ha llegado a dar el caso de la empresa Target que en 2012 "fue investigada por enviar publicidad de productos sobre embarazo y bebés a una mujer *que no le había dicho a nadie que estaba embarazada*"[305]. Como dice Latouche: "El Gran Hermano es anónimo (...). La servidumbre de sus súbditos es más voluntaria que nunca por causa de que la manipulación publicitaria es infinitamente más insidiosa que la de la propaganda política"[306].

Esta problemática se hizo clara con el conocido escándalo de Cambridge Analytica. Así lo reporta una fuente tan acreditada como la *BBC*: "Cambridge Analytica es una empresa con sede en Londres que usa el análisis de datos para desarrollar campañas para marcas y políticos que buscan *'cambiar el comportamiento de la audiencia'*, según indica su sitio web. La compañía, que tiene una rama comercial y otra política, fue fundada en 2013 (...) por el analista financiero Alexander Nix. (...) La obtención de perfiles de 50 millones de usuarios de Facebook (...) se atribuye al profesor de la Universidad de Cambridge Aleksandr Kogan. (...) Kogan desarrolló en 2013 un test de personalidad en formato aplicación de Facebook. Unos

---

[305] Citado por: Ania Wieckowski, "When neuromarketing crosses the line", *Harvard Business Review* (webpage), January 23, 2019.
[306] Serge Latouche, *Farewell to Growth*, Polity Press, Cambridge, 2009, p. 89.

265 000 usuarios completaron el test que requería permiso para acceder a información personal y de la red de amigos (…). Fue así como Kogan se hizo de actualizaciones de estado, 'me gusta' y hasta mensajes privados *de más del 15% de la población de EE.UU., los cuales vendió a la empresa de Nix*"[307].

Lo peor es que muchas veces estas empresas de redes sociales inician con condiciones más o menos razonables respecto de la privacidad. Nos creamos gratuitamente una cuenta en ellas, hacemos contactos, almacenamos un montón de fotos y videos, hacemos más contactos, comenzamos a crear prácticamente toda una vida allí… Y luego de unos pocos años, la red social cambia las condiciones y te aparece un mensaje que en el fondo es lo siguiente: "Eres libre de no aceptar nuestras nuevas condiciones, pero si no las aceptas ya no podrás seguir usando esta cuenta, así que habrá que darla de baja". Y eso sumado a que muchas veces estas redes sociales actúan como una auténtica "Policía del Pensamiento" orwelliana. "¿Qué estás pensando?", te preguntan, invitándote a publicar. Y luego te censuran si no les gusta lo que piensas.

Algunos libertarios tratando de defender ese tipo de aberración contra nuestra libertad y privacidad por parte de empresas privadas (si se tratase del Estado, muy diferente sería su actitud, claro está) dicen: "Bueno, eres libre de crearte una cuenta en otra red social". Pero es ingenuo pensar que ello resuelve el problema. Cambiarse a otra red social y cerrar la cuenta de uno en la anterior no es como cambiarse de camisa. Uno perderá sus fotos, publicaciones, videos y, sobre todo, el contacto con muchísimas personas que seguirán en la red social de la que uno se está yendo y que no tienen planes próximos de crearse una cuenta en alguna red social "alternativa". Además, cada vez se agotan más las alternativas en lo que se refiere a redes sociales con bastante alcance.

"Bueno, eres libre de salirte de todas las redes sociales", insistirá algún libertario. Es una alegación tonta. El sistema de interacción social actual está diseñado de tal forma en que, si bien es *posible*, es *extremadamente difícil* existir sin tener presencia en redes sociales. Hoy más que nunca son ciertas aquellas palabras que escribía Marcuse cuando ni siquiera se había extendido el Internet: "El espacio privado ha sido invadido y cercenado por la realidad tecnológica. La producción y la distribución en masa reclaman al

---

[307] "5 claves para entender el escándalo de Cambridge Analytica que hizo que Facebook perdiera US$ 37.000 millones en un día", *BBC Mundo*, 21 de marzo de 2018.

individuo *en su totalidad*. (...) La soledad, que es la condición esencial que sostenía al individuo contra y más allá de la sociedad, *se ha hecho técnicamente imposible*"[308].

La mercantilización de la existencia

Con el proceso de producción de necesidades, *nuestra privacidad se ha convertido en un bien de mercado*. Empresas recopilan nuestros datos privados y se los venden a otras empresas. Eso suele hacerse en secreto o de modo velado. Pero también se da el caso de que muchos han comenzado a exponer su vida privada en público como en un auténtico mercado. *Es la mercantilización de la existencia*. La gente expone su vida en fotos, videos y posts. No hay aspecto de la vida humana que no pueda convertirse (o no se haya convertido ya) en un bien de mercado. La sexualidad misma, que tradicionalmente se entendía como lo más *íntimo*, ahora ha devenido en lo más *público*. *Nuestra sociedad de hiperconsumo requiere estimular ello*.

En línea con lo anterior, *estamos en la sociedad de los reality shows*. Como nota inteligentemente Zygmun Bauman: "Lo que está ocurriendo actualmente no es tan solo una nueva renegociación de la móvil frontera entre lo privado y lo público. Parece estar en juego una redefinición de la esfera pública como plataforma donde se ponen en escena los dramas privados, exponiéndolos a la vista del público. (...) La definición actual de 'interés público', promovida por los medios y ampliamente aceptada por casi todos los sectores de la sociedad, es el deber de interpretar esos dramas en público a asistir a la función. (...) Lo que se percibe como 'temas públicos' son los problemas privados de las figuras públicas"[309].

No hay ni puede haber pudor en una sociedad que no cree en el pudor. Sucede un desastre natural, se entrevista a una damnificada y el descerebrado (¿o desalmado?) del periodista pregunta: "Señora, ¿está sufriendo mucho esta pérdida?". Por poco no le dice: "Llore, llore para las cámaras, señora, por favor". A su vez, los problemas maritales (desde los de interrelación personal hasta los de índole íntima) son expuestos en programas en que

---

[308] Herbert Marcuse, *El Hombre Unidimensional*, Ed. Artemisa, México, 1985, pp. 40, 101.
[309] Zymunt Bauman, *Modernidad Líquida*, Fondo de Cultura Económica de Argentina, Buenos Aires, 2004, pp. 75-76.

supuestamente se trata de ver "quién tiene la razón". Consideramos bárbaros a los romanos que iban al coliseo de divertirse viendo cómo dos gladiadores *destruían sus cuerpos*, ¡pero vamos a la televisión a "divertirnos" viendo cómo dos personas *destruyen sus almas*! *No hay honor en una sociedad que no cree en el honor.*

De otro lado, hemos incluso reducido la política a una suerte de chismes. La vida sexual *privada* de los candidatos nos interesa más que sus propuestas de política económica *pública*. Y esto no tanto para conocer su calidad moral, sino para entretenernos con el chisme. Así, el primer ministro británico Tony Blair notaba que "la política se ha reducido a una columna de chismes" y que tenemos dos alternativas: "o tenemos nuestra agenda de noticias llena de escándalos y chismes o trivialidades, o la dedicamos a las cosas que verdaderamente importan"[310]. Por supuesto, el pueblo elegirá democráticamente que la política siga siendo una columna de chismes porque eso es "más divertido". *Recordemos que también el pueblo eligió democráticamente que se crucificara a Jesús y se liberara a Barrabás.*

Pornificación

Como habíamos visto, en virtud del imperativo pecuniario, a las grandes empresas les conviene exacerbar las pasiones para impulsar las ventas. *El vicio vende más que la virtud*. Pues bien, de entre todas las pasiones humanas, tal vez la más fuerte es la asociada al impulso sexual. Por supuesto, ello es perfectamente natural en tanto de tal impulso depende la preservación y propagación de la especie. Está inscrito en nuestros genes. Sin embargo, tal poderoso impulso está también muy sujeto a la posibilidad de desorden y puede ser manipulado. Ergo, es una deducción lógica prácticamente apodíctica que las empresas no desaprovecharán la oportunidad de instrumentalizar la tal vez más poderosa de las pasiones humanas para incrementar *poderosamente* las ventas.

De ahí que sea tan común apelar a la sexualidad, sea de forma abierta o implícita, no meramente en la publicidad de productos asociados a lo sexual, sino de productos de todo tipo. En efecto, uno encuentra elementos sexuales en comerciales de chocolates, helados, automóviles, cerveza, viajes, etc. No es necesario ser un "santurrón" para darse cuenta de esto. Basta con ver la realidad. Esto es tan evidente que claramente lo nota no un libro de

---

[310] Citado por: Zymunt Bauman, *Modernidad Líquida*, op. cit., p. 76.

espiritualidad sino la banda de rock chilena "Los Prisiones" en su canción *Sexo*: "*El mejor gancho comercial apela a tu liberalidad, toca tu instinto, rozando la brutalidad*. Te lo encuentras en la pared, en el anuncio de un licor, pegado a un mostrador, gritándote a todo color: 'Sexo compro, sexo vendo, sexo arriendo, sexo ofrezco'".

Ahora bien, hace unas cuantas décadas la cuasi-omnipresencia de publicidad semipornográfica era prácticamente impensable. Las revistas "para adultos" (es decir, *para adolescentes*) estaban en un rincón oculto de los puestos de venta de revistas y periódicos. Es más, muchas veces no tenían ni siquiera mujeres desnudas, sino solo en ropa interior. Hoy en día mujeres en ropa interior aparecen en los periódicos que están colgados los puestos de venta y hasta en varios comerciales de televisión. En el caso del Internet el asunto es aún más fuerte. Uno puede estar navegando por páginas que no tienen que ver nada con sexo y de repente aparecen publicidades con elementos obscenos.

¿Cómo se ha dado este radical cambio? La respuesta es *pornificación*. Ese es el título del libro editado por Susanna Paasonen, Karina Nikunen y Laura Saarenmaa, que no son un grupo de fanáticas religiosas o moralistas sino relevantes investigadoras con Ph. D. por universidades finlandesas[311]. Pornificación se refiere al proceso en virtud del cual se ha llegado a una normalización e incluso prevalencia de temas sexuales o imágenes sexuales explícitas en la cultura popular. Tal normalización es necesaria para que las empresas puedan incluir a gran escala el elemento sexual en sus publicidades. Y no es que este proceso se haya dado primero y las empresas lo aprovecharon después. No. Las propias empresas fueron parte *endógena* y *activa* en gestar y estimular el proceso de pornificación de la cultura. Los comerciales de cerveza muestran mujeres semidesnudas no porque el "gobierno intervencionista" así lo haya dictaminado sino porque *empresas capitalistas privadas* así lo han *libremente decidido*.

Este proceso de pornificación está causando graves estragos en la sociedad occidental. De nuevo, no se necesita citar a algún fanático religioso, basta con referir el libro *La Pornificación de América: Cómo la Cultura Libertina Está Arruinando Nuestra Sociedad* de Bernadette Barton, profesora de sociología

---

[311] Susanna Paasonen, Kaarina Nikunen y Laura Saarenmaa, *Pornification: Sex and Sexuality in Media Culture*, Berg Publications, Oxford, 2007.

de la Universidad Estatal de Morehead y Ph. D. por la Universidad de Kentucky. Ella escribe: "Nuestra porno-nación anima a los consumidores a interpretar casi cualquier cosa y todo a través de lentes sexistas: hamburguesas, cuchillos de carne, leche de vaca (...), incluso el holocausto. En mayo de 2019 la cultura libertina tocó un nuevo fondo cuando la revista estudiantil *Harvad Lampoon* publicó una imagen de la cara de Anna Frank superpuesta sobre el cuerpo en bikini quirúrgicamente mejorado de Heidi Montag. La imagen decía: 'Agrega esto a la lista de razones de por qué el Holocausto apesta'"[312].

Esto nos lleva a la cuestión del mercado de pornografía. Y sí, es un mercado, con compradores y vendedores. Incluso el que solo entra a páginas "gratuitas" es parte de ese nefasto mercado pues con el solo hecho de dar click a videos o imágenes está generando tráfico virtual que se asocia a ganancias por publicidad para los sitios que ofrecen ese tipo de material "gratis". De hecho, se ha llegado a estimar que, contando solo los Estados Unidos, la industria de la pornografía tendría ingresos de alrededor de ¡*15 mil millones de dólares* al año!ature[313]

Se trata, pues, de un negocio, *un negocio que tiene que devorarse a los consumidores*. Quedaron atrás los tiempos en que uno tenía que buscar pornografía, *ahora la pornografía lo busca a uno*. El sistema extiende sus tentáculos a todos los rincones. Antes los *púberes* de 12 o 13 años descubrían la pornografía de manera *muy ocasional* en alguna revista oculta con una *limitada* cantidad de *imágenes* muchas veces *no tan explícitas* en una caja *oculta* en el rincón más *oculto* del polvoriento ático de algún tío *lejano*. Hoy en día *niños* de 9 o 10 años descubren la pornografía de manera *muy fácil* en el teléfono celular con conexión a Internet que da acceso a una *ilimitada* cantidad de *videos* por lo general *demasiado explícitos*. El adolescente promedio de hoy en día ya ha tenido acceso a pornografía *mucho más fuerte, variada y "rara"* que aquella a la que accedían hombres adultos de hace cuatro décadas. Cuando el padre de familia dice a su hijo adolescente "Hijo, tenemos que hablar de sexo" ya prácticamente se va a dar la situación de que el púber responda "Sí, papá, ¿qué quieres saber?".

Esta extensión de la pornografía está esclavizando a muchos. Es un ejemplo

---

[312] Bernadette Barton, *The Pornification of America: How Raunch Culture is Ruining Our Society*, New York University Press, New York, 2021, Introd.
[313] Ross Benes, "Porn could have a bigger economic influence on the US than Netflix",

más de la *esclavitud de la libertad* propia de nuestra sociedad de hiperconsumo. "Tú no fumas el cigarro, el cigarro te fuma", decía un slogan. Lo mismo sucede en este caso: *la pornografía consume a sus consumidores*. No son "consumidores soberanos", son esclavos. "La pornografía había comenzado a consumirme"[314], decía Clay Olsen, fundador de Lucha contra la Nueva Droga. A alguno podría parecerle exagerado comparar a la pornografía con la droga. Veamos lo que reporta Matt Fradd con base en estudios científicos: "La sobreestimulación química trae cambios significativos en el cerebro, tanto en adictos a las drogas como en usuarios de pornografía. (…) Un estudio publicado en 2002 halló contracción en varias áreas del cerebro, especialmente las áreas frontales de control, en consumidores de cocaína. (…) Un estudio publicado en 2007 descubrió el mismo tipo de daño cerebral en persona que tenían una adicción sexual severa. (…) Los estudios hallaron que las adicciones afectan físicamente los lóbulos frontales del cerebro. Si los lóbulos frontales se debilitan, cuando llegue el deseo por pornografía, habrá poca fuerza de voluntad presente para regular el deseo"[315].

Alguno podrá pensar: "Bah, pero eso solo afecta a unos pocos adictos extremos". Sin embargo, el problema está más extendido de lo que uno podría pensar. Por ejemplo, como reporta Wilson, "investigadores estudiando a usuarios masculinos de pornografía han encontrado tasas de adicción a la pornografía de alrededor de 28%. (…) Entre 1948 y 2002, las tasas históricas de disfunción eréctil en hombre de menos de 40 años estaban consistentemente entre 2% a 3%. (…) Sin embargo, desde 2010 seis estudios han encontrado tasas de disfunción eréctil entre 14% y 33% en hombres jóvenes"[316].

Y no solo se dan efectos individuales sino también efectos sociales. La familia es la base de la sociedad y el matrimonio es la base de la familia. Por tanto, aquello que destruya el matrimonio destruirá a la sociedad. Ese parece ser el caso con la pornografía de acuerdo a un estudio publicado en *The Journal of Sex Research*: "Encontramos que la probabilidad de divorcio

---

[314] Citado en: Matt Fradd, *The Porn Myth: Exposing the reality behind the Fantasy of Pornography*, Ignatius Press, San Francisco, 2017, Foreword.
[315] Matt Fradd, *The Porn Myth: Exposing the reality behind the Fantasy of Pornography*, op. cit., ch. 1.
[316] Gary Wilson, *Your Brain on Porn: Internet Pornography and the Emerging Science of Addiction*, Commonwealth Publishing, London, 2017, ch. 1.

prácticamente *se duplica* para las personas casadas que comenzaron con la pornografía dentro de los grupos de la muestra"[317].

Hay, pues, un problema real. Nuestra sociedad ha creado un monstruo que se le ha escapado de las manos. Si alguno piensa que este es un mero asunto de juicio religioso, las evidencias lo contradicen. En 2014 se realizó una encuesta en el más grande de los foros de personas que buscan dejar la pornografía (NoFap de Reddit) y *solo el 7% dijo que se había unido por razones religiosas*[318].

Esclavitud financiera

Hay una relación estrecha entre consumismo y deuda. Una sociedad adicta al consumo tiene que ser una sociedad esclava de la deuda. Si el sistema se basa en estimular nuestros deseos más allá de nuestro límite presupuestario, resulta que hay un mecanismo disponible para rebasar ese límite: endeudarnos. Nos prestamos el dinero que no tenemos con la esperanza de devolverlo (más intereses) con el dinero que supuestamente tendremos. Atrás quedó la anticuada creencia de que teníamos que ahorrar primero para disfrutar después.

Ya lo dijimos: el sistema se basa en gran parte en estimular los vicios. La espiral de la deuda se alimenta de la espiral de la vanidad y la envidia. Como nota Galbraith: "Un aumento en la deuda del consumidor se encuentra casi implícito en el proceso actual de elaboración de necesidades. La publicidad y la emulación, las dos causas mediatas del deseo, actúan a través de la sociedad. Producen sus efectos sobre los que tiene medios y sobre los que no los tienen. La publicidad es una acción breve, pero necesaria sobre aquellos que carecen de disponibilidades, para estimular su deseo y hacer que este repercuta en el mercado a través de un préstamo. La relación entre la emulación y las deudas es todavía más directa. Cada comunidad tiene individuos cuya capacidad de pago varía enormemente. El ejemplo de los que pueden pagar ejerce una influencia inmediata sobre los que no pueden. Estos últimos deben incurrir en deudas si quieren mantenerse al mismo

---

[317] Samuel Perry and Cyrus Schleifer, "Till porn do us part? A longitudinal examination of pornography use and divorces", *The Journal of Sex Research*, vol. 55, n° 3, 2018, p. 284.
[318] NoFap Survey, www.reddit.com, March 2014.

paso de aquellos"[319].

Así, en la sociedad de hiperconsumo no es raro encontrar individuos que, con tal de financiarse lujos como celulares de punta, viajes, restaurantes sofisticados, etc., viven presionados mes tras mes con pagar la tarjeta de crédito. Si acuden a reducir gastos normalmente ello no implica dejar sus caprichos sino ya no proyectarse a hacer un diplomado o maestría. Hay incluso los que crían a sus hijos en condiciones materiales malas o mediocres pero tienen un *muy buen* televisor y un *muy buen* celular. O puede ser que regalen tal tipo de aparatos también a sus hijos, pero los tienen en una institución educativa mediocre. En caso no resulte la irracional estrategia de reducir los gastos *necesarios* para financiar los caprichos *innecesarios*, el individuo puede acudir a fraccionar su deuda en cada vez más y más cuotas que seguirá pagando "casi hasta la muerte". Otra (descerebrada) opción es contraer más deuda para pagar la deuda. Así, uno va girando entre múltiples bancos en una espiral que desemboca en la muerte financiera. Y quien muere financieramente es el individuo *porque el banco nunca pierde*. "Nuestra marcha hacia unos niveles de vida cada vez más elevados estará jalonada, necesariamente, por una precipitación cada vez más profunda en los abismos de la deuda", dice Galbraith[320].

Cuando éramos niños y nos quejábamos de no poder ser libres haciendo lo que nos dé la gana nuestros padres decían: "Cuando seas mayor de edad". Ahora somos mayores de edad pero nuestro "hacer lo que nos da la gana" tiene precio y, si no lo podemos pagar, nos esclavizamos al banco. Luego, para poder pagar comenzamos a hacer horas extras o hasta conseguimos dos trabajos. Por financiarnos nuestra "libertad" terminamos con más restricciones que cuando éramos niños.

Interesantemente, hoy en día sucede que no es tanto que uno busque al banco, *el banco lo busca a uno*. ¡Nos ofrecen endeudarnos! Uno consigue un empleo más o menos bien remunerado y prácticamente todas las semanas le llega alguna llamada o correo de algún banco diciéndole que ya tiene aprobado (o pre-aprobado) un crédito que uno ¡ni siquiera ha solicitado! Este orden de cosas no es racional y constituye un problema serio pues se infla cada vez más la deuda de los consumidores. De hecho, en una región

---

[319] John Kenneth Galbraith, *La Sociedad Opulenta*, Ed. Artemisa, México, 1986, pp. 224-225.
[320] John Kenneth Galbraith, *La Sociedad Opulenta*, op. cit., p. 225.

relativamente pobre como América Latina resulta que el nivel de endeudamiento de los consumidores ha llegado incluso a alrededor de un 20% del PIB, siendo que en países como Chile, Panamá y Costa Rica dicho ratio ha llegado a ser de 42%, 38% y 35%, respectivamente[321]. Si a eso no se le llama desequilibrio entonces no hay cosa a la que pueda aplicarse ese nombre.

Desequilibrio social

Una idea profundamente inoculada en la mente de quienes viven en sociedades capitalistas occidentales es que hay que ver a lo *privado* como positivo y a lo *público* como negativo. Inmediatamente se asocia al sector privado con adjetivos como "eficiente", "libre", etc., y al sector público con adjetivos como "ineficiente", "coercitivo", etc. Ahora, nadie niega la existencia de gobiernos altamente ineficientes y corruptos a todos los niveles, especialmente en contextos como los de América Latina y África. Sin embargo, no debe perderse de vista que tampoco el sector privado es perfecto (hay múltiples empresas ineficientes y corruptas que vienen operando durante largo tiempo sin haber sido automáticamente eliminadas por el mecanismo de mercado) y que se requiere cierto equilibrio entre bienes públicos y privados para la auténtica promoción del bienestar.

Bajo ciertas condiciones, los agentes privados (empresas o individuos organizados) pueden proveer adecuadamente ciertos bienes públicos. Sin embargo, en general se presentan dificultades para que puedan hacerlo de por sí en medida suficiente. Sucede que los bienes públicos se caracterizan porque es prácticamente imposible impedir que las personas que no han pagado por ellos los utilicen. Ello genera que no necesariamente sea rentable para los privados proveerlos. Pero muchas veces su provisión resulta muy rentable e incluso necesaria para la estabilidad social.

Esto nos lleva al problema que el economista John Kenneth Galbraith llamó *desequilibrio social*: "la comunidad es opulenta en bienes producidos por el sector privado y pobre en servicios públicos"[322]. Nuestra sociedad estimula desenfrenadamente el consumo, pero el consumo de bienes *privados*. Tal vez el caso que mejor ilustra esto es el del automóvil. Tenemos una cantidad

---

[321] Cecilia Barría, "Los 10 países de América Latina donde las personas están más endeudadas", *BBC Mundo,* 12 de octubre de 2017.
[322] John Kenneth Galbraith, *La Sociedad Opulenta*, Ed. Artemisa, México, 1986, p. 341.

ilimitada de muy llamativos anuncios publicitarios invitándonos a adquirir nuestro primer automóvil o *el nuevo* automóvil. Hasta bancos nos persiguen ofreciéndonos un "crédito vehicular" sin que lo hayamos solicitado. Sin embargo, no vemos tal énfasis sobre la necesidad de más y mejores carreteras. *Esto no puede más que llevar al desequilibrio.* Nos quejamos del tráfico, pero al mismo tiempo vemos al gasto público en carreteras como una molestia.

Escribe Galbraith: "El problema del equilibrio social tiene el don de la ubicuidad y, frecuentemente, el de la inoportunidad. (…) Un aumento en el consumo de automóviles exige las correspondientes facilidades en las calles, carreteras, señalización y espacio de estacionamiento. (…) Aunque en este caso es completamente evidente la necesidad de que exista un equilibrio, nuestro empleo de vehículos privados ha excedido algunas veces el suministro de los servicios públicos consiguientes. El resultado obtenido ha sido un extraordinario congestionamiento de las carreteras, una matanza anual de proporciones increíbles y la colitis crónica de las ciudades"[323]. Dice también: "Otorgamos una gran importancia al aumento de la riqueza privada, pero lamentamos los desembolsos adicionales en la fuerza policíaca gracias a la cual aquélla se ve protegida. Las aspiradoras que aseguran la limpieza de las casas son dignas de toda alabanza y se las considera esenciales dentro de nuestro nivel de vida. Pero los carros de limpieza para asegurar la limpieza de las calles constituyen un gasto deplorable. Parcialmente como consecuencia de esto, nuestras casas son generalmente limpias y nuestras calles son generalmente asquerosas"[324].

Es tal el desequilibro social que la publicidad de bienes *privados* ha invadido descarada y desmesuradamente los espacios *públicos*. Economistas idólatras del mercado ven esto como manifestación de progreso, libertad y prosperidad material. Pero cabe también escuchar la voz de alguien que verdaderamente conoce cómo funciona el mundo de la publicidad: David Ogilvy, uno de los más importantes publicistas del pasado siglo. En sus *Confesiones de un Publicitario* él escribe: "En mi fuero interno, siento verdadera pasión por el paisaje, y nunca he visto que fuese mejorado por ningún cartel. Allí donde cada perspectiva es un deleite, el hombre se muestra en su más vil condición cuando instala un panel anunciador. Cuando me retire de Madison Avenue, voy a poner en marcha una sociedad

---

[323] John Kenneth Galbraith, *La Sociedad Opulenta*, op. cit., p. 285.
[324] John Kenneth Galbraith, *Ibídem*, p. 178.

secreta de vigilantes camuflados que viajarán por el mundo en motocicletas silenciosas destrozando carteles a la luz de la luna. ¿Cuántos jurados nos hallarán culpables cuando se nos coja 'in fraganti' en estos actos de benéfica ciudadanía? Las gentes que monopolizan los paneles anunciadores son una camarilla de gentes sin escrúpulos. Han empleado sus más sucias artimañas para torpedear la legislación que prohíbe la fijación de carteles en las nuevas carreteras americanas. Alegan que la industria del cartel da empleo a miles de trabajadores. Lo mismo podrían alegar los prostíbulos..."[325].

Se cuestiona fuertemente cualquier propuesta de aumento del gasto público, aún cuando se asocie a la provisión de más y mejores bienes públicos que puedan ayudarnos a estar más cerca de una situación de equilibrio social. Sin embargo, no se alzan las mismas voces críticas cuando se trata del gasto en publicidad. Con todo y pandemia, se estima que el gasto mundial en publicidad superó los *500 mil millones* en 2020. Pero esto se asume como natural, como parte del libre juego de mercado. No obstante, hay que decir con claridad que destinar tal cantidad de dinero para convencer a personas bien alimentadas de que deben comprar bienes que realmente no necesitan constituye una *aberración* en un mundo en el que todavía mueren cerca de 2.8 millones de niños al año por causas asociadas a la desnutrición[326].

Explotación al trabajador

En la discusión sobre el proceso de producción de necesidades hemos hablamos de la explotación a la subjetividad del consumidor. Ahora hablaremos sobre la explotación a la objetividad del trabajador, esto es, de sus condiciones reales de existencia. No se trata de procesos separados, sino más bien de procesos íntimamente relacionados: la dinámica de explotación de la subjetividad del consumidor está unida a la dinámica de explotación del trabajador.

Es importante anotar aquí (dados los prejuicios de ciertas mentes pequeñas que solo tienen espacio para pensar en término de "capitalismo liberal" o "comunismo marxista") que utilizamos el término "explotación" en su acepción general, sin vinculación específica a la teoría marxista de la

---

[325] David Ogilvy, *Confesiones de un Publicitario*, Ed. Oikos, Barcelona, 1967, p. 183.
[326] "Día Mundial de la Alimentación: 2.8 millones de niños mueren al año por causas relacionadas con la desnutrición", www.unicef.es.

explotación o plusvalía. Tal esquema teórico nos parece sumamente inadecuado para entender el sistema económico. Tampoco decimos que *toda* producción en el capitalismo tiene que ser *intrínsecamente* explotadora. Simplemente apuntamos que en varios casos se observa una relevante dinámica de explotación laboral asociada al sistema de producción de necesidades. No hay necesidad de ser marxista para darse cuenta de ello. Basta con ser una persona sensata.

Pues bien, son varias las formas en que el sistema de producción de necesidades se asocia a explotación laboral, una explotación laboral que no siempre vemos en nuestros países pero que se da de modo muy real en otros países o en otras zonas o sectores de nuestro país. Y eso nos lleva al primer punto: ¡que no vemos la explotación! Lo que vemos son los productos, las marcas. De hecho, como ya habíamos apuntado, hay un *fetichismo de la marca*. De este modo, la marca no solo cumple la función de ocultar la realidad del producto al mitificarlo sino también la de ocultar las condiciones en que fue producido.

El muchacho que compra los productos Nike piensa en la estrella de fútbol que apareció en el último comercial, no en los niños que fueron explotados en el Tercer Mundo para fabricar las zapatillas. En efecto, "en 1995 Nike fue acusado por utilizar niños para fabricar sus zapatos. En el 2001 la marca admitió haber cometido errores a la hora de regular las compañías que contrataba para tercerizar su producción. Niños en Paquistán y Cambodia eran explotados"[327]. Asimismo, la muchacha que compra la camiseta con el slogan "Las chicas mandan" no sabe nada de las chicas asiáticas y latinoamericanas que fueron explotadas para fabricar dicha camiseta y a las que se les manda hacer ello en condiciones muy duras. Gran parte de la ropa para mujeres de países desarrollados es fabricada por mujeres (en varios casos adolescentes) de países subdesarrollados en condiciones de explotación laboral. Así, por ejemplo, en el caso de la glamorosa línea de vestir Kathie Lee Gifford, vendida por Wall-Mart, tenemos que, según reporta un supervisor de condiciones laborales, "lo interesante es que la etiqueta dice: *Una parte de las ganancias de esta venta será donada a varias beneficencias infantiles*. Wall-Mart y Katthie Lee Gifford le están diciendo que si compra estos pantalones ayudará a los niños. Pero las niñas que nos

---

[327] "Historia de Marca: Nike, suelas hechas en wafleras y explotación infantil", www.expertosenmarcas, 16 de agosto de 2014.

dieron las etiquetas (y trabajaban para ellos) tenían 13 años"[328].

De otro lado, tenemos que el sistema de producción de necesidades altera la estructura de costos de las empresas de tal modo que busquen obtener utilidades más con base en la imagen y la publicidad que con base en la producción real. Como decía Phil Knight, fundador de Nike: "Ya no vale la pena fabricar cosas. Lo que añade valor es la investigación cuidadosa, la innovación y el marketing"[329]. Peter Csanadi, portavoz de Adidas, va en la misma línea diciendo con orgullo: "Hemos cerrado todo. Solo mantenemos una fábrica pequeña, que es nuestro centro mundial de tecnología y que manifactura alrededor del 1% de la producción total"[330].

Las grandes corporaciones buscan obtener rentabilidad más desde la manipulación de la subjetividad del consumidor que desde la producción de la objetividad del producto. Esto lleva a la reducción de la producción industrial con los subsiguientes despidos. Como apunta Naomi Klein: "Antes se presentaba los despidos masivos como una lamentable necesidad provocada por el bajo rendimiento de las empresas. En la actualidad son solo sabias modificaciones de la estrategia comercial, una 'reorientación estratégica'. (...) Los directivos se comprometen a centrarse ahora en las necesidades de sus marcas y no en las de sus obreros"[331].

Sin embargo, la producción todavía tiene que hacerse. Incluso si se va a vender bolsas llenas de "aire mágico" hay que fabricar las bolsas. Y es ahí donde viene el eslabón clave y a la vez más débil de esta nueva estrategia de las corporaciones multinacionales: *tercerizar la producción*. Esto, por supuesto, conlleva la tercerización del trabajo hacia zonas o países con condiciones laborales muchas veces infrahumanas. Las grandes empresas (sub)contratan a empleadores de países del Tercer Mundo que a su vez (sub)contratan a las personas bajo condiciones miserables. "Cuando las multinacionales exprimen a los subcontratistas, estos exprimen a los

---

[328] *The Corporation*, documental dirigido por Mark Archbar, Jennifer Abbott y Joel Bakan, 2003.
[329] Donald Katz, *Just Do It: The Nike Spirit in the Corporate World*, Holbrook, Adams Media Corporation, 1994, p. 204.
[330] Citado por: Naomi Klein, *No Logo: El Poder de las Marcas*, Ed. Paidós, Barcelona, 2001, p. 225.
[331] Naomi Klein, *No Logo: El Poder de las Marcas*, Ed. Paidós, Barcelona, 2001, p. 225.

trabajadores"[332]. De este modo, las grandes corporaciones multinacionales del capitalismo del siglo XXI sustentan gran parte de su producción en una explotación laboral en países del Tercer Mundo propia del capitalismo del siglo XIX.

La investigadora Naomi Klein nos reseña algunas de estas situaciones en países de América Latina y Asia: "Los gobiernos de los países pobres ofrecen exenciones impositivas, leyes tolerantes y los servicios de las fuerzas armadas, siempre dispuestas a suprimir el descontento laboral. Para endulzar más la oferta, también subastan a sus propios ciudadanos, compiten para ver cuál fija el salario mínimo más reducido y permiten que los sueldos de los obreros sean inferiores al coste real de la vida. (...) En muchas de las fábricas (...) imperan normas férreas que violan sistemáticamente las leyes laborales (...). Algunos empleadores, por ejemplo, cierran con llave las letrinas excepto durante los dos descansos de quince minutos (...). Las costureras de una fábrica donde se confecciona ropa para The Gap, Guess y Old Nay me dijeron que a veces se ven obligadas a orinar en bolsas de plástico, bajo las máquinas. (...) A las mujeres embarazadas se les exige trabajar en los turnos nocturnos o hacer cantidades excepcionalmente largas de horas extra no pagadas en tareas físicas agotadoras. También se les niega tiempo libre para acudir al médico, una práctica que ha provocado abortos en las fábricas"[333]. Uno ve a las feministas marchando para exigir "Aborto libre", *¡pero no se ve que marchen por los derechos de estas mujeres que, contra su voluntad, han sufrido abortos en fábricas!*

Asimismo, hemos de considerar las relaciones de poder detrás de la fijación de precios. En el capitalismo es claro que el capital tiene más poder que el trabajo. Si es más rentable tercerizar la producción a países con condiciones laborales miserables y se pueden engordar las utilidades invirtiendo en publicidad, así se hará. ¿Y qué si se requiere vender el producto a un precio bastante bajo, dada la presión competitiva? No se pensará primeramente en reducir la utilidad sino en reducir los costes de fabricación, lo cual lleva a presionar por reducir los costes de la mano de obra.

---

[332] "Working conditions in sports shoe factories in China making shoes for Nike and Reebok", *Asia Monitor Resource Centre and Hong Kong Christian Industrial Committee*, September 1997.
[333] Naomi Klein, *No Logo: El Poder de las Marcas*, Ed. Paidós, Barcelona, 2001, p. 234, 239, 252.

Consideremos el mercado de ropa. Los compradores actúan en el mercado de ropa en gran parte como "cazadores de gangas". Van a una y otra y otra y otra tienda preguntando, probándose ropa y buscando quedar bien satisfechos, pero gastando lo menos posible para ello. Esto puede verse todos los días, por ejemplo, en tiendas de ropa como la multinacional Zara. Hay una presión del consumidor hacia el vendedor: "Quiero los precios más bajos". Esto lleva a presión del vendedor sobre el proveedor. Esto lleva a presión del proveedor sobre el trabajador. Y esto lleva a presión del trabajador sobre… ¡No hay sobre quién, pues el trabajador es el eslabón más débil de la cadena! De este modo, como ya hemos visto, *glamorosas* empresas de ropa del Primer Mundo se vinculan estructuralmente a *horrorosas* empresas subcontratistas que explotan a personas del Tercer Mundo. Y no es solo culpa de "las grandes empresas". *Es también culpa de nuestro asqueroso egoísmo en presionar incansablemente por precios más bajos.* Ese placer cuasi-orgásmico que sienten algunos por haber comprado buena ropa a precio muy barato se asocia, de forma indirecta pero real, al sufrimiento que sienten varios por haber trabajado y recibido un salario tan bajo que no les permite comprar ropa decente a sus hijos.

Explotación al planeta

Si el sistema de producción de necesidades no tiene empacho en explotar nuestros cuerpos y nuestras almas, menos aún se va a detener ante la naturaleza. Como ya vimos, en virtud del imperativo pecuniario el capital busca una expansión infinita. Esto conlleva una insalvable contradicción pues *no puede haber un crecimiento infinito en un mundo finito.* Pero tal "pequeño detalle" es dejado de lado porque *nuestro consumismo y productivismo siempre pide más.* Como apunta Schumacher: "La pregunta obvia (…) es la siguiente: ¿Hay suficiente para compartir? De inmediato nos encontramos frente a una seria dificultad: ¿Qué es 'suficiente'? ¿Quién nos lo puede decir? Por supuesto, no el economista que persigue el 'crecimiento económico' como el más alto de los valores y, por tanto, no posee el concepto de 'suficiente'. Hay sociedades pobres que tienen demasiado poco, pero *¿dónde está la sociedad rica que dice: '¡Alto!, ya tenemos suficiente'? No hay ninguna*"[334].

---

[334] Ernst Schumacher, *Lo Pequeño es Hermoso*, Ed. Orbis, Barcelona, 1983, p. 25.

Hoy en día algunos hablan del medio ambiente como "capital natural". Ahora bien, si una empresa encuentra que su capital se está consumiendo rápidamente, ¿no debería preocuparse acaso sobre su sostenibilidad? Pues bien, eso es lo que está pasando con nuestro planeta. En efecto, "la globalización ha acentuado también la presión sobre los recursos naturales, hasta el punto de que ya en 1990 en algunos minerales claves -hierro, cobre, zinc, bauxita, níquel- *las reservas disponibles en la corteza terrestre eran inferiores al volumen acumulado de extracción de los mismos*. A esto se añade que *sus métodos de extracción tienen alto impacto ambiental* y que además los recursos se reparten asimétricamente, ya que los países subdesarrollados cubren en torno al 80% del déficit de los desarrollados en esos minerales. (…) *Para que el mundo desarrollado pueda cubrir sus necesidades (…) es imprescindible que los países subdesarrollados no consuman industrialmente esos recursos*"[335].

He ahí el *pandemónium ecológico* que ocasiona nuestro sistema económico. Sin embargo, hay algunos lobotomizados por el sistema que, con fanatismo cuasi-religioso, confían en que el petróleo demorará en acabarse o que la energía nuclear nos salvará o en que surgirá una nueva tecnología que lo arreglará todo… y eso cuando no llegan a la estolidez de decir que "Bueno, cuando se destruya este planeta habremos avanzado lo suficiente como para irnos, toda la humanidad, a vivir al planeta Marte". La situación es preocupante, pero aun así hay intereses privados que, conforme a la lógica del *imperativo pecuniario*, ven en la crisis ecológica no más que una nueva oportunidad para llenarse de dinero. Como reporta Joseph Stiglitz, Premio Nobel de Economía de 2001: "En el 2006, durante la reunión anual de Davos, los representantes de la industria petrolera conversaban sobre las nuevas oportunidades que les proporciona el calentamiento global: que los casquetes polares se derritan les facilitará el acceso al petróleo que se encuentra bajo el Ártico"[336].

"Oh, pero no todos son así, también hay varios en esta sociedad que tienen conciencia ecológica. De hecho, cada vez hay más conciencia ecológica", replicará alguno. Y sí, ciertamente, hay algunas personas que tienen conciencia ecológica. Pero son *muy pocas*. Lo que está generalizado en

---

[335] Jorge Fonseca y Ángel González-Tablas, "Economía política de la globalización y su crisis", en: *La Globalización en el Siglo XXI: Retos y Dilemas*, Federación de Cajas de Ahorro Vasco Navarras, Vitoria, 2008, p. 39.
[336] Joseph Stiglitz, *Cómo Hacer que Funciona la Globalización*, Ed. Taurus, Buenos Aires, 2006, p. 223.

nuestra sociedad postmoderna *no es* la *conciencia ecológica* pues tener conciencia de verdad implica ser pensante y *la mayor parte de las personas no son pensantes*, sino que siguen sentimientos o modas. ¡Y ese es el punto! En nuestros días todo ese asunto de lo ecológico es más que nada una moda entre la gente. Hay que ser *eco-friendly* porque es *cool* ser *eco-friendly*. De hecho, *el ecologismo ha devenido en un producto de consumo*. En efecto, el sistema publicitario ha sabido convertir la supuesta "conciencia ecológica" en un producto. Así, se pone todo el problema sobre los hombros de los consumidores: no hay que pedir cañita, no hay que pedir bolsas de plástico, no hay que comer carne, etc. Los individuos particulares hacen eso y ya se sienten "muy ecológicos". Sin embargo, es un gran engaño porque *mientras se siga con este sistema productivista explotador de recursos el que unos cuantos pidan su refresco sin cañita no va a cambiar sustancialmente las cosas*. Al contrario, eso hasta puede perpetuar el problema porque las grandes empresas siguen devorándose el mundo a grandes bocadas y los consumidores, en lugar de demandar que se cambie eso, estarán enfocados en que no les pongan cañita en su refresco.

Es más, varias *modas ecológicas* pueden implicar insospechadas *cargas ecológicas*. Por ejemplo, varios veganos por moda se la dan de "muy ecológicos" porque el "consumir carne contamina". Sin embargo, como explica Wayne Martindale, investigador de la Universidad Sheffield Hallam del Reino Unido: "Estamos comenzando a preguntarnos si adoptar una dieta vegetariana (…) es tan sostenible como se podría pensar. (…) Además del (…) impacto de las millas aéreas, las tierras globales y el uso de los recursos (…), la producción de comida puede destruir o desplazar recursos naturales para suplir una demanda creciente. Cambiar el uso de la tierra para expandir la producción de aguacate en México, por ejemplo, está desplazando la selva tropical. (…) La carne no es el único alimento que aumenta las emisiones de gases de efecto invernadero. El arroz -que se produce en 163 millones de hectáreas, en casi el 12% del total de zonas cultivables del mundo- tiene una de las huellas de carbono más altas porque produce muchísimo metano"[337].

Asimismo, tenemos el problema de la obsolescencia artificial, asociado al imperativo tecnótico. El sistema de producción requiere *estructuralmente* generar desperdicios de forma artificial para poder seguir creciendo.

---

[337] Wayne Martindale, "¿Es realmente una dieta vegetariana más ecológica que comer carne?", *CNN en Español*, 17 de febrero de 2017.

Cuando en 1881 Edison puso a la venta su primera bombilla eléctrica, esta duraba 1500 horas. Luego llegaron a patentarse bombillas de mucha más duración, incluso una que duraba 100 mil horas. Sin embargo, no llegaron a comercializarse. ¿Por qué? Nos lo explica Warner Philips, biznieto de los fundadores de Philips, la gran multinacional de las bombillas: "La obsolescencia programada se ha desarrollado porque hay incentivos económicos para ello. *Para una empresa es más rentable fabricar productos que duren 3 años o 1000 horas porque así venden más*"[338].

Gran parte de la obsolescencia artificial la tenemos hoy en día con los productos electrónicos: teléfonos celulares, PCs, laptops, etc. Así, se da sistemáticamente el caso de millenials o hípsters o frikis (o en verdad no importa ¡porque hay cosas *mucho más importantes* que los estrambóticos nombrecitos de esas "tribus" urbanas!) que postean desde su iPhone que no hay que usar plástico, que hay que salvar a *las tortuguitas* y todo eso... pero, por sus modas y caprichos, cambian de iPhone *cada año* ¡generando una cantidad de basura electrónica que les hace la vida miserables a los niños de ciertos países subdesarrollados!

Esta es la triste realidad que generan estos *no inteligentes* con *teléfonos inteligentes*: ¡que haya países que se han convertido en *basureros* del mundo! En efecto, "según explica Mike Anane, director de la Liga de periodistas medioambientales del país: 'Ghana está convirtiéndose en un vertedero para los desechos de Europa y de los Estados Unidos. *Las personas que abren los monitores me cuentan que sufren náuseas, cefaleas y problemas respiratorios*'. A Lagos llegan cada mes más de medio millón de ordenadores, pero sólo una cuarta parte de ellos funciona; el resto se vende como chatarra, se machaca y se quema. (...) 'Hemos grabado *a niños de hasta seis años de edad* buscando trozos de metal en una tierra sembrada de los desechos tóxicos de miles de tubos catódicos hechos pedazos', afirma Benjamin Holst, cofundador de DanWatch. 'En este entorno de gran toxicidad vive y trabaja una comunidad entera que crece día a día'"[339].

En conclusión, como dice el economista Serge Latouche, "el crecimiento es hoy en día un negocio rentable solo si los costos son asumidos por la

---

[338] Citado en: *Comprar, Tirar, Comprar*, documental dirigido por Cosima Dannoritzer, 2011.
[339] Richard Wray, "Los ordenadores muertos provocan el aumento de toxinas en África", *Rebelión*, España, 21 de mayo de 2008.

naturaleza, las futuras generaciones, la salud de los consumidores, las condiciones de trabajo de los asalariados y, sobre todo, los países del sur"[340]. Este sistema está tirándolo todo a la basura: nuestros celulares, nuestros países, nuestros cuerpos, nuestras almas...

---

[340] Serge Latouche, *Farewell to Growth*, Polity Press, Cambridge, 2009, p. 31.

CAPÍTULO 7
EL CAMINO HACIA UN NUEVO MUNDO
O DE QUÉ HACER PARA LIBERARNOS

Pensar fuera de la caja

"No podemos resolver nuestros problemas con el mismo pensamiento con el que lo hemos creado", decía Albert Einstein. En efecto, la economía irracional nos lleva a una racionalización de la irracionalidad, a pensar en nuestro sistema económico como una forma racional de organización (sea "construida", al estilo de los economistas neoclásicos y keynesianos, o "espontánea", al estilo de los economistas austríacos). Vivimos "dentro de la caja" y pensamos "dentro de la caja". En suma, vivimos en "la matrix", la matrix del consumismo y el productivismo. Por tanto, si queremos "salir de la caja" debemos "pensar fuera de la caja".

El sistema nos ha enseñado solo a ver en términos horizontales, mundanos. En el espectro de sistemas político-económicos estamos *programados* a clasificarlo todo en término de "izquierda" y "derecha". Eso no lleva a pensar de modo *irracional* cayendo *continuamente* en falacias como la *falacia de falso dilema* ("O comunismo marxista o capitalismo liberal, es lo uno o lo otro, no hay tercera opción"), la *falacia de todo o nada* ("Si introducimos siquiera una regulación al mercado, inevitablemente terminaremos en el control estatista absoluto") y la *falacia de dos errores hacen un acierto* ("Como el comunismo marxista es malo, entonces el capitalismo liberal es bueno"). ¡Nada de eso sigue una conexión lógica! Pero son los eslóganes simplistas a los que estamos acostumbrados.

Otra forma de "pensamiento horizontal" es verlo todo en término de "hacia atrás" o "hacia adelante", es decir, medir toda propuesta económica, política o social en términos de si hará aumentar o disminuir la producción. Es la idolatría del crecimiento económico, el sacrificio de todas las posibilidades sociales y todos los ideales al dios del PIB. Como decía el economista E. J. Mishan: "Existen más soluciones fundamentales que, simplemente, 'hacia adelante' o 'hacia atrás'; (…) existen elecciones sociales críticas que podrían debatirse si fuésemos capaces de cerrar nuestros oídos a los cánticos diarios de los slogans de eficiencia"[341].

---

[341] E. J. Mishan, *Los Costes del Desarrollo Económico*, Ed. Orbis, Barcelona, 1983, p. 9.

La verdadera cuestión no es si trata de ir hacia la derecha o la izquierda, hacia adelante o hacia atrás, sino de si se está yendo *hacia arriba o hacia abajo*. Es decir, debemos tomar conciencia de la escala objetiva del ser, de una escala objetiva de valores. "Bah, pero eso no existe, todo es relativo", cacareará alguno que piensa que es absolutamente verdadero que no hay nada absolutamente verdadero. ¡Pero precisamente es por ese tipo de pensamiento que estamos así! En un mundo que niega cualquier escala objetiva de valores y donde todo da lo mismo, ¡lo único que queda es el consumismo! Es por ello que, para salir de la vorágine consumista de la economía irracional, es necesario desarrollar un pensamiento vertical en términos de jerarquía de valores. Por supuesto, ello nos lleva al ámbito filosófico, pero no existe cosa más práctica que una buena teoría. De hecho, no un "gurú espiritual" sino un hombre sumamente práctico como el economista Ernst Schumacher, quien trabajó cono Jefe de Asesores Económicos del Consejo Nacional del Carbón de Gran Bretaña entre 1950 y 1970, dice: *"La tarea de nuestra generación, no tengo ninguna duda, es la de una reconstrucción metafísica"*[342].

Debemos ir hacia lo que el filósofo francés Edgard Morin llamaba "pensamiento complejo"[343]. Por supuesto, la gente odia el pensamiento complejo. De hecho, odia pensar y la mayoría prácticamente ni piensa. Por tanto, si van a acoger alguna idea, *son adictos a la simplonería*. La gente no quiere entender de forma amplia y profunda la economía con una investigación rigurosa de los procesos reales de desarrollo y subdesarrollo de los países. Lo que quiere es recetas simplistas en que "toda la culpa" de los problemas la tienen "los empresarios capitalistas" (según el discurso simplón de izquierda) o "los gobiernos populistas" (según el discurso simplón de derecha). Pareciera que todos los males de la humanidad se deben a la "malvada derecha" o a la "negra izquierda". La realidad es más compleja. Tanto *en los problemas como en las soluciones* confluyen gobierno y empresarios, Estado y mercado. Pero la gente no quiere escuchar a economistas verdaderamente amplios y profundos en su pensamiento. Les basta seguir a charlatanes que simplifican engañosamente toda la complejidad del mundo. Eso tiene que cambiar.

Dado esto, la economía debe ser pensada desde una perspectiva *multiparadigmática* (considerando los aportes de diferentes paradigmas

---

[342] Ernst Schumacher, *Lo Pequeño es Hermoso*, Ed. Orbis, Barcelona, 1983, p. 104.
[343] Cfr. Edgard Morin, *Introducción a la Economía*, Ed. Gedisa, Barcelona, 1990.

como el institucionalismo, el postkeynesianismo, la economía conductual, etc.), *multidisciplinaria* (considerando los aportes de diversas disciplinas como la sociología, el derecho, la ciencia política, etc.) y *transdisciplinaria* (considerando la unificación de todo lo anterior por medio de un marco filosófico que pueda estar incluso iluminada con lo teológico). Tenemos, pues, que salir de la caja y, como decía el gran sociólogo norteamericano Inmanuel Wallerstein, "abrir las ciencias sociales"[344].

En cambio, lo que tenemos es una teoría económica reduccionista: la economía neoclásica. Esto se debe en gran parte a lo que Fritz Machlup llamaba "el complejo de inferioridad de las ciencias sociales"[345]. Las ciencias sociales quieren ser como las ciencias naturales, como la física y la química. Quieren reducirlo todo a fórmulas matemáticas, a sistemas de ecuaciones y gráficos. Pero las ciencias sociales no pueden seguir los mismos esquemas que las ciencias naturales porque, en la escala del ser, el ser humano no es reducible a lo meramente natural. Si podemos describir con más éxito el comportamiento de los objetos naturales ¡es precisamente porque son más simples que los entes sociales! No es que los científicos sociales sean necesariamente menos capaces, ¡es que su objeto de estudio es más complejo! Si podemos describir con bastante éxito el movimiento de los planetas con ciertas ecuaciones es en gran parte ¡porque estos no tienen pensamientos ni sentimientos ni libre albedrío como los seres humanos!

De otro lado, parte del cambio de mentalidad debe traducirse en abandonar el paradigma de solo considerar lo que es "factible". La extrema insistencia en que planteemos políticas "realistas" eventualmente lleva a que no se realice ninguna política porque lo más realista de todo es quedarnos con la (nefasta) realidad que ya tenemos. *Siempre* habrá dificultades y obstáculos para implementar *cualquier* propuesta. *Nadie está diciendo que el cambio sea fácil o automático.* Pero si queremos mejorar como sociedad y salir de la vorágine de la economía irracional tenemos que dejar de escuchar el slogan liberal pro-globalista *There is no alternative* ("No hay alternativa") y comenzar a pensar que "otro mundo es posible".

---

[344] Cfr. Inmanuel Wallerstein, "Abrir las ciencias sociales", conferencia realizada para el Social Science Research Council en New York el 24 de octubre de 1995.
[345] Fritz Machlup, "The inferiority complex of the social sciences", en: Mary Sennholz, *On Freedom and Free Enterprise*, Ed. D. Van Nostrand Co., New Jersey, 1956.

Esto lo entendió muy bien el economista E. J. Mishan, quien fue uno de los primeros en llamar la atención sobre los males de nuestro modelo de crecimiento económico. Lo citamos en extenso: "Quizás algunos lectores se quejen de la falta de propuestas detalladas o, peor aún, de la falta de propuestas políticamente practicables. (...) No resulta demasiado difícil conseguir una buena reputación por la sensatez de juicios y el realismo por medio de una exhibición de moderación, marchando a la medida de los tiempos y cuidando de no sugerir nada que el público no se halle dispuesto a aceptar en cualquier caso. Tal sentido político tiene sus aplicaciones, *pero no puede contribuir en absoluto a un replanteamiento radical de la política social.* Ideas que parecen en un primer momento estar condenadas a la impotencia política, pueden calar hondo en las mentes de los hombres y mujeres corrientes, extenderse y aumentar en fuerza, *hasta que llegue el momento en que puedan emerger en forma de medidas de política puesto que lo que sea políticamente factible, depende, en última instancia, de la influencia activa de la opinión pública"*[346]. Este libro se dirige a eso.

En ese contexto, es *urgente* que comencemos a implementar cambios *ahora*. No se trata de esperar indefinidamente a no encontrar ningún obstáculo para recién implementar cambios. De ser así, nunca se haría nada. Tampoco se trata de cambiarlo inmediatamente todo como pudiera reconfigurarse todo el sistema de producción y consumo de un día para otro. No, no es eso lo que estamos diciendo. Lo que decimos es que *desde ahora* debemos comenzar a implementar pequeños cambios pero que sean progresivos y continuos. Es absurdo desanimarse porque uno no lo puede cambiar todo. No se trata de cambiarlo *todo*, se trata de comenzar a hacer *algo*. Es la medida en que cada vez más personas vayan haciendo cada vez más y más se logrará un *gran cambio*. Pero no será automático. Requerirá persistencia, resistencia y lucha. *This is the way.*

Una nueva educación

Cambiar nuestro marco mental, "pensar fuera de la caja", implica construir una *nueva educación*. Salir de la sociedad de hiperconsumo propia de la economía irracional conlleva cambiar el enfoque del modelo educativo porque, como apuntan Ferrández y Sarramona, "cada sociedad entraña no solo una forma de vida, sino una manera de interpretar al hombre y su

---

[346] E. J. Mishan, *Los Costes del Desarrollo Económico*, Ed. Orbis, Barcelona, 1983, p. 11.

perfeccionamiento, lo que implica un concepto de educación"[347]. La palabra "educación" viene del latín *educere* que significa conducir, guiar, orientar. Hemos visto que la dirección de nuestra sociedad nos va acercando al abismo. Ergo, tenemos que cambiar de dirección, de educación.

Lo que tenemos en el modelo presente es una educación tecnocrática. Se forma a los jóvenes en "competencias" para que salgan a competir al mercado capitalista, ganen tanto dinero como puedan y se den una vida de placeres con ese dinero. Varios padres dicen a sus hijos: "Hijito, estudia mucho para que tengas un trabajo con buena paga y entonces puedas disfrutar". El disfrute es el *fin último* y el dinero es el *medio ineludible*. Esta lógica se incorpora en los jóvenes que, lejos de tener ideales, pasan a cultivar un cinismo pragmático. Cuando se les enseña algo en el colegio o la universidad preguntan: "Profe, ¿y eso de qué me va a servir?". La pregunta no sería en sí misma problemática si no fuera por el hecho de que en general se presupone que un conocimiento solo puede "servir" en términos de producir más dinero. Como nota Erich Fromm, nuestro sistema educativo busca primordialmente "proporcionar al individuo los conocimientos que necesita para actuar en una civilización industrializada, y formar su carácter dentro del molde que se necesita: ambicioso y competidor, pero cooperativo dentro de ciertos límites; respetuoso de la autoridad, pero 'deseablemente independiente', como dicen algunos certificados escolares; cordial, pero no profundamente afecto a nadie ni a nada"[348].

Al presente las universidades ya no constituyen centros del conocimiento universal sino meras fábricas de títulos profesionales. Y en el caso de las universidades que realizan investigación, no lo hacen en términos de contribuir a "saber universal" sino en términos de producir artículos *ultra-especializados* para revistas *ultra-especializadas*. ¿Y por qué? No por amor al conocimiento sino porque los evaluadores internacionales han reducido la investigación a la mera publicación en revistas indexadas y las universidades requiere de "eso" para subir en el ranking y así atraer más alumnos y recursos. El conocimiento mismo ya no es un fin sino un mero medio para ganar más prestigio y así ganar más dinero. El docente deviene no en un referente de cultura sino en una máquina de producir "artículos

---

[347] Adalberto Ferrández y Jaime Sarramona, *La Educación: Constantes y Problemática Actual*, CEAC, Barcelona, 1987, p. 4.
[348] Erich Fromm, *Psicoanálisis de la Sociedad Contemporánea*, Fondo de Cultura Económica, México, 1956, p. 284.

científicos" y cubrir ciertos cursos.

Asimismo, se desprecia las humanidades. Dado que la poesía, las letras o la filosofía no producen dinero (o al menos no tanto como otras carreras), se las relega cada vez más en las universidades e incluso se las elimina. Por otra parte, prácticamente todas las universidades del planeta tienen en sus estatutos frases rimbombantes sobre el perfil de sus egresados. Se dice que se busca formar a un profesional integral con valores, pensamiento crítico, visión amplia, profunda responsabilidad social, etc. Pero en la práctica esto no se traduce en los programas de estudio que al final siguen un modelo tecnocrático de formar a los alumnos en "herramientas". De hecho, se han llegado a dar casos en que, por ejemplo, en carreras de Economía, el curso de "Economía y Ética" ¡es opcional![349] Como se lamentaba T. S. Eliot: "¿Dónde está la sabiduría que hemos perdido en el conocimiento? ¿Dónde está el conocimiento que hemos perdido en la información?"[350].

Tenemos que ir hacia una educación que nos dé no solo conocimiento o incluso mera información, sino también sabiduría. Como dice Ernst Schumacher: "La tarea de la educación sería, primero y antes que nada, *la transmisión de criterios de valor*, de qué hacer con nuestras vidas. Sin ninguna duda también hay necesidad de transmitir el 'saber cómo', pero esto debe estar en un segundo plano, porque obviamente es bastante tonto poner grandes poderes en manos de la gente, sin asegurarse primero que tengan una idea razonable de qué es lo que van a hacer con ellos. En el momento presente hay muy pocas dudas de que toda la humanidad está en peligro mortal, no porque carezcamos de conocimientos científicos y tecnológicos, sino porque tendemos a usarlos destructivamente, sin sabiduría. Más educación puede ayudarnos solo si produce más sabiduría"[351]. Enseñar herramientas sin transmitir criterios de valor es tan peligroso como darle una metralleta a un mono. Al presente, "gracias" al avance tecno-científico, contamos ya con el potencial para autodestruirnos. En efecto, ya hay diversas formas en que la raza humana puede destruirse *en conjunto* como

---

[349] Viví esto "en carne propia" al verificar horrorizado que en el Plan de Estudios de la Facultad de Ciencias Económicas en que estudié el pregrado el referido curso aparecía como "electivo".
[350] Citado por: Enrique Congrains, *999 Palabras Para el Planeta Tierra*, Ed. HuaitaPuquio, Lima, 2008, p. 7.
[351] Ernst Schumacher, *Lo Pequeño es Hermoso*, Ed. Orbis, Barcelona, 1983, p. 84.

ha notado el filósofo francés Michel Lacroix en su obra *El Humanicidio*[352].

La formación en criterios de valor y sabiduría implica una vuelta a las humanidades. Las universidades deben volver a sus orígenes (es decir, antes de la presente *degeneración tecnocrática*) en que se daba primacía y centralidad al saber universal sobre todo en términos de humanidades. Las ciencias naturales y las ingenierías nos dan el *cómo* de las cosas, pero también necesitamos el *por qué* y el *para qué*. Es ahí donde cobran relevancia ramas como la filosofía, la teología y la literatura. Como dice Schumacher: "Lord Snow nos dice que cuando la gente educada deplora el 'analfabetismo de los científicos', él a veces pregunta: '¿Cuántos de ellos podrían describir la Segunda Ley de la Termodinámica?'. (…) La Segunda Ley de la Termodinámica no es nada más que una hipótesis de trabajo apropiada para varios tipos de investigación científica. Por otro lado, una obra de Shakespeare está llena de las ideas más vitales acerca del desarrollo interno del hombre, mostrando la grandeza y la miseria total de la naturaleza humana. ¿Cómo podrían estas dos cosas ser equivalentes? ¿Qué es lo que pierdo, como ser humano, si jamás he leído acerca de la Segunda Ley de la Termodinámica? La respuesta es: nada. ¿Y qué es lo que pierdo si no sé nada de Shakespeare? *A menos que obtenga mi conocimiento de otra fuente, pierdo mi vida*"[353].

Debemos salir del modelo de universidad en que cada facultad es un compartimento separado de conocimiento ultra-especializado. Las ciencias naturales, las ciencias sociales, las técnicas, las ingenierías y las humanidades interactuar más. Se deben formar grandes foros abiertos de debate universitario sobre cuestiones profundas de interés general: el sentido de la vida, la existencia de Dios, la naturaleza del hombre, las ideologías políticas y económicas, el consumismo, el cambio climático, las estructuras de poder, etc. Las diversas visiones deben hacerse presentes en un debate racional. Ello hará subir auténticamente el nivel *intelectual* y contribuirá a que los jóvenes vayan formando un *saber integral* con criterios que han dilucidado racionalmente y no solo asumido acríticamente. Cada ciencia nos da una verdad particular de un ser particular (físico, químico, social…), pero hemos de orientarnos también hacia la verdad universal del ser universal. Es mejor saber un poco de todo que todo de un poco. Y más importante aún es estar conectado con un *centro*. Solo así seremos *personas*

---

[352] Véase: Michel Lacroix, *El Humanicido*, Ed. Sal Terrae, Santander, 1995.
[353] Ernst Schumacher, *Lo Pequeño es Hermoso*, Ed. Orbis, Barcelona, 1983, p. 89.

integrales y no individuos que, bajo el corsé de la especialización, terminan sabiendo *prácticamente todo* de *prácticamente nada*.

Es ineludible citar de nuevo a Schumacher pues él es el economista que más profundamente ha reflexionado sobre esto: "Todos los temas, no importa lo especializados que sean, están conectados con un centro, como rayos emanando de un sol. El centro está constituido por nuestras convicciones más básicas, por esas ideas que realmente nos empujan hacia delante. En otras palabras, el centro consiste en la ética y la metafísica. (…) La educación nos puede ayudar si produce 'hombres completos'. El hombre verdaderamente educado no es aquel que sabe un poco de cada cosa, ni aun el hombre que sabe todos los detalles de todos los temas (si tal cosa fuera posible). El 'hombre completo', en realidad, puede tener muy poco conocimiento de los hechos y las teorías, (…) pero *estará en contacto real con el centro*. No dudará respecto de sus convicciones básicas ni a sus puntos de vista sobre el significado y propósito de la vida. Puede no estar en condiciones de explicar todos estos temas en palabras, pero la conducta de su vida mostrará un cierto toque de seguridad que emerge de su claridad interior"[354].

La recuperación de nuestra soberanía

Como vimos al inicio del libro, la economía irracional se basa en el mito de la soberanía del consumidor. Tanto los economistas liberales como los anuncios publicitarios nos dicen que en este sistema económico somos libres, autónomos, independientes… en suma, soberanos. Pero, como hemos visto, se trata de una gran mentira. Nuestra soberanía nos ha sido robada por las empresas que utilizan toda suerte de medios para moldear nuestra subjetividad. Nos creemos libres, pero somos esclavos de nuestros deseos, deseos que son manipulados *por otros*.

¿Cómo liberarnos? Tenemos que recuperar nuestra soberanía. Pero no nuestra supuesta soberanía como consumidores, sino nuestra soberanía *como personas*. *Tenemos que tomar el control de nuestras vidas*. Siendo dueños de nosotros mismos seremos automáticamente dueños de lo que consumimos.

El conocimiento constituye la herramienta clave para nuestra liberación. *La*

---

[354] Ernst Schumacher, *Lo Pequeño es Hermoso*, op. cit., pp. 97-98.

verdad nos hará libres. Un esclavo que cree que es libre *nunca se rebelará*; pero un esclavo que toma conciencia de su condición de esclavo *puede rebelarse*. De ahí que el sistema esté tan interesado en repetirnos y hacernos creer que somos libres. Pero debemos tener conocimiento de las cadenas reales y virtuales, materiales e inmateriales, que nos tienen sujetos. Esto requiere continuos actos de conciencia, pero así es el camino hacia la libertad. *El conocimiento es poder*. El conocer cómo se nos manipula es la condición necesaria para la liberación. Como dice el economista norteamericano Vance Packard: "Todavía tenemos disponible una fuerte defensa contra quienes buscan persuadirnos: podemos elegir no ser persuadidos. En prácticamente todas las situaciones tenemos todavía la elección, y no podemos ser manipulados demasiado seriamente si sabemos lo que está pasando"[355]. El filósofo argentino José Pablo Feinmann coincide: "Cuando nosotros surgimos a la realidad surgimos a la realidad del poder, y esa realidad intenta absorbernos. ¿Y cuándo surge nuestra subjetividad auténtica, verdadera, esencialmente libre? Cuando somos capaces de establecer un quiebre entre aquello que viene hacia nosotros, y nosotros"[356].

Precisamente el presente libro tiene por objeto desnudar los instrumentos de producción de necesidades a fin de que, con ese conocimiento, evitemos su influencia. Mientras a más personas llegue el mensaje, más contrapeso se hará al sistema. *Es la hora de la rebelión contra el consumismo*. Esto requiere valor y disciplina. Cualquiera puede dejarse llevar por la corriente, pero *solo el fuerte es capaz de ir a contracorriente*. Esto implica en gran parte ir contra nosotros mismos pues muchos de nuestros hábitos y tendencias nos han sido inoculados por el sistema. El sistema nos ha hecho adictos al consumo, sea físico o virtual (¿hay siquiera uno que pueda estar una semana sin ver videos tontos o superficiales vía Internet?). Salir de la adicción es una lucha. Nuestra vorágine anterior de consumismo, superficialidad, hedonismo y materialismo "nos llama" pues artificiosamente ha convertido arbitrarios (y a veces hasta nocivos) *deseos* en *necesidades*. Por tanto, no debe perderse de vista que, como dice Marcuse, "toda liberación depende de la toma de conciencia de la servidumbre, y el surgimiento de esta conciencia se ve estorbado siempre por el predominio de necesidades y satisfacciones que, en grado sumo, se han convertido en propias del individuo"[357].

---

[355] Vance Packard, *The Hidden Persuaders*, Ed. Van Rees Press, New York, 1957, p. 265.
[356] José Pablo Feinmann, *La Filosofía y el Barro de la Historia*, Ed. Planeta, Buenos Aires, 2008, clase 1.
[357] Herbert Marcuse, *El Hombre Unidimensional*, Ed. Artemisa, México, 1985, p. 37.

Tenemos, pues, que aprender a "hackearnos" a nosotros mismos. Es menester encontrar métodos y técnicas para impedir aquellas tendencias desordenadas que el sistema sabe aprovechar para hacernos gastar tiempo y dinero. Veamos, por tanto, algunas reglas prácticas que podemos aplicar como individuos y también enseñar a otros para que cada vez sean más y más los que se liberen, los que alcancen *la auténtica libertad rebelándose contra este sistema liberal*.

Comencemos considerando el caso de las personas que tienen el problema de compras compulsivas. Uno puede pensar que esto afecta a unos pocos "adictos a las compras", pero el problema está más extendido de lo que a primera vista parece. Teniendo la tarjeta de crédito o débito asociada a nuestros celulares podemos hacer múltiples compras a la sola distancia de un "clic". Cuando se trata de dinero físico en nuestra billetera, vemos claramente cómo se está gastando y cuánto va quedando. Pero cuando se trata de dinero "virtual", no hay tal experiencia directa y uno bien puede encontrarse, si es que se pone a hacer cuentas a fin de mes, que gasta en compras "de un clic" significativamente más de lo que le parecería prudente.

Una forma de "hackearse a sí mismo" si uno sabe que tiene este problema es aplicar el "método del vaso de hielo" referido por Dan Ariely[358], uno de los mayores expertos del mundo en economía conductual. Uno puede poner la tarjeta de crédito en un vaso con agua y poner dicho vaso en la nevera. Así, cada vez que quiera hacer una compra por impulso tendrá que ir hacia la nevera y retirar el hielo con cuidado para que no se dañe la tarjeta. Hasta allí su impulsividad puede haber disminuido y tal vez, pensándolo mejor, no realiza la compra. Otra opción es que uno elimine de todos sus dispositivos y cuentas todos sus datos de tarjeta bancaria y luego le diga a alguna persona con la que vive que tiene un problema de compras compulsivas y que por favor le esconda la tarjeta y solo se la dé si es que queda convencida de que es necesario comprar aquello que uno quiere comprar. Es extremadamente tonto confiar en nuestra fuerza de voluntad al momento del impulso, lo que tenemos que hacer es tomar voluntariamente medidas *mucho antes* que nos pueda surgir el impulso.

---

[358] Dan Ariely, *Predictably Irrational: The Hidden Forces that Shape Our Decisions*, Harper Collins Publishers, New York, 2008, p. 122.

Otro problema que constituye una *enfermedad estructural* de nuestra sociedad consumista es la procrastinación. Esta consiste en sistemáticamente dejar para mañana lo que podemos hacer hoy. *Mañana es el día más ocupado de la semana*. Por causa de los celulares en que pasamos horas y horas viendo tonterías bien puede decirse que estamos en una auténtica *pandemia de procrastinación*. Esto se asocia al sistema de la economía irracional en tanto la publicidad es *omnipresente* en esos videos, juegos o páginas tontas con las que procrastinamos. Dar clic a algo ya es alimentar ese perverso sistema. El bombardeo constante de mensajes termina sujetando nuestra subjetividad y llevándonos a desear, comprar y consumir más allá de lo bueno o necesario. Como dice Latouche: "La mayor parte de nuestro tiempo libre no conduce a una reapropiación de nuestra vida y no representa un escape del modelo dominante de mercado. El tiempo todavía se dedica frecuentemente a actividades que han sido mercantilizadas"[359]. Por tanto, una forma de "hackear" el sistema en nuestras propias vidas es venciendo la procrastinación, administrando el tiempo que pasamos viendo cosas no productivas o consumiendo cosas inútiles o nocivas.

Existen aplicaciones para limitar el tiempo en que estamos en nuestras redes sociales y que proceden a bloquearlas una vez que excedemos el límite diario. Hay también aplicaciones para restringir el acceso a determinadas páginas. Podemos incluso pedirle a alguien de confianza que se encargue de gestionar las contraseñas y todo para que no dependa de nosotros desactivar todo "a la distancia de un clic". Es duro, implica disciplina, pero lo valioso cuesta. Si hemos estado perfectamente dispuestos a gastar tiempo, energía y dinero en aquello que nos esclaviza, ¿con cuánta más razón no deberíamos gastarlo en pro de nuestra auténtica *libertad*?

Sabemos lo que tenemos que hacer, pero no lo hacemos. La procrastinación comienza a destruir nuestras vidas. Nos odiamos a nosotros mismos por desperdiciar tanto tiempo inútilmente en tonterías en lugar de hacer lo que tenemos que hacer. Pero luego volvemos a las andadas. Sacrificamos nuestra vida académica, laboral, espiritual, social y hasta sexual al dios de la procrastinación. Respecto de lo académico, el ya citado Dan Ariely, profesor de la Universidad de Duke, anota: "Como profesor universitario, estoy muy familiarizado con la procrastinación. Al inicio de cada semestre mis estudiantes se hacen promesas heroicas: leer sus asignaturas a tiempo, entregar sus trabajos a tiempo y, en general, estar al corriente de todo. (…)

---

[359] Serge Latouche, *Farewell to Growth*, Polity Press, Cambridge, 2009, p. 85.

Al final me impresionan no por su puntualidad sino por su creatividad inventando historias, excusas y tragedias familiares para explicar su impuntualidad (¿por qué las tragedias familiares generalmente ocurren durante las dos últimas semanas del semestre?)"[360].

¿Qué hacer para evitar la procrastinación? Tal Ben-Shahar, Doctor en Comportamiento Organizacional por la Universidad de Harvard, sugiere las siguientes tres estrategias: 1) Cuando no estemos motivados a hacer una tarea, esforcémonos por hacerla "solo cinco minutos" pues, dado que lo difícil es empezar, una vez comencemos a hacerla será mucho más fácil continuar en ella por más tiempo; 2) Prometámonos una recompensa externa por hacer una tarea y démonosla al haber cumplido la misma (puede ser un helado, un café, una salida, un rato paseando con música, etc.); 3) Anunciemos públicamente que realizaremos tal o cual actividad en tal o cual momento para hacer que la presión de grupo ("¿Qué van a pensar los demás de mí?") funcione a nuestro favor frente a la posibilidad de que vean que no cumplimos[361].

Asimismo, pueden agregarse otras estrategias como hacerse un horario o una lista de actividades a cumplir durante el día o la semana. Es bastante placentero tachar o eliminar algo de dicha lista y así el cerebro "nos impulsa" a hacer la actividad porque "quiere" el placer de tacharla. También funcionan muy bien las alarmas del celular. Depender de nuestra mente o voluntad para todo nos llevará fallar en mucho porque somos débiles. En cambio, si le encargamos a un sistema impersonal como una alarma que "se acuerde" que debemos, por ejemplo, leer tal libro a tal hora ayuda mucho. La fuerza para la decisión consciente se requiere al momento de poner la alarma, pero cuando esta suena, el cumplimiento es casi automático[362]. Es difícil, sí. *Pero uno debe luchar contra sí mismo si quiere conquistarse a sí mismo. Y una vez que nos hayamos conquistado a nosotros mismos, ya no nos conquistará el sistema.*

---

[360] Dan Ariely, *Predictably Irrational: The Hidden Forces that Shape Our Decisions*, Harper Collins Publishers, New York, 2008, p. 111-112.
[361] Cfr. Tal Ben-Shahar, "Foundations of positive psychology" (curso en línea), The University of Pennsylvania Online Learning, 2009.
[362] Puedo dar testimonio de esto. Yo mismo, siendo una persona en general disciplinada, no lograba completar más de 30 días seguidos en hacer unas pequeñas lecciones de portugués en mi celular. Me puse una alarma y pude pasar los 100 días seguidos.

Limitando el poder de las empresas

Como hemos visto, una condición necesaria para el funcionamiento de la economía irracional es que las empresas tengan un poder *enorme* para vendernos toda suerte de productos, manipular nuestras percepciones mediante la publicidad (la cual en no pocas ocasiones llega al extremo de lo cuasi-pornográfico), violar nuestra privacidad y generar dinámicas de obsolescencia artificial. Por tanto, podemos comenzar a combatir la economía irracional limitando tal poder de las empresas.

Por supuesto, ya ante la sola mención de esto saltarán los liberales (como si alguien les hubiera puesto una aguja en el asiento) y gritarán "Eso es totalitarismo. ¡No puedes querer controlar toda la economía!". Pero *nadie está sosteniendo tal tontería*. Aquí simplemente hablamos de establecer *ciertas* regulaciones o restricciones en *ciertos* casos, no en un control total de todas las transacciones. Si ciertos liberales insisten es atribuirnos esta última postura dejemos que se entretengan solos peleando con el hombre de paja que ellos mismos han creado. A veces pareciera que no pueden interactuar con ninguna propuesta sensata real pues ya todo lo convierten en una pelea contra la quimera "marxista" o "socialista". A la más mínima propuesta de intervención dicen que ello conducirá *inevitablemente* hacia el comunismo. Sin embargo, en el mundo real existen muchos países que durante *décadas* han implementado restricciones y regulaciones sobre el libre mercado (como los nórdicos) y no se han convertido en la Unión Soviética, Cuba o Venezuela. Dejemos, pues, que los liberales sigan peleando con su "enemigo imaginario" y nosotros más bien ocupémonos de pensar de modo práctico sobre algunas medidas concretas.

Comencemos considerando la cuestión de los productos que se venden, no en su cantidad sino en su *cualidad*. En nuestra época de relativismo se dice que no hay ninguna escala objetiva de valores, de modo que todo da lo mismo o depende de la apreciación de cada uno. Pero, ¿es acaso razonable pensar que un clásico de la literatura "da lo mismo" que una porción de cocaína? ¿Es la diferencia entre las obras de Shakespeare y una revista pornográfica un asunto de mera apreciación subjetiva? Tales preguntas son muy osadas frente a una sociedad relativista, pero aquí hay que apuntar que precisamente ello es parte de la enfermedad pues *la economía irracional necesita crear una sociedad relativista para subsistir y expandirse. De ahí que el relativismo, y no la creencia en principios morales firmes, sea tan promocionado por la publicidad y defendido por los medios que viven de ella.*

No se trata de controlar o categorizar exactamente todos los productos. No pretendemos eso. Simplemente apuntamos que hay ciertos casos específicos en que categorizar *algunos* productos de un lado u otro es no solo prácticamente evidente sino también necesario. Así, hay productos que pueden ser fácilmente incluidos en la categoría de lo que los economistas llaman *bienes preferentes*. Obras clásicas de la literatura universal, documentales de divulgación científica, lugares de sano esparcimiento para las familias, alimentos saludables, etc. caerían dentro de esta categoría. De otro lado, hay productos que pueden ser fácilmente incluidos en la categoría de lo que los puede llamarse *productos nocivos*. Un criterio sencillo para identificarlos sería considerar aquellos que pueden asociarse a adicciones, recordando que esto último no solo se reduce a "inyectarse sustancias" sino también incluye aquello que genere conductas compulsivas (*test rápido*: ¿Puedes estar una semana o incluso un mes sin consumir "eso" sin volverte loco? Si no puedes, entonces tienes un problema). Drogas, alcohol, cigarros, casinos, prostitución, pornografía, etc. caerían dentro de esta categoría.

¿Qué se puede hacer, entonces? Simple: hacer tributar a los *productos nocivos* para invertir en extender la provisión y consumo de *bienes preferentes*. De este modo, se pueden generar "impuestos especiales" para los primeros a fin de generar "fondos especiales" para los segundos. También se podría establecer una política de *subsidios cruzados*: lo que adicionalmente se recauda por *impuestos* a los productos nocivos pueden aplicarse como *subsidios* a los bienes preferentes. ¡No podemos seguir viviendo en un mundo en que es muy fácil *y barato* para los jóvenes acceder a alcohol, drogas y pornografía, pero en el que a la vez los buenos libros son caros porque tienen que pagar diversos sobrecostos! Y lo mismo aplica para el deporte y las actividades artísticas o culturales. ¡Cuántos jóvenes quisieran practicar varios deportes más allá del fútbol (béisbol, natación, esgrima, etc.) pero no hay disponibilidad de espacios o implementos para el efecto! ¡Y cuántos hay que podrían canalizar su creatividad y fuerzas en el baile, el canto, la pintura, la escultura, etc., pero solo tienen a la mano actividades banales o hasta delictivas!

Por supuesto, los liberales harán su berrinche diciendo, en nombre de la "libertad" (su *idolatrada* diosa), que no podemos hacer eso. Les respondemos que precisamente esta medida la proponemos en nombre de la libertad. Pero no la mera *libertad negativa* de "hacer lo que me da la gana mientras el gobierno no interfiera" sino la auténtica *libertad positiva* de vivir en plenitud conforme a nuestra dignidad y capacidades. Quien hace "lo que le da gana" termina convirtiéndose en *esclavo* de sus ganas. Por eso es precisamente que basamos la categorización de "productos nocivos" en asociaciones con la adicción. Resulta que la persona adicta "hace lo que le da la gana", es decir, tiene libertad negativa, ¡pero no puede controlar sus ganas, sino que sus ganas la controlan!, es decir, no tiene libertad positiva. Hay *muchas* personas que *quieren* dejar de fumar (o tomar, o drogarse, o ver pornografía) ¡*y no pueden*!

Que establecer un sistema con impuestos especiales a los productos nocivos es algo que puede hacer aumentar el bienestar *incluso de esas mismas personas que pagarían dichos impuestos* es algo que cuenta con evidencia científica. Por ejemplo, no dos sermoneadores moralistas sino los prestigiosos académicos Jonathan Gruber (profesor de economía en el Instituto Tecnológico de Massachussets y director de Programa de Cuidado de la Salud del National Bureau of Economic Research) y Sendhil Mullainathan (Ph. D. en economía por la Universidad de Harvard) estudiaron el efecto de los impuestos sobre los cigarros en la felicidad de los fumadores considerando una amplia muestra de individuos de Estados Unidos y Canadá considerando varias variables de control. Citamos el resumen que hacen de sus hallazgos: "Nuestros resultados son sorprendentes: aquellos de quienes se predice que son fumadores son *significativamente más felices* cuando los impuestos *aumentan*. El hecho de que esta conclusión surge tan claramente en dos muestras independientes de datos con diferentes distribuciones de los indicadores subyacentes de felicidad es absolutamente llamativo. En ambos países, los efectos estimados son *sorprendentemente grandes*"[363].

Otro aspecto absolutamente crucial es establecer limitaciones sobre la publicidad. La publicidad que use elementos sexuales o particularmente sugerentes debería transmitirse en horario nocturno, no a mediodía. Lo mismo vale para los programas de "espectáculos" que exhiben toda suerte de aspectos sobre la vida *íntima* de las celebridades. Es una locura que ese tipo de programas se emita a mediodía o "a la hora del almuerzo" contaminando la mente de niños que recién vuelven del colegio con la basura que ven sus padres. No hablamos aquí de una prohibición absoluta de tales programas, pero sí de una necesaria *regulación*. ¿Es que acaso no

---

[363] Jonathan Gruber and Sendhil Mullainathan, "Do cigarette taxes make smokers happier?", *National Bureau of Economic Research*, Working Paper N° 8872, 2002, p. 3.

basta con ser una persona sensata para darse cuenta que tal tipo de contenido no es el más conveniente para niños y adolescentes? Si hoy en día hay una auténtica *dictadura ideológica* que abiertamente *censura, prohíbe y castiga* cualquier contenido (sea en televisión o Internet) que "pueda ofender" a ciertos grupos o "minorías" y esto se acepta como normal, ¿tiene acaso uno que ser visto como un loco solo porque proponer ciertas restricciones (no prohibición) para proteger *al grupo más vulnerable de todos*: los niños?

De otro lado, hay ciertas restricciones que existen "en el papel" pero tienen que hacerse valer en la práctica. Por ejemplo, existen múltiples páginas (además de productos y servicios) "para mayores de 18". Pero allí puede entrar (y hasta comprar o vender) *prácticamente cualquiera*. Hay países en los que uno tiene que pasar procesos de trámite y evaluación extremadamente rigurosos donde tiene que acreditar con detalle cada cosa que afirma para recién poder entrar. Pero cuando se trata de entrar a una página "para mayores" basta con hacer clic en la ridícula opción "Sí, soy mayor de edad" y muchas veces ni eso. Existen programas y aplicaciones diseñados para restringir ello en diversos dispositivos.

Dado esto, una opción sería que los gobiernos establezcan una reglamentación de que todas las empresas proveedoras de Internet *deben* ofrecer a los padres de familia tales programas o aplicaciones a fin de que puedan proteger a sus hijos menores de edad. Ya los padres pueden decidir si lo implementan o no, pero es importante que se provea ello y se informe a todos pues muchos ni siquiera saben que existen tales opciones. Y para que el precio no sea un problema (y desde ya prácticamente no lo es, pues esas opciones no son caras) puede aplicarse el sistema de subsidios cruzados del que ya hemos hablado: impuestos especiales a las páginas pornográficas para financiar la provisión gratuita de programas de navegación segura para las familias. Con este subsidio cruzado no deberá haber sobrecostos para las empresas proveedoras de Internet por tal causal. Conseguir fondos suficientes para el efecto no será ningún problema (recuérdese que, según consignamos, solo contando los Estados Unidos la industria de la pornografía tendría ingresos de alrededor de *15 mil millones de dólares* al año).

Por supuesto, no se está pensando aquí en la ilusión ingenua de pensar que con esto ningún niño o adolescente del planeta podrá acceder de algún u otro modo a material "para adultos". Pero sí se trata de dificultar el acceso.

Que una medida no llegue a ser efectiva en el 100% de los casos el 100% del tiempo no significa que no deba implementarse (con esa lógica no implementaríamos ninguna). El cambio de paradigma que se quiere implementar es simplemente el siguiente: que suceda, como en antaño, que el primer contacto con tal tipo de material sea difícil y limitado y no que a un niño de 11 años le aparezca material *sin que lo haya buscado* o que prácticamente *todo* ese material le esté simplemente "a la distancia de un clic" en *cualquier momento del día* en *prácticamente todo lugar*.

Asimismo, debe terminarse de una vez por todas con ese sistema en que se nos ofrece "gratuitamente" el tener cuenta en redes sociales pero esas mismas redes sociales venden nuestra información más íntima y privada a empresas para, según se dice, que nos focalicen mejor su publicidad. Que las empresas de redes sociales están cada cierto tiempo cambiando sus condiciones de privacidad en una tendencia de cada vez darnos *menos privacidad* es una aberración. Uno se encuentra en una situación muy desventajosa pues si no está de acuerdo tiene que perder la cuenta con todas sus publicaciones y lista de contactos. Cada individuo es muy pequeño para enfrentar tal abuso y no le queda más que dar clic a "Acepto (otra vez) todas las (nuevas) condiciones". Se necesita, por tanto, del brazo del gobierno para acabar con tales abusos. ¡No puede ser que firmamos un contrato y nos lo están cambiando unilateralmente cada cierto tiempo!

De otro lado, es necesario poner ciertos límites a los "avances" que puede suponer la dinámica tecnótica de la economía irracional. La próxima revolución industrial parece ser la de la biotecnología. Con ello, todo el ser humano se vuelve manipulable. No solo se podrá manipular *la subjetividad de nuestra alma*, sino también *la objetividad de nuestro cuerpo*. El genoma humano mismo puede ser manipulado. El transhumanismo terminará siendo eugenesia y se creará una raza de hombres "superiores" y otros "inferiores". Todo genéticamente modificado *al gusto del consumidor*. Oh, pero, no se olvide esto, ¡el consumidor *que pague*! Los "mejores" humanos serán los que puedan pagar más. Bajo la lógica de los liberales más extremos (léase "coherentes") no habría motivo para regular un "mercado de transhumanismo": si alguno libremente quiere comprar una modificación sobre su humanidad y otro lo quiere libremente vender y acuerdan sobre un precio, ¿por qué tendría alguien que meterse?

Pero nosotros no seguimos la viciosa (falta de) lógica de los liberales que así piensen y consideramos perfectamente pertinentes las preguntas que se plantea Toffler: "¿Debemos alterar biológicamente a los trabajadores para adaptarlos a las exigencias de su labor, creando, por ejemplo, pilotos dotados de reflejos rapidísimos, u obreros de cadena de montaje neurológicamente diseñados para que hagan por nosotros nuestro trabajo monótono? ¿Debemos intentar eliminar a la gente 'inferior' y criar una 'superraza'? (Hitler lo intentó, pero sin la panoplia genética que tal vez no tarde en salir de nuestros laboratorios.) ¿Debemos crear soldados clónicos para que luchen por nosotros? ¿Debemos utilizar la predicción genética para eliminar previamente a los niños 'ineptos'? (…) La magnitud de un avance tal -su importancia para el futuro de la evolución misma- *hace críticamente necesario que empecemos a guiarlo*. Adoptar una actitud pasiva, abstenernos por completo de intervenir, *podría suponer la perdición para nosotros y para nuestros hijos"*[364]. *Yo no quiero ese mundo para mis hijos. Espero que tú tampoco.*

Restaurando el equilibrio social

Si hay algo que caracteriza al sistema de producción de necesidades es el desequilibrio. En tanto el sistema se basa en el estímulo del (hiper)consumo privado, se va dejando de lado lo público. Así, contamos con muchos automóviles y proporcionalmente pocas carreteras, con muchos productos envasados o empaquetados y proporcionalmente pocos sistemas de depósito, gestión y reciclaje de desechos. Tenemos, por tanto, que restaurar el "equilibrio social", el balance entre le público y lo privado.

Una primera medida para ello es realizar ciertos ajustes sobre el sistema impositivo. Como dice Galbraith: "La comunidad es opulenta en bienes producidos por el sector privado y pobre en servicios públicos. La solución más evidente es la de hacer tributar a los primeros para proveer a los segundos -al hacer que los bienes privados sean más caros, se logra hacer que los bienes públicos sean más abundantes. (…) Tendremos unos automóviles y una gasolina más caros para que podamos tener carreteras y calles por las que circular"[365].

Por supuesto, cada propietario de automóviles en el planeta saltará de indignación: "¡Cómo se puede pretender que tengamos automóviles y gasolina más caras! ¡Es una locura!". *Lo que es una locura es el sistema que tenemos*. No enorgullecemos mucho de nuestro avance tecnológico, pero tal

---

[364] Alvin Toffler, *La Tercera Ola*, Ed. Plaza & Janes, Bogotá, 1980, pp. 98, 99.
[365] John Kenneth Galbraith, *La Sociedad Opulenta*, Ed. Artemisa, México, 1986, p. 354.

vez no nos estamos dando cuenta de que el *imperativo tecnótico* ha venido jugándonos muchas malas pasadas. El economista E. J. Mishan, quien fue profesor de la London School of Economics, hace la siguiente reflexión: "Si mediante la intervención divina un terrateniente del siglo XVI pudiese leer los periódicos de los últimos años, ¿qué pensaría de las desgracias debidas a las dos guerras mundiales y a una multitud de otras? (…) ¿Qué opinaría del tiempo necesario para ir y volver del trabajo diariamente? (…) ¿O de los cientos de miles de personas muertas o mutiladas cada año por sus compatriotas que buscan los placeres del automóvil? ¿No se estremecería ante lo que leyera, y buscaría influir en el Todopoderoso mediante la oración y se apresuraría por proteger a sus descendientes de un hado tan adverso?"[366]. También, de forma mordaz, apunta: "El sacrificio de uno o dos individuos por parte de las comunidades primitivas, con la creencia de que esto aseguraba una buena cosecha, parece humano en comparación con la decisión implícita de matar varias decenas de millares cada año con el fin de mantener el placer de automovilismo"[367].

Otro mundo es posible. Podemos mejorar considerablemente el sistema de transporte público y ayudar a los miembros más pobres de la sociedad poniendo altos impuestos sobre el transporte privado. ¡Cuánto estrés se genera en el tráfico! Si hay algo en esta tierra que puede de algún modo parecerse al infierno es un atasco de tráfico: un gran desorden con mucho ruido y gente furiosa maldiciendo por dentro ("¡Maldición, que ya avance esto!") y por fuera ("¡Maldición, ya avanza!"). Ahora pensemos lo siguiente: un bus de tamaño promedio equivale en una carretera al espacio ocupado por dos o tres automóviles. En un bus promedio pueden ir cómodamente sentadas decenas de personas, y en la práctica varias van paradas. De otro lado, en un automóvil promedio pueden ir cómodamente sentadas cuatro personas, pero en la práctica suelen ir una o dos. Por tanto, en términos de efectos sobre tráfico y el bienestar general, el costo marginal del transporte privado es sustancialmente mayor que el público. No es una locura, por tanto, hacer tributar al primero para hacer más extendido y eficiente el servicio del segundo.

Medidas similares pueden aplicarse respecto de los parques, alumbrado público, lugares de esparcimiento, educación, centros de salud, etc. Por

---

[366] E. J. Mishan, *Los Costes del Desarrollo Económico*, Ed. Orbis, Barcelona, 1983, pp. 148-149.
[367] E. J. Mishan, *Los Costes del Desarrollo Económico*, op. cit., p. 103.

supuesto, esto implica luchar por hacer que el sistema público sea más eficiente y transparente. *Es una lucha que hay que hacer.* Nadie dijo que sería fácil. La transición no será automática, *pero hay que emprenderla*. Varios tenemos la experiencia de gobiernos ineficientes y corruptos. Bueno, entonces hay que luchar *contra la ineficiencia y la corrupción*. Hay gobiernos que son en general altamente eficientes y transparentes como, por ejemplo, los de Noruega y Singapur. Hay personas a las que les parece prácticamente una *imposibilidad metafísica* que un gobierno pueda ser en general eficiente y transparente. A tales desinformados hay que avisarles que Noruega y Singapur son países que existen en la realidad y quedan dentro del planeta tierra.

Sin embargo, los libertarios se opondrán desde ya a *toda* propuesta que implique subir ciertos impuestos, sin importar cómo se formule. Para ellos *todo* impuesto es un robo. En su esquema mental el 100% de la riqueza es generada por la sola iniciativa y dinámica privada y, por tanto, hasta un impuesto es 0.00001% es un asqueroso robo. Todo lo privado suma y todo lo público resta.

El gran economista Ernst Schumacher desmitifica tal visión ingenua. Lo citamos en extenso: "El lado positivo se aprecia en las grandes sumas de fondos públicos que han sido y están siendo usadas en lo que generalmente se denomina la 'infraestructura', cuyos abundantes beneficios van a parar a la empresa privada sin coste alguno. Esto es bien sabido especialmente por aquellos que alguna vez han tomado parte en el establecimiento o en la dirección de una empresa en una sociedad pobre donde la 'infraestructura' está insuficientemente desarrollada o es inexistente. No se puede confiar en transporte barato ni en otros servicios públicos; puede ser que se tengan que pagar del propio bolsillo las cosas que se obtendrían en forma gratuita o abonando una suma pequeña en una sociedad con una infraestructura altamente desarrollada; no se puede contar con la perspectiva de poder reclutar gente preparada: la propia empresa debe hacerse cargo de la capacitación; y como estos muchos otros ejemplos. *Todas las instituciones educativas, médicas y de investigación en cualquier sociedad, sea rica o pobre, proporcionan incalculables beneficios a la empresa privada,* por los que ella no paga *directamente*, como algo normal, sino *indirectamente*, por medio de impuestos que, como ya hemos mencionado, son odiados, combatidos y a menudo muy hábilmente evadidos. (...) La empresa privada dice que sus beneficios se han obtenido por sus propios esfuerzos y que una parte sustancial de ellos se recauda luego por las autoridades públicas. Esto no es, generalmente hablando, reflejo correcto de la verdad. *La verdad es que una gran parte de los costes de la empresa privada han sido sufragados por las autoridades públicas y que los beneficios de la empresa privada*"[368].

Otra medida que debe aplicarse es establecer y, sobre todo, hacer respetar los *derechos de apacibilidad*. Estos pueden definirse como el derecho de cada individuo a llevar una vida tranquila. Este pequeño cambio jurídico puede llevar a una gigante revolución económica. Como dice Mishan: "Basta con imaginarse un país en el cual los individuos se viesen investidos por la ley con derechos de propiedad por lo que respecta al aislamiento, la tranquilidad y el aire puro -cosas todas ellas muy simples, pero indispensables para muchos para gozar de la vida-, para reconocer que la amplitud de los pagos compensatorios que forzosamente deberían acompañar a la actuación de las industrias, del tráfico motorizado y de las líneas de aviación obligaría a muchos de ellos a retirarse, o quizás, a operar a niveles situados muy por debajo de aquellos que prevalecerían en ausencia de tal legislación, por lo menos hasta que la industria y el transporte descubriesen formas baratas de controlar sus subproductos nocivos"[369]. *¡Y a esto hay que agregar la industria de la publicidad!* ¡Cuánta *contaminación* visual y auditiva introduce la miríada de anuncios variopintos que recibimos todos los días! Y los recibimos en todas partes, desde las carreteras hasta los servicios higiénicos… La publicidad se nos cruza por todas partes. Si fuera un ser humano, ¡hace tiempo tendría una orden legal de distanciamiento luego de que le hubiéramos denunciado por acoso! Así que el sistema publicitario *nos la tiene que pagar*. Ya basta de *contaminación publicitaria* irrestricta en nuestras vidas. Tenemos derecho a nuestra tranquilidad.

La sociedad frugal

Vivimos en la sociedad del exceso. Exceso de comida, exceso de plástico, exceso de desperdicios, exceso trabajo, exceso de consumo, exceso de producción, exceso de ruido, exceso de publicidad, exceso de pornografía… ¡Ya basta de no decir "¡*Basta!*"! Tenemos que hacer algo. Nuestra sociedad del exceso no es una sociedad feliz. Ya en el capítulo anterior vimos que la depresión se ha convertido en la enfermedad crónica de nuestra sociedad,

---

[368] Ernst Schumacher, *Lo Pequeño es Hermoso*, Ed. Orbis, Barcelona, 1983, pp. 284-285.
[369] E. J. Mishan, *Los Costes del Desarrollo Económico*, Ed. Orbis, Barcelona, 1983, p. 63.

especialmente en los países "desarrollados" donde supuestamente la gente sería más feliz.

Sucede que la felicidad no está en la *cantidad* sino en la *cualidad*. No se trata de *tener*, sino de *ser*. La clave no es *más*, sino *mejor*. Tenemos que pasar de una *sociedad del exceso* a una *sociedad frugal*. La clave es *consumir menos y vivir mejor*. La auténtica calidad de vida no está en nuestra relación con las *cosas* sino con las *personas*. Hemos intentado el camino del exceso y no nos ha hecho felices. Intentemos el camino de la frugalidad. *Esto no se trata de un retroceso sino de un cambio en la dirección*. Ha de entenderse la diferencia entre "pasar hambre" y "ayunar". Lo primero es propio de sociedades en situación de miseria material y eso no es lo que proponemos. Lo segundo es propio de los que tienen dominio sobre su vida y eso sí es lo que proponemos. Ayuno de comida, ayuno de redes sociales, ayuno de videos o imágenes tontas o inmorales...*La felicidad está en dar, no en recibir o acumular*. El río vivo es el que fluye; el que acumula, el que no da su agua, se pudre. Dejemos de ser esos tipos que conocen el precio de todo y el valor de nada.

Mishan entendió muy bien lo que implica una sociedad frugal. Él escribe: "Resulta perfectamente posible arreglar las cosas deforma que se produzcan muchos menos bienes superfluos y, en cambio, se pueda disfrutar de un mayor tiempo libre. Y, aunque se me tilde de blasfemo, también es posible formar menos ingenieros y científicos sin desaparecer por ello de la faz de la tierra. No necesitamos conquistar los mercados mundiales con la esperanza de poder reducir los costes; ni reducir los costes con la esperanza de conquistar los mercados mundiales. Podemos, actuando como seres racionales, elegir deliberadamente reducir nuestro comercio exterior y, por lo tanto, en algunos sectores, producir menores cantidades a un coste algo más alto. Podemos reducir la publicidad en los periódicos y, a cambio, conservar nuestros bosques. Podemos decidir reducir la lucha por la competencia y optar por una vida más fácil y reposada. Elecciones como estas, y también muchas más, pueden traducirse en alternativas perfectamente practicables, siempre que la opinión pública se halle dispuesta a tomarlas en consideración"[370].

Todo esto puede sonar muy idealista, pero se traduce en medidas muy concretas. Para empezar, ¡*hay que acabar de una vez por todas con el nocivo absurdo de la obsolescencia artificial!* Es un auténtico escándalo que haya tantos

---

[370] E. J. Mishan, *Los Costes del Desarrollo Económico*, op. cit., pp. 38-39.

y tantos productos especialmente diseñados para fallar antes de lo necesario. Celulares, automóviles, computadoras, impresoras, electrodomésticos... todos ellos están artificialmente programados para fallar a disgusto del consumidor y a gusto de las empresas. Nuestra sociedad de hiperconsumo se construye sobre la base de una montaña de cadáveres de dispositivos eléctricos y electrónicos. Como apuntaba inteligentemente el economista Jürgen Schuldt, Ph. D. por la Universidad de San Gallen, vivimos en una auténtica "civilización del desperdicio"[371].

Es imperativo establecer dispositivos legales, incluso a nivel internacional, que prohíban la obsolescencia artificial. No podemos estar generando artificialmente más desperdicios en un mundo que ya está en crisis ecológica por causa de la cantidad de desperdicios. Habíamos hablando de una montaña de cadáveres de dispositivos eléctricos y electrónicos. Pues bien, como mostramos en el capítulo anterior, en países del Tercer Mundo hay *niños que viven en tales cementerios*. Esto sucede especialmente en Ghana. Existen tratados internacionales para restringir el envío de residuos electrónicos al Tercer Mundo, pero los mercaderes han encontrado un simple truco para seguir mandando residuos electrónicos a diestra y siniestra: declararlos productos de segunda mano. Para evitar ese tipo de situaciones hay que extender y reforzar la legislación. Asimismo, hay que identificar y efectivamente sancionar a los culpables y sus cómplices, lo cual incluye a grandes empresas. Por ejemplo, como se refería en el documental *Comprar, Tirar, Comprar*, el activista medioambiental Mike Anane ha ido recabando una base de datos con las etiquetas y los contactos de las empresas a que pertenecían los residuos que se han tirado en Ghana para convertir esa información en pruebas para una denuncia ante un Tribunal. Esas iniciativas tienen que apoyarse y viabilizase. En suma, como dice el propio Mike Anane, "debemos pasar a la acción con medidas punitivas, procesar a gente para que no lleguen más residuos a Ghana"[372].

Los daños al bienestar y al medio ambiente tienen que pagarse. Si las grandes empresas saben que pueden ser sancionadas, serán más prudentes en sus acciones. Como dice Joseph Stiglitz: "Si el argumento moral no funciona, que no lo ha hecho, (…) existen algunos palos muy efectivos, y su

---

[371] Cfr. Jürgen Schuldt, *Civilización del Desperdicio: Psicoeconomía y Decisiones del Consumidor*, Universidad del Pacífico, Lima, 2013.
[372] *Comprar, Tirar, Comprar: La Historia Secreta de la Obsolescencia Programada*, Documental dirigido por Cosima Dannoritzer, 2011.

misma existencia indica que es posible que ni siquiera haya que usarlos. Existe ya un marco legal para aplicarlos: las sanciones al comercio internacional"[373].

Asimismo, es necesario reformar el sistema de producción. Cuanto se alaba al capitalismo por ser un sistema tan eficiente. Y, sí, ciertamente se puede decir que es sumamente eficiente en términos de fabricación de productos, pero es extremadamente eficiente en términos ecológicos pues genera montañas de desperdicios. La cantidad de residuos que genera nuestro sistema industrial es absolutamente descomunal. Por tanto, si queremos hacer aumentar *genuinamente* la eficiencia del sistema "debemos avanzar (...) hacia un sistema más 'metabólico' que elimine el despilfarro y la contaminación asegurando que el producto y el subproducto de cada industria se convierta en materia prima para la siguiente. El objetivo es un sistema en el que no se produzca nada que no sirva para otra producción posterior. Un sistema tal no solo es más eficiente en un sentido productivo, sino que, además, reduce al mínimo -elimina, de hecho- todo daño a la biosfera. (...) El acoplamiento de las nuevas tecnologías a esta nueva base energética llevará toda nuestra civilización a un nivel enteramente nuevo"[374].

También debemos reformar nuestro sistema de consumo. El problema ecológico no se trata tanto de la cantidad *total* de población que somos sino de la cantidad desmesurada de consumo *de una parte* de esa población. En otras palabras, el problema no es de sobrepoblación sino de consumismo. El mundo tiene lo necesario para satisfacer las *necesidades* de todos los hombres, pero no tiene lo necesario para satisfacer los desbocados *deseos* ni siquiera de un solo hombre. Debemos comenzar por reducir nuestro hiperconsumo y la cantidad de desperdicios que generamos de forma habitual, siendo que un estudio halló que el 80% de los productos que se venden se usan solo una vez y luego van directo a la basura[375].

Solucionar esto es técnicamente factible. Explica el economista Serge Latouche: "El gigante alemán de la industria química BASF ha desarrollado una fábrica hecha de fibra de nylon que pueden reciclarse indefinidamente

---

[373] Joseph Stiglitz, *Cómo Hacer que Funciona la Globalización*, Ed. Taurus, Buenos Aires, 2006, p. 229.
[374] Alvin Toffler, *La Tercera Ola*, Ed. Plaza & Janes, Bogotá, 1980, p. 102.
[375] Cfr. Nicolas Hulot, *Pour in Pacte Écologique*, Ed. Clamann-Lévy, París, 2006, p. 237.

y que se descompone (…) en elementos básicos que pueden reusarse en nuevos productos. En 1990, Xerox -una compañía especializada en fotocopiadoras- desarrolló un programa que permite que los productos sean vistos como un ensamblaje de partes que pueden ser recicladas cuando han alcanzado el fin de su vida útil. (…) Lo que falta es el incentivo que ponga a fabricantes y consumidores en el camino 'virtuoso'. Y es fácil llegar a tales incentivos; simplemente carecemos de la voluntad política para implementarlos"[376].

Ahora bien, el énfasis de una sociedad frugal no debe estar meramente en reducir la *cantidad* sino también en elevar la *cualidad*. Debemos elevar nuestros estilos y estándares de consumo. Pero no bajo los dictados de la materialista y banal moda, sino conforme a una escala de valores, una *escala del ser*. Hay que incentivar la producción y el consumo de los bienes preferentes, especialmente los relacionados a la cultura y la educación.

A este respecto es interesantísima la reflexión que hace Erich Fromm en su *Psicoanálisis de la Sociedad Contemporánea*: "Las técnicas modernas de la televisión y de la radio brindan posibilidades maravillosas para llevar a grandes auditorios la música y la literatura mejores. *No es necesario decir que no puede confiarse a empresas de negocios ofrecer esas posibilidades, sino que deben incorporarse a nuestros recursos educativos*. (…) Tenemos radio, televisión, cine, un periódico diario para todo el mundo; pero en lugar de darnos la mejor literatura y la mejor música del pasado y del presente, esos medios de comunicación, complementados con anuncios, llenan las cabezas de las gentes de la hojarasca más barata, que carece de realidad en todos los sentidos, y con fantasías sádicas a las que ninguna persona semiculta debiera prestar ni un momento de atención"[377]. La "televisión basura" debe tener impuestos y restricciones cuya contraparte sea incentivos y subvenciones para la televisión educativa. Todo esto hay también que aplicarlo al Internet. *¡Tengamos la osadía de luchar por un mundo ideal!*

La vuelta a la religión

Vivimos en una *era del vacío* caracterizada por el narcisismo y el hedonismo: este es el juicio que sobre nuestra civilización realiza no un maestro

---

[376] Serge Latouche, *Farewell to Growth*, Polity Press, Cambridge, 2009, p. 41.
[377] Erich Fromm, *Psicoanálisis de la Sociedad Contemporánea*, Fondo de Cultura Económica, México, 1956, pp. 289, 12-13.

religioso, sino el filósofo y sociólogo francés Gilles Lipovetsky[378]. En efecto: estamos en la era superficial de las relaciones superficiales. Nuestras relaciones dominantes son relaciones con objetos, esto es, con la computadora, el celular, el automóvil, la ropa, etc. Las relaciones humanas se reducen cada vez más a lo artificial. Nos "conocemos" a través de fotos y videos retocados con "filtros" en redes sociales donde parece que nuestras vidas son siempre interesantes y perfectas. En cuanto a la relación con nosotros mismos, esta es prácticamente inexistente. No hay espacio ni tiempo para escuchar nuestra "voz interior". Siempre estamos yendo de aquí para allá, produciendo y consumiendo, corriendo al trabajo o corriendo para "ir de *shopping*". Y si hay algún momento en que estamos a solas, allí esta el celular para salvarnos de "pensar demasiado": conectamos los audífonos, ponemos música o algún video, y desconectamos nuestra reflexión y conciencia.

¿Qué hacer frente a esta pérdida de fuerza y contenido en nuestras relaciones con nosotros mismos, con los demás y con el mundo? Se requiere de una instancia omnipresente y profunda que venza nuestra omnipresente superficialidad: *Dios*. Y esto nos lleva a la cuestión de la religión. De acuerdo a cierta acepción, la palabra "religión" proviene del latín *re-ligare* que significa "volver a unir". El hombre verdaderamente unido a Dios recobra la unidad en sí mismo y vive en unión con los demás en relaciones profundas, no superficiales. Asimismo, domina los objetos del mundo en lugar de dejarse dominar por estos. El hombre que se re-liga a Dios vive genuina y plenamente en el mundo, pero está por encima de las cosas del mundo. De este modo, la religión, *correctamente entendida y auténticamente vivida*, nos salva de ser atrapado por la vorágine hedonista de la sociedad de hiperconsumo.

El hombre, en tanto no se entiende como relativo a Dios, no es más que una "nada" que es "arrojada a la existencia" y está "condenada a ser libre". El ateísmo solo puede llevar al existencialismo. Esto lo entendió muy claramente no un pensador religioso, sino el filósofo *ateo* Jean-Paul Sartre. Él dice: "El existencialismo ateo que yo represento es más coherente. Declara que, si Dios no existe, hay por lo menos un ser en el que la existencia precede a la esencia (…). Este ser es el hombre (…). El hombre, tal como lo concibe el existencialista, (…) empieza por no ser nada. Solo será después, y será tal como se haya hecho. Así, pues, no hay naturaleza humana, porque no hay

---

[378] Véase: Gilles Lipovetsky, *La Era del Vacío*, Ed. Anagrama, Barcelona, 1986.

Dios para concebirla"[379].

Si Dios no existe y no tenemos una esencia objetiva dada, toda nuestra existencia se reduce a la construcción de una esencia subjetiva arbitraria. Si el hombre no es creado con un propósito, entonces no es más que una mera materialidad moldeable. Dice Sartre: "Consideremos un objeto fabricado, por ejemplo un libro o un cortapapel. Este objeto ha sido fabricado por un artesano que se ha inspirado en un concepto; se ha referido al concepto de cortapapel, e igualmente a una técnica de producción previa que forma parte del concepto (…). Diríamos entonces que en el caso del cortapapel, la esencia (…) precede a la existencia; y así está determinada la presencia frente a mí de tal o cual cortapapel, de tal o cual libro"[380]. Ergo, si hay un "fabricante" detrás de nuestra existencia, estamos aquí por una razón, por *causalidad*; si no existe tal fabricante, estamos aquí sin ninguna razón, por *casualidad*.

Ahora bien, no es objeto de la presente obra establecer racionalmente la existencia de Dios. Eso ya se ha hecho en una obra precedente[381]. Aquí simplemente se trata de anotar de modo breve cómo el volver a la religión nos permite salir del círculo vicioso de la sociedad de hiperconsumo. Si alguno es reticente frente a esto bajo la idea de que la fe es necesariamente irracional, hay que decir que dicho prejuicio es bastante anticuado. Según reporta el filósofo William Lane Craig, en la segunda mitad del siglo XX, habiendo "pasado de moda" el existencialismo, se ha comenzado a dar "un notorio resurgimiento del interés en la teología natural, la rama de la teología que busca proveer sustento para la creencia en la existencia de Dios. (…) El 8 de abril de 1966 la revista *Time* lanzó una dramática cubierta con tres palabras en rojo sobre un fondo negro. Las palabras eran: '¿Dios está muerto?'. Pero (…) justo unos años después de su edición sobre la muerte de Dios, *Time* lanzó una cubierta similar en rojo sobre negro, solo que en esta ocasión la pregunta era '¿Está Dios volviendo a la vida?'"[382].

---

[379] Jean Paul Sartre, "El existencialismo es un humanismo", Conferencia dada para el Club Maintenant en París el 29 de octubre de 1945.
[380] Jean Paul Sartre, "El existencialismo es un humanismo", Conferencia dada para el Club Maintenant en París el 29 de octubre de 1945.
[381] Véase: Dante A. Urbina, *¿Dios existe? El libro que todo creyente deberá (y todo ateo temerá) leer*, Ed. CreateSpace, Charleston, 2016.
[382] William Lane Craig, *Reasonable Faith*, CrossWay Books, Wheaton, 2008, p. 93.

Más adelante en la misma revista *Time* se leía lo siguiente: "En una revolución silenciosa en el pensamiento y la argumentación que difícilmente se podría haber previsto hace solo dos décadas, Dios está volviendo. Lo más intrigante es que esto no está sucediendo entre teólogos o creyentes ordinarios, sino en los círculos intelectuales de filósofos académicos"[383]. A inicios del siglo XXI el filósofo *ateo* Quentin Smith constata lo mismo: "Dios no está 'muerto' en el mundo académico; ha regresado a la vida a fines de los sesenta y está ahora vivo y fuerte en su fortaleza académica final: los departamentos de filosofía"[384]. Así que estas discusiones sobre filosofía de la religión no constituyen la negación de la intelectualidad *sino más el cénit de la intelectualidad*. De ahí que en las más importantes universidades del mundo se vengan organizando en las últimas dos décadas múltiples debates formales sobre la existencia de Dios[385].

La religión es la mejor cura frente a la enfermedad de la alineación y el consumismo. La búsqueda por el "cuerpo perfecto" tiene que ser reemplazada por la búsqueda del "alma perfecta". La borrachera del consumismo materialista tiene que ser reemplazada por un camino de cultivo del espíritu. Tenemos que construir una "sociedad decente"[386], en lugar de seguir perpetuando esta "sociedad adquisitiva" cuya "tendencia, interés y preocupación total es promover la adquisición de riqueza" y que "asegura a los hombres que no hay otros fines más que sus fines, ninguna ley más que sus deseos y ningún límite más que lo que se vea como conveniente"[387].

Así, pues, en vista de esta "economía irracional" que hemos construido tenemos que arrepentirnos y convertirnos, tanto a nivel individual como social. Usando términos heideggerianos, tenemos que abandonar nuestra obsesión por el "dominio de los entes" y tenemos que volver a la "casa del Ser". Como dice lúcidamente el economista Ernst Schumacher: "El término

---

[383] "Modernizing the case for God", *Time*, April 7, 1980.
[384] Quentin Smith, "The metaphilosophy of naturalism", *Philo*, vol. 4, n° 2, 2001, p. 196.
[385] Por mi parte, he participado también de debates al respecto. Véase, por ejemplo: Dante A. Urbina vs. Luis Arbaiza, "Dios, ¿existe o no existe?: El gran debate", debate realizado en la Universidad Nacional Mayor de San Marcos, Lima (Perú), 13 de mayo de 2013 (disponible en dos partes en YouTube).
[386] Avishai Margalit, *The Decent Society*, Harvard University Press, Cambridge, 1996.
[387] R. H. Tawney, *The Acquisitive Society*, Ed. G. Bell & Sons, London, 1922, pp. 32, 33.

'regresar al hogar' tiene, por supuesto, una connotación religiosa. Porque *se requiere una gran dosis de coraje para decir 'no' a las modas y a las fascinaciones de la época y para cuestionar los principios de una civilización que parece destinada a conquistar todo el mundo.* La fortaleza requerida *solo puede derivarse de convicciones profundas.* (…) El que "regresa" no tiene las mejores melodías, pero tiene el más excelso de los textos, nada menos que los Evangelios. Para él no podría haber una declaración más concisa de su situación, de *nuestra situación*, que la parábola del hijo pródigo"[388].

La vuelta a la religión no se trata meramente de una promesa "para la otra vida" sino para *esta vida*. El hedonismo materialista no nos hace felices en esta vida. Nos mantiene esclavos. La vida del espíritu, en cambio, nos da paz y plenitud en las cosas sencillas, alejándonos de los cantos de sirena con que la sociedad de hiperconsumo intenta vendernos objetos y comprarnos en tanto sujetos. De este modo, somos verdaderamente libres. No con la mera "libertad negativa" de la que hablan los liberales, sino con la "libertad positiva" propia de la plenitud existencial. Incorporando en nuestras vidas la perspectiva del "más allá" seremos más felices en el "más acá". Como dice nuevamente Schumacher: "Jamás ha habido ningún tiempo, en ninguna sociedad ni en ninguna parte del mundo, sin sabios y maestros que desafíen al materialismo y procuren un orden de prioridades diferente. Los lenguajes han diferido, y sin embargo el mensaje ha sido siempre el mismo: 'Buscad *primeramente* el reino de Dios y su justicia, y todas estas cosas (las cosas materiales que también necesitáis) os serán *dadas por añadidura*'. Se nos dice que nos han de ser dadas aquí en la tierra donde las necesitamos, no simplemente en una vida futura más allá de la imaginación"[389].

El día que nos centremos en lo esencial dejaremos de ser esclavos de nuestros deseos y tendremos bien cubiertas nuestras necesidades. Pero esto requiere que nos abramos a lo trascendentes pues, como decía el sabio zorro al Principito, *"lo esencial es invisible a los ojos"*[390].

---

[388] Ernst Schumacher, *Lo Pequeño es Hermoso*, Ed. Orbis, Barcelona, 1983, p. 163.
[389] Ernst Schumacher, *Lo Pequeño es Hermoso*, op. cit., p. 306.
[390] Antoine De Saint-Exupéry, *El Principito*, Ed. Municipalidad de Lima, Lima, 2019, p. 74.

EPÍLOGO

"¿No habéis oído hablar de aquel loco que, con una linterna encendida en pleno día, corría por la plaza exclamando: '¡Busco a Dios! ¡Busco a Dios!'? Como muchos de los que estaban allí no creían en Dios, comenzaron a burlarse de él": con estas palabras comienza el aforismo "El loco" de Friedrich Nietzsche[391]. He ahí una gran profecía, la profecía de un no creyente, sobre nuestra sociedad actual. En cierto modo este libro clama por valores trascendentes en el plano tan inmanente de la economía. "No soy profeta ni hijo de profeta"[392], solo soy un economista que tiene conciencia de que la economía necesita algo "más allá de la economía" para tener un *sentido*, como también notaba el filósofo ateo francés André Comte-Sponville en su libro *El Capitalismo, ¿Es Moral?*[393]. La economía actual, tanto en la teoría como en la práctica, está muy lejos de tomar conciencia de ello. De este modo, tal anuncio y denuncia suele caer en oídos sordos. Una sociedad materialista no quiere escuchar cuestionamientos al materialismo y, dado que no quiere pensar, solo elige burlarse.

"¿Dónde está Dios?, ¡se los voy a decir! ¡Nosotros lo hemos matado, ustedes y yo! ¡Todos somos sus culpables asesinos!", continúa el loco de Nietzsche. *Dios está muerto*: contrariamente a lo que superficialmente se podría pensar, este *no es* un *juicio metafísico* (como si Dios, realmente existiendo, un día se muriese, dejando de existir), sino un *juicio sociológico*. Nietzsche está reflexionando sobre las implicancias del hecho de que la sociedad occidental haya dado la espalda a los valores cristianos, a la noción de Dios como elemento central y constituyente de la realidad. *Nuestra sociedad de hiperconsumo se construye sobre el hipervacío*. Si Dios ya no está en el centro, se puede poner al becerro de oro del consumo en su lugar. Creemos que nos idolatramos a nosotros mismos como "consumidores soberanos", los "reyes" del sistema de mercado. Pero, como ya hemos visto, esa es una gran mentira. En el fondo somos manipulados y ya no nuestros cuerpos sino nuestras almas, nuestra subjetividad, es entregada como sacrificio humano al "dios" del consumo en el "altar" del libre mercado por los "sacerdotes" de la élite de poder económico.

---

[391] Friedrich Nietzsche, *La Gaya Ciencia*, 1882, n. 125.
[392] Amós 7:14.
[393] Cfr. André Comte-Sponville, *El Capitalismo, ¿Es Moral?*, Ed. Paidós, Barcelona, 2004.

Continúa el loco: "¿Cómo hemos podido vaciar el mar? ¿Quién nos ha dado la esponja para borrar el horizonte? ¿Qué hemos hecho al desencajar la tierra de su sol? ¿Hacia dónde girará ahora? ¿Hacia dónde nos llevará su movimiento? (…) ¿Sigue acaso habiendo un arriba y un abajo? ¿No erramos continuamente a través de la nada infinita?". Sin un centro, sin una base, sin una escala objetiva de valores lo único que nos queda es el "Comamos y bebamos que mañana moriremos" propio de nuestra materialista y cínica sociedad postmoderna. Si no hay una realidad trascendente lo único que nos queda es divertirnos con los *reality shows*. Estamos en la *sociedad del espectáculo* y la vida misma deviene en espectáculo. Como decía William Shakespeare: "La vida es un cuento contado por un idiota, lleno de ruido y furia, que no tiene ningún sentido".

La irracionalidad de la economía irracional nos devora. Razonar se convierte en una locura y decir la verdad constituye un crimen. Cual flautista de Hamelín el sistema publicitario nos lleva como ratas a la vacía tierra del consumismo. Ya no hay un arriba ni un abajo, todo se convierte en un debate entre mundanas izquierdas y derechas. Y, en efecto, si Dios no existe, simplemente somos animales un tanto más evolucionados, pero estamos en el mismo plano de ser que las ratas: la sola materia viviente que nace, se reproduce y muere. Nuestra noción de libre albedrío sería una ilusión y al final todo ser reduciría a la dinámica placer-dolor que en nuestro plano mercantil está mediada por la publicidad, la cual puede llegar hasta nuestro cerebro mismo. Pero… ¿Y si somos algo más que materia? ¿Y si hay un sentido de la vida? ¿Y si en realidad sí hay un arriba y un abajo? ¿Y si Dios no está muerto, *sino que está vivo*?

APÉNDICE
Mis conversaciones con los Premios Nobel

Como complemento a lo analizado en este libro se presentan las conversaciones del autor con algunos Premios Nobel de Economía en el marco del Lindau Nobel Laureate Meeting on Economic Sciences (2017), reunión trienal realizada en la isla de Lindau (Alemania) a la que asisten los mejores "young researchers" (jóvenes investigadores) del mundo seleccionados luego de competitivo concurso internacional.

1. Primera conversación con Robert Aumann

* *Robert Aumann fue laureado con el Premio Nobel de Economía en 2005 por su trabajo sobre el conflicto y la cooperación a través del análisis de la teoría de juegos.*

Transcripción

Dante A. Urbina: Profesor Aumann, ¿y cuál cree usted que es la relación entre la Economía y la Filosofía?

Robert Aumann: Pienso que... Yo fui educado como un matemático, y la filosofía es confusa, no es precisa... Yo nunca entendí la filosofía realmente... Es mejor no hablar sobre filosofía. Creo, por ejemplo, que cuando hablamos sobre filosofía moral, se explica mejor en términos de leyes, juegos repetidos, equilibrios, cosas como esas.

Comentario

¿Por qué formulé esa pregunta (que a algunos les podría parecer extraña)? Ello se explica por el contexto. Resulta que en el Lindau Nobel Laureate Meeting hubo conferencias de 16 Premios Nobel en Economía y la de Aumann fue, de lejos, la que se podría considerar la "más filosófica". En efecto, varios ponentes hablaron sobre temas sumamente especializados como racionalidad limitada (Mirrlees), modelos económicos climáticos (Hansen), monotonicidad (Heckman), etc., y todos ellos usaron modelos matemáticos; pero Aumann abordó, de modo bastante teórico y sin usar matemáticas, un tema que es por demás reconocido que tiene conexiones con la filosofía[394]: el de la *conciencia* (su conferencia se tituló "Mechanism Design Design: Why Consciousness Evolved").

Dado ello, la respuesta de Aumann me dejó "verdaderamente sorprendido", pero en el siguiente sentido: ¿cómo puede ser que el Premio Nobel que abordó el tema más cercano a lo filosófico desdeñe explícitamente la filosofía? Y no me parece que pueda ser razón suficiente el contraponerla con las matemáticas calificando sin más al conjunto de la filosofía como "confusa, no precisa". Que en la historia de la filosofía haya autores poco sistemáticos e imprecisos (en el sentido lógico del término) como, por ejemplo, Nietzsche (a quien, particularmente, considero un *excelentísimo escritor* y a la vez un *mal filósofo*), o que haya gente que "filosofe" de modo burdo y/o desordenado, no implica que la filosofía tenga que ser *necesariamente* "no precisa" en su totalidad o esencia. Y es que la matemática no es la única instancia posible de lenguaje sistemático y ordenado, sino que ello lo es *primordialmente* la lógica y un sistema filosófico puede (y debe) perfectamente estructurarse en esos términos. Demostración clara de esto es el enfoque conocido como *filosofía analítica*. Uno puede estar de acuerdo o no con este sistema filosófico pero su sola existencia es muestra *innegable* de que se puede hacer filosofía en términos de formulaciones lógicas sumamente rigurosas y precisas. De hecho, *el más grande epistemólogo de la actualidad*, Mario Bunge, explícitamente habla de "filosofar científicamente y encarar la

---

[394] Barry Smith, "Neuroscience and philosophy must work together", *The Guardian*, March 4, 2012.

ciencia filosóficamente"[395]. Además, en *diametral contraposición* con la supuesta disonancia cognitiva entre matemáticas y filosofía que parecería plantear Aumann, está el *hecho* de que varios de los más grandes filósofos han sido matemáticos y varios de los más grandes matemáticos han sido filósofos. ¿Nombres? Aquí van algunos: René Descartes, Blaise Pascal, Gottfried Leibniz, Gottlob Frege, Henri Poncairé, Alfred North Whitehead, Bertrand Russell, Kurt Gödel, etc. Sería *impensable* que estos genios matemáticos, con un pensamiento sumamente lógico y ordenado, dijeren la frase "Es mejor no hablar sobre filosofía...".

Pero lo que más me llamó la atención de la respuesta de Aumann es que, justo luego de dar un juicio negativo sobre la filosofía en conjunto ("la filosofía es confusa, no es precisa"), dice "Yo nunca entendí la filosofía realmente" (*"I never understood philosophy really..."*). El punto es: ¿cómo puede dar un juicio tan radical sobre algo que él mismo admite que nunca entendió? *Parecería ser que ese es el fondo del asunto*: se rechaza lo que no se entiende. Pondré una analogía precisamente con aquello frente a lo cual se pretende desdeñar la filosofía: las matemáticas. Hay estudiantes que dicen: "Las matemáticas son meras cosas abstractas que no sirven para nada en la vida real. Es mejor no hablar sobre las matemáticas". ¿Significa eso que tenemos que desdeñar las matemáticas? No. Simplemente sucede que los estudiantes que dicen ese tipo de cosas en realidad no entienden propiamente las matemáticas. Pues bien, lo mismo hay que decir respecto de la filosofía. La filosofía, *filosofía en serio*, es ardua, es difícil... por ello puede parecer "confusa" a quien no se haya imbuido en ella, pero no es que sea confusa *en sí misma*. Al contrario: cuando se la entiende verdaderamente se constituye como aquello que más contribuye a la *claridad mental* y permite *pensar a profundidad*. Y cuando ello sucede, ya no caemos en reduccionismos como plantear que podemos reducir fenómenos complejos, profundos y multidimensionales como la moral a fundamentalmente meros esquemas matemáticos tipo "teoría de juegos" (que es el contexto de las "leyes", "juegos repetidos" y "equilibrios" a que se refiere Aumann).

Por tanto, *sí hay que hablar de filosofía*. No me queda, pues, otra opción que reafirmarme en aquello que dije en el "Epílogo" de mi libro *Economía para Herejes*: "Tenemos que ir hacia una nueva teoría económica. Tenemos que incorporar ampliamente los aportes de otros paradigmas, interactuar

---

[395] Mario Bunge, *La Ciencia, su Método y su Filosofía*, Ed. Sudamericana, Buenos Aires, 2014, cap. 4.

constantemente con otras ciencias sociales *y evaluar profundamente nuestros presupuestos filosóficos.* ¿Qué es una tarea muy difícil? Pues sí, pero la continua construcción de una visión verdaderamente científica (y no solo el sucedáneo matematizado de esta) no tiene por qué ser una tarea fácil. El camino del conocimiento es un camino muy arduo, más aún cuando se trata de un fenómeno tan complejo como la economía"[396].

---

[396] Dante A. Urbina, *Economía para Herejes: Desnudando los Mitos de la Economía Ortodoxa*, Ed. CreateSpace, Charleston, 2016, p. 305.

2. Segunda conversación con Robert Aumann

Transcripción

Dante A. Urbina: Profesor Aumann, con respecto a la racionalidad, algunos economistas conductuales sostienen que nosotros no podemos llevar a cabo una conducta en términos de optimización o racionalidad neoclásica porque tenemos sesgos cognitivos en nuestras elecciones. ¿Qué piensa usted sobre ello?

Robert Aumann: Sesgos cognitivos…

Dante A. Urbina: Sesgos cognitivos… Es decir, de acuerdo a algunos economistas conductuales, los sesgos cognitivos afectan sistemáticamente nuestro comportamiento en las elecciones de consumo y, por tanto, el modelo de pensamiento racional u optimización racional no puede ser cierto. Esto, de acuerdo a algunos economistas… ¿Qué piensa usted al respecto?

Robert Aumann: Yo pienso que… Voy a contar una historia. El Premio Nobel en Economía en 2002 fue divido entre dos personas. Una fue Daniel

Kahneman, el padre de la Economía Conductual; la otra fue Vernon Smith. Y el punto interesante sobre el Premio Nobel del 2002 es que a Kahneman se le dio el premio por mostrar que la gente se comporta irracionalmente, de acuerdo a sesgos cognitivos. Y lo que Smith mostró es que la gente se comporta racionalmente. Él hizo experimentos sobre mercados y se sorprendió con el resultado, cuán cercanamente el resultado se correspondía con la teoría económica. De este modo, Kahneman ganó el Premio por probar que la gente es irracional y Smith ganó el Premio por probar que la gente es racional. ¡Qué estaba haciendo el Comité Nobel!, ¿verdad? ¿Estaban dando el Premio a dos cosas opuestas? La respuesta es no. Ellos estaban dando el Premio por la metodología, no por resultados. Pero entonces el problema es incluso mayor pues, ¿cómo puede una metodología válida dar lugar a resultados opuestos? Y la respuesta la dan los propios Tversky y Kahneman. Lo que ellos escribieron en 1974 en un gran paper en *Science*, en una o dos oraciones al final del paper, lo cual no siempre se recuerda... lo que ellos escribieron es: "Estos sesgos usualmente funcionan muy bien, solo algunas veces conducen a sistemáticamente malos resultados". ¿Ok? Algunas veces... Usualmente funcionan muy bien. Ahora, ¿cuándo es este "usualmente"?, ¿es solo estadística? No, no es estadístico. Ellos (los sesgos cognitivos) funcionan muy bien en escenarios situacionales que son comunes. En escenarios comunes funcionan muy bien. Es escenarios no comunes, funcionan mal. Esa es la razón por la que Kahneman ganó el Premio por mostrar que la gente es irracional y Smith ganó el Premio por lo usual. Kahneman ganó el Premio por lo inusual. La reconciliación es que Kahneman está en lo correcto en escenarios inusuales y Smith está en lo correcto en escenarios usuales... Y la razón es obvia. La razón es que la evolución y el aprendizaje funcionan en situaciones usuales, no en situaciones inusuales. La gente no opera lógicamente...

Dante A. Urbina: Entonces, ¿la mayoría de la gente es lógica o no?

Robert Aumann: ¡No! La gente no es lógica; no piensa lógicamente, ¡nunca! Ni siquiera en el planteamiento de Smith. La gente actúa de acuerdo a lo que ha aprendido. Pero lo que han aprendido usualmente es racional. En otras palabras, la gente no analiza racionalmente: ese es un importante descubrimiento de Kahneman y Tversky. Ellos se dieron cuenta de que la gente no piensa lógicamente...

Dante A. Urbina: ¿Kahneman y Smith están de acuerdo en que...?

Aumann: Ellos están de acuerdo en que la gente no piensa lógicamente, pero es racional como regla. Yo le llamo "racionalidad de regla". Y así tenemos un utilitarismo de reglas. Así que el "utilitarismo de reglas" es ir de acuerdo a normas que son útiles como reglas. Entonces, la "racionalidad de regla" es ir de acuerdo a normas que son racionales como reglas, usualmente, no siempre. De este modo, los sesgos cognitivos son racionales como reglas, no siempre, porque -y este es el descubrimiento importante de Kahneman y Tversky- han sido aprendidos y han evolucionado. Y en tanto han sido aprendidos y han evolucionado, deben ser buenos como regla.

Comentario

Planteé esta pregunta a Aumann por cuanto él recibió el Premio Nobel en 2005 por sus aportes a la teoría de juegos siendo que la aplicación de esta a la economía, dentro de los cánones convencionales (dominantes), lo es conforme al esquema neoclásico de optimización de acuerdo al cual los individuos, dadas sus preferencias, toman decisiones racionales procesando correctamente la información de las opciones disponibles.

Ahora bien, en el planteamiento de mi pregunta, con base en diversos descubrimientos del enfoque conocido como *economía conductual*, estoy implicando que la presencia de sesgos cognitivos (es decir, percepciones distorsionadas) en nuestras decisiones pone en jaque al esquema de "optimizador racional" propio de la economía convencional. No obstante, Aumann niega o al menos minimiza tal implicación argumentando que la afectación de los sesgos cognitivos solo sería importante en casos *inusuales*. De este modo, aquellos hallazgos de la economía conductual que ponen en cuestión a la economía neoclásica serían algo interesante, sí, pero no de mayor importancia pues solo se darían en casos raros. En otras palabras, de acuerdo con Aumann, al menos respecto del punto de la racionalidad de los agentes económicos, la economía neoclásica sería válida para lo usual y la economía conductual sería válida simplemente para lo inusual.

En ese contexto, Aumann cita a Kahneman y Tversky, diciendo: "Lo que ellos escribieron en 1974 en un gran paper en *Science*, en una o dos oraciones al final del paper, lo cual no siempre se recuerda… lo que ellos escribieron es: 'Estos sesgos usualmente funcionan muy bien, solo algunas veces conducen a sistemáticamente malos resultados'". La cita original al final del paper a que Aumann hace referencia es "ligeramente" diferente. Dice: "Estos heurísticos son altamente económicos y usualmente efectivos, *pero conducen a errores sistemáticos y predecibles*"[397]. Para que no haya dudas, pongo también la cita en inglés: "These heuristics are highly economical and usually efective, but they lead to systematic and predictable errors".

Ahora bien, analicemos esto detenidamente. Mi pregunta *no fue* si es que los heurísticos son útiles en general sino si es que la comprobada y sistemática presencia de sesgos cognitivos en nuestras decisiones "pone en jaque" al modelo neoclásico de optimización racional. Por supuesto, si el "funcionar usualmente bien" de los heurísticos se corresponde *específicamente* con lo planteado por el modelo neoclásico de elección racional (que es lo que parece pretender Aumann, dada su respuesta), problema resuelto: los descubrimientos de la economía conductual serían fundamentalmente compatibles con la teoría económica convencional (neoclásica). *Pero el punto es que no es así: no es lo mismo el "funcionar usualmente bien" de los heurísticos que lo específicamente planteado por el modelo neoclásico de elección racional.* Pasaré a mostrarlo.

Comencemos entendiendo lo que son los "heurísticos". Básicamente podemos definirlos como reglas que "inventa" nuestra mente para tomar decisiones de modo simplificado (es ese el sentido del "highly economical" de la cita de Tversky y Kahneman, y no nada que tenga que ver directamente con la teoría económica). Por ejemplo, cuando uno dice "Hay un 80% de probabilidades de que pase este examen", eso es un heurístico: *no se está basando en un cálculo lógico-racional específico sino en una regla simplificada útil para organizar el pensamiento y la acción* (de ahí que siempre sean porcentajes "redondos" como 80% y nunca 81.356% o 75.143%). Pues bien, estos heurísticos están precisamente afectados por sesgos cognitivos (de hecho, hasta pueden comprenderse como un producto de ellos). Y los sesgos cognitivos, que implican distorsiones de percepción, no son algo raro que ocurra solo a algunas personas. De hecho, la *Encyclopedia of Human Behavior* explícitamente los define como "errores sistemáticos en el juicio y proceso de decisión *comunes a todos los seres humanos*"[398].

Pasemos a ver la otra "cara de la moneda": el esquema neoclásico de racionalidad. Aquí la clave es *sacarse de la cabeza* la *errada* idea de que cuando

---

[397] Amos Tversky and Daniel Kahneman, "Judgment under uncertainty: Heuristics and biases", *Science*, vol. 185, nº 4157, 1974, p. 1131.
[398] A. Wilke and R. Mata, "Cognitive Bias", en: V. S. Ramachandran ed., *The Encyclopedia of Human Behavior*, Academic Press, New York, 2012, vol. 1, p. 531.

los economistas ortodoxos hablan de "agentes racionales" se refieren simplemente a que la gente toma decisiones básicamente "razonables". *No*. Ellos no se están refiriendo a la racionalidad *en general* (que podría entenderse desde un esquema aristotélico o praxeológico u otro) sino a un modelo *muy específico* de "racionalidad" de acuerdo con el cual los agentes toman decisiones como si pudieran procesar correctamente toda la información disponible conforme a las leyes de la lógica (piénsese en el supuesto de transitividad) y la probabilidad (piénsese en la teoría de la utilidad esperada). No se está hablando aquí de decisiones fundamentalmente "razonables" sino de decisiones *racionales* en el sentido de correspondencia con los cálculos de optimización matemática.

Ahora ya se tienen las "piezas" para armar el "rompecabezas": el "funcionar usualmente bien" propio de los heurísticos permite tomar decisiones "razonables" *en términos de sentido común*, pero no decisiones "racionales" *en el sentido neoclásico*. O sea, siguiendo el heurístico "Comprar aquellos productos alimenticios que mi mamá me ha recomendado" puedo realizar elecciones razonablemente buenas, pero no tiene por qué necesariamente corresponderse (y, de hecho, es difícil que lo hagan de modo específico) con la "combinación óptima" de productos, cantidades, calidades y precios que resultarían de una decisión tomada procesando individualmente toda la información relevante disponible de modo perfectamente correcto y lógico. Ni siquiera se trata de "aproximaciones", ¡porque son "lógicas" distintas! Así que sí encuentro todavía una diferencia sustancial entre los planteamientos de la economía neoclásica y varios descubrimientos de la economía conductual.

Tomando la estrategia de Aumann, citaré a los propios Kahneman y Tversky, iniciadores de la economía conductual, para probar mi punto. Resulta que en un paper posterior respecto del problema de decisiones bajo incertidumbre (que *no son algo "inusual"* sino que constituyen *la gran mayoría* -si no es que todas- las decisiones económicas de consumidores, empresarios, inversores y hacedores de política) estos autores critican frontalmente al modelo de utilidad esperada, *propio del esquema neoclásico de decisión racional*, y proponen un enfoque alternativo que llaman "teoría de las perspectivas". Ellos escriben en el Abstract: "Este paper presenta una *crítica* de la teoría de la utilidad esperada como modelo descriptivo del proceso de decisión bajo riesgo, y desarrolla un modelo alternativo, llamado teoría de las perspectivas. Las decisiones entre perspectivas riesgosas muestran varios efectos *bastante extendidos* que son *inconsistentes con los principios básicos de la teoría de la utilidad"*[399]. Quien quiera ver sus razones puede leer el paper en el cual discuten la influencia de varios sesgos cognitivos adicionales que afectan decisiones *bastante usuales y de gran relevancia en la economía* como las inversiones financieras. Y no las afectan de cualquier modo, sino de uno que *se aleja de lo predicho por el enfoque neoclásico*.

Así que la influencia distorsionante de los sesgos cognitivos no es tan "inusual" como se pretende. *Las excepciones son tantas y tantas que ya no se las pueden seguir tratando coherentemente como tales: es necesario entender sus reglas.* Y precisamente en ese sentido tenemos relevantes contribuciones como la de Dan Ariely, uno de los más prominentes teóricos conductuales en la actualidad, en su libro *Prediciblemente Irracional*. Interesantemente, él propone un esquema racional para entender los patrones de la "irracionalidad" y concurre decidida y explícitamente con la visión de que los descubrimientos de la economía conductual sí discrepan de la economía convencional. Él escribe: "Nosotros somos de lejos *menos racionales que lo que la teoría económica estándar asume.* No obstante, estos comportamientos irracionales no son aleatorios ni sin sentido. Son *sistemáticos* y, dado que se repiten una y otra vez, *predecibles*. Así que, ¿no tendría sentido modificar la teoría económica estándar para alejarla de su *psicología ingenua* (que *frecuentemente falla* en la prueba de la razón, la introspección *y -más importantemente- el escrutinio empírico*)?"[400]. Dado esto, quien sostenga que las discrepancias entre los descubrimientos de la economía conductual y la economía neoclásica son pocas y menores debe primero leer bien el libro de Ariely. Encontrará tantas "excepciones" que será cada vez más difícil mantener la supuesta "regla".

Y si hubiere una "racionalidad de la regla" -ello podría perfectamente aceptarlo conforme a las discusiones sobre "racionalidad limitada" en mi libro *Economía para Herejes*[401]- es claro, dado lo que explicamos sobre cómo funcionan los heurísticos, que no se correspondería propiamente con la "racionalidad neoclásica". Así que allí hay que tener cuidado con la *falacia del equívoco*. Y demostración clara de esto es que, por un lado, el esquema de

---

[399] Daniel Kahneman and Amos Tversky, "Prospect theory: An analysis of decision under risk", *Econometrica*, vol. 47, n° 2, 1979, p. 263.
[400] Dan Ariely, *Predictably Irrational: The Hidden Forces that Shape Our Decisions*, Ed. Harper Collins, New York, 2008, p. xx.
[401] Dante A. Urbina, *Economía para Herejes: Desnudando los Mitos de la Economía Ortodoxa*, Ed. CreateSpace, Charleston, 2015, pp. 39-41.

racionalidad neoclásico, al estructurarse matemáticamente, es necesariamente *lógico* y, por otro, Aumann explícitamente dice: "La gente no opera lógicamente. (...) ¡No! La gente no es lógica; no piensa lógicamente, ¡nunca! Ni siquiera en el planteamiento de Smith". La planteada "racionalidad de la regla" sería, como dice Aumann, producto de la evolución del ser humano, no producto de los optimizadores individualistas y atomizados del modelo de racionalidad neoclásico (que era específicamente de lo que estaba preguntando). Como muestra, pensemos simplemente en lo siguiente: durante el proceso evolutivo el hombre ha tenido que enfrentarse, durante miles y miles de años, a la incertidumbre respecto de su supervivencia misma *día a día*. Mamuts, tigres dientes de sable, extrema escasez de alimentos, fuertes inclemencias de clima… todo ello condicionó largamente nuestro proceso evolutivo haciendo que tengamos en general un apego *demasiado fuerte* hacia "lo seguro". Ahora bien, en el mundo actual ya no tenemos esos peligros, pero el condicionamiento sigue presente. Dado esto, cuando enfrentamos una decisión bajo riesgo, en lugar de considerar de modo *frío y consistente* las opciones, tendremos a tener un apego tal a las "opciones seguras" que nos lleva a inconsistencias matemáticas, lo cual contradice el matematizado esquema neoclásico. Precisamente ese es el punto clave de la *paradoja de Allais*[402], cuyas implicancias desarrollaron luego los teóricos de la economía conductual.

Para cerrar, en cuanto a aquello de que el Comité de los Premios Nobel no podría estar haciendo una locura como premiar a resultados distintos, hay que decir que no sería la primera vez. En 1974 se dio el Premio Nobel de Economía a Gunnar Myrdal y a Friedrich von Hayek, siendo el motivo consignado *para ambos* "su trabajo pionero en la teoría del dinero y las fluctuaciones económicas y su penetrante análisis de la interdependencia de los fenómenos económicos, sociales e institucionales". Pero resulta que, a ese respecto, como sabe cualquiera que los haya leído, ¡Myrdal y Hayek planteaban cosas contradictorias en teoría y práctica, en enfoque, diagnósticos y propuestas! De otro lado, no debemos quedarnos con la impresión de que el método iniciado por Vernon Smith, la *economía experimental*, dé uniformemente resultados en concordancia con la teoría económica estándar. *Al contrario: muchísimos análisis experimentales han dado*

---

[402] Maurice Allais, "Le comportement de l'homme rationnel devant le risque: Critique des postulats et axiomes de l'école Américaine", *Econometrica*, vol. 21, nº 4, 1953, pp. 503–546.

resultados que claramente la contradicen y sobre todo respecto del postulado de racionalidad. Una buena reseña de los mismos puede encontrarse en el paper "Más allá del homo economicus: Evidencia desde la economía experimental" de Herbert Gintis[403]. De todos modos, Aumann da a entender que una metodología válida no debería dar lugar a resultados opuestos. Eso está muy bien en teoría, pero en la práctica se encuentra una diversidad de resultados por todas partes a partir de una misma metodología. Y no solo en economía conductual o experimental. Baste mencionar que, siendo la econometría la metodología cuantitativa por excelencia de los economistas convencionales, hay resultados econométricos que "validan" los planteamientos keynesianos y también otros que "validan" los monetaristas (y a veces para el mismo tiempo y lugar), cuando estos dos enfoques de macroeconomía ¡plantean cosas opuestas! Así que los problemas siguen abiertos, todavía no tenemos síntesis o soluciones sencillas. En otras palabras, *todavía queda mucho por discutir*.

---

[403] Herbert Gintis, "Beyond Homo economicus: Evidence from experimental economics", *Ecological Economics*, vol. 35, nº 3, 2000, pp. 311-322.

3. Tercera conversación con Robert Aumann

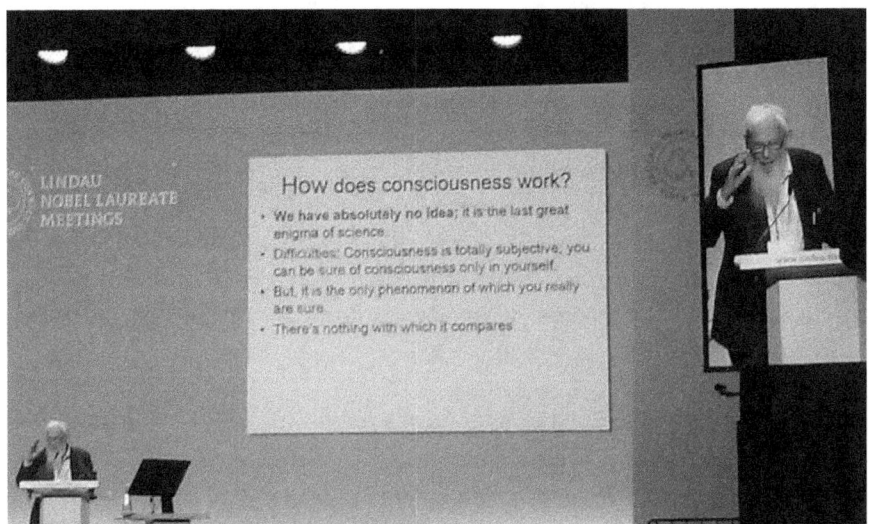

Transcripción

Dante A. Urbina: Profesor Aumann, y con respecto a la naturaleza de la conciencia, ¿qué opina usted sobre el determinismo? Según el determinismo toda nuestra conciencia está únicamente determinada por factores físicos y biológicos, y no hay libre albedrío. ¿Está de acuerdo con eso o no?

Robert Aumann: Tengo un problema con el concepto de libre albedrío. No soy necesariamente un determinista... Creo que toda nuestra conciencia puede ser explicada sin recurrir a nada sobrenatural... No se ha hecho todavía, pero creo que se hará. "Determinismo"... no sé exactamente qué significa. Yo no sé qué significa "libre albedrío", no estoy seguro respecto de qué significa.

Dante A. Urbina: Entonces, no hay una definición exacta de "libre albedrío" y eso es parte del problema, de acuerdo con usted. ¿Es así?

Robert Aumann: No es claro en qué medida lo que nosotros hacemos está en algún sentido determinado por nuestro libre albedrío. No estoy seguro... Yo creo en la importancia de los colectivos.

Comentario

Tal como sucedía con mi primera conversación con Aumann, esta pregunta podría parecer extraña. Pero, nuevamente, todo "encaja" si se entiende el contexto. Ha de recordarse que el tema de su conferencia en el Lindau Nobel Laureate Meeting fue, interesante y singularmente (los demás ponentes abordaron temas sumamente especializados de Economía), el de la conciencia (en específico, su conferencia se tituló "Mechanism Design Design: Why Consciousness Evolved"). Dado ello, es *perfectamente natural* que le pregunte sobre aquel que sin dudas es uno de los tópicos más discutidos en los estudios y análisis sobre la conciencia: el debate "determinismo vs. libre albedrío".

Pues bien, si algo queda claro de la respuesta de Aumann es que esta no es clara. Él dice "No soy necesariamente un determinista", pero al instante siguiente afirma su creencia respecto de que "toda nuestra conciencia puede ser explicada sin recurrir a nada sobrenatural". El punto es que si la totalidad de nuestra conciencia se puede explicar exclusivamente en términos de lo natural, siendo que la naturaleza está regida por leyes (físicas, químicas, biológicas), se sigue necesariamente de ello que nuestra conciencia estaría al final de cuentas predeterminada por esas leyes y, por tanto, no habría libre albedrío... ¡lo cual es precisamente lo que afirma el determinismo! Así que *parecería* que la respuesta de Aumann cae en un "no... pero sí".

¿Pero cómo podría ser que Aumann caiga en ese enredo conceptual? Bien, recordemos que en la primera conversación Aumann, remarcando que fue educado en una ciencia exacta como las matemáticas, desdeñaba al conjunto de la filosofía como "confusa, no precisa" pero luego aceptaba que nunca había entendido la filosofía realmente. De este modo, una posibilidad es que esté cayendo en enredos conceptuales con términos con implicancias filosóficas -como "determinismo"- no porque la filosofía sea confusa en sí misma sino porque la confunde al no entenderla (no repetiré aquí la analogía de aquel estudiante que desdeña a las matemáticas como confusas simplemente porque no las entiende... ¡uy!, ya la repetí). De hecho, en filosofía existe bastante discusión académica seria sobre el problema "determinismo vs. libre albedrío" procurándose una rigurosa delimitación conceptual, así que esto no puede soslayarse simplemente apelando a dificultades de definición.

Ahora bien, es claro que Aumann "no le tiene fe" a la filosofía pero, por otra parte, se ve que le tiene *mucha fe* a explicaciones naturalistas sobre la conciencia. Recuérdese que él dijo: "Creo que toda nuestra conciencia puede ser explicada sin recurrir a nada sobrenatural… No se ha hecho todavía, *pero creo que se hará*". Y aquí no digo "fe" en un sentido meramente analógico. La fe se define básicamente como creer en algo que no se ve. Ahora bien, Aumann mismo acepta que *en el presente* (que "vemos") no tenemos una explicación naturalista suficiente de la conciencia ("no se ha hecho todavía…"), pero al mismo tiempo mantiene que en el futuro (que *no "vemos"*) se tendrá ("… creo que se hará"). En ese contexto, resulta especialmente revelador que en su misma conferencia (tal como consta en la foto que tomé y que aparece al inicio de este artículo) frente a la pregunta "¿Cómo funciona la conciencia?" tuvo que poner "No tenemos absolutamente ninguna idea" ("We have absolutely no idea").

Pero pongámonos en la otra perspectiva. ¿Qué pasaría si no desdeñamos la filosofía ni descartamos *a priori* la posibilidad de que haya algún tipo de factor sobrenatural en la explicación de la conciencia? Pues bien, sucedería que podríamos tener una explicación racional sobre el libre albedrío y la conciencia desde una perspectiva *filosófica* compatible con nuestros actuales conocimientos científicos. De hecho, en mi conferencia "Las neurociencias y el espíritu: Una visión teísta"[404], realizada en la Facultad de Psicología de la Universidad Nacional Mayor de San Marcos, desarrollé una propuesta filosófica al respecto así que quien esté interesado puede encontrar los argumentos allí.

"¡Oye, Dante, ¿pero por qué hay que hacerte caso a ti en tu defensa filosófica de la existencia libre albedrío cuando *un Premio Nobel* como Aumann toma distancia de tal posición?!", podrá pensar alguno. El punto es que la cuestión se debe decidir por *argumentos* en lugar de por *autoridad*. Pero si de todas maneras se quisiera entrar al "juego de la autoridad" tenemos que Robert Aumann, si bien es Premio Nobel, no lo es de un área directamente relacionada con el problema de la conciencia ya que se trata de un matemático que ganó el Premio Nobel en Economía, así que no sería propiamente una "autoridad" en el referido tema. Ahora veamos las palabras de John Eccles, quien definitivamente es una autoridad en el tema al ser *Premio Nobel* de Medicina por sus aportes en el área de la *neurofisiología*.

---

[404] Dante A. Urbina, "Las neurociencias y el espíritu: Una visión teísta", Universidad Nacional Mayor de San Marcos (Lima - Perú), 20 de noviembre del 2013.

Sin ambages, él escribe: "Que tenemos libre albedrío es un *hecho* de la experiencia. Asimismo, *afirmo enfáticamente* que negar el libre albedrío *no es un acto racional ni lógico*"[405]. Quien quiera ver la argumentación completa de Eccles -porque son los argumentos lo que aquí verdaderamente importa- lo puede encontrar en su abundante trabajo publicado. En todo caso, en vista de que se tienen *en el presente* modelos explicativos racionales sobre la conciencia incluyendo la afirmación del libre albedrío y la realidad espiritual (Eccles defendía la existencia de la "mente" como una *sustancia inmaterial ontológicamente autónoma y con capacidad de agencia*, lo cual se corresponde precisamente con la definición de "espíritu"), no se puede "alegremente" tener fe en una explicación naturalista *futura* sin antes haberlos refutado (cosa difícil de hacer si se toma la actitud de "Es mejor no hablar sobre filosofía...").

---

[405] John Eccles, "Brain and free will", en: G. Globus, G. Maxwell, and I. Savodnik eds., *Consciousness and the Brain: A Scientific and Philosophical Inquiry*, Plenum Press, New York, 1976, p. 101.

4. Conversación con Finn Kydland

* *Finn Kydland fue laureado con el Premio Nobel de Economía en 2004 por sus contribuciones a la macroeconomía dinámica en términos de la consistencia temporal de la política económica y las fuerzas detrás del ciclo económico.*

Transcripción

Dante A. Urbina: Profesor Kydland, soy Dante Urbina, de Perú. Estoy bastante interesado en un tópico relacionado con su exposición sobre la formación de capital y la innovación, y noté que usted usó la función de producción. ¿Qué piensa usted acerca de la controversia de Cambridge sobre el capital? Es decir, de acuerdo con Joan Robinson, no hay forma coherente de medir el capital e incorporarlo en la función de producción. ¿Cómo usted mediría el capital, o cuál es su opinión sobre esta controversia?

Finn Kydland: Yo ni siquiera sabía sobre esta controversia. ¿Cuál es la base de la controversia? Yo no he leído toda la literatura...

Dante A. Urbina: Bueno, básicamente Joan Robinson dijo que había problemas estructurales con respecto a la medición del capital porque si medimos el capital en términos de dinero, nosotros no podemos incorporar ello directamente en la función de producción. Por ejemplo, ¿en qué tipo de unidades podemos medir el capital? ¿Unidades físicas...?

Finn Kydland: En los Estados Unidos, por ejemplo, tú puedes tener medidas del capital, puedes conseguir series separadas de la maquinaria… Un denso libro publicado por la oficina en Washington D. C. realiza mediciones del capital y luce muy minucioso. Pero personalmente yo no he visto ninguna dificultad potencial en medir el capital. Es difícil para mí imaginar que haya algún problema que superar, desde mi perspectiva. Ahora, en tu caso, ¿cuál es la cuestión que estás tratando de resolver?

Dante A. Urbina: ¿En qué tipo de unidades podemos medir el capital?

Finn Kydland: ¿Es esa tu pregunta?

Dante A. Urbina: Sí.

Finn Kydland: ¿Y cuál es el problema con medirlo en las mismas unidades en que medimos el producto? Quiero decir, el capital es aumentado por la inversión…

Dante A. Urbina: Sí, es una posibilidad…

Finn Kydland: Algunas veces, en algunos países, no hay medidas publicadas de capital, así que tienes que reconstruir tu propia serie basado en la inversión, en algún supuesto sobre la depreciación, etc.

Comentario

La conferencia de Kydland en el Lindau Nobel Laureate Meeting se tituló "Innovación, Formación de Capital y Política Económica" ("Innovation, Capital Formation and Economic Policy"). En esta conferencia Kydland usó explícitamente la llamada "función de producción" (aquella que en la teoría económica estándar se expresa como $Q = f(L, K)$ relacionando la cantidad producida con la cantidad de trabajo y capital) y discutió, tal como el título de su ponencia anuncia, la formación de capital. Dado ello, resulta perfectamente pertinente preguntar sobre aquel que *sin lugar a dudas* constituye el debate teórico *más importante* sobre la función de producción y la noción neoclásica de capital: la controversia de los dos Cambridges.

Ya he hablado extensivamente sobre la misma en el capítulo 2 de mi libro

Economía para Herejes[406] y también en una conferencia al respecto en la Universidad Nacional de San Agustín en Arequipa[407]. Pero, para decirlo muy brevemente, se trató de una *titánica* batalla intelectual entre economistas sobre si se puede medir de forma coherente el capital e incorporarlo en la función de producción. Y digo "titánica" porque en la misma se enfrentaron verdaderos *titanes* de la economía: "en una esquina", los ortodoxos Paul Samuelson, Robert Solow y Franco Modigliani, de Cambridge – Estados Unidos; y "en la otra esquina", los heterodoxos Joan Robinson, Piero Sraffa y Luigi Pasinetti de Cambridge – Inglaterra. Las implicancias de este debate son verdaderamente *tremendas* para la teoría económica convencional pues, al estructurarse esta como un sistema matemático concatenado, si no se puede construir coherentemente la función de producción se cae *gran parte* de la misma. Yo suelo ilustrar ello a mis alumnos diciendo: "Si la crítica de Cambridge (Inglaterra) es cierta se cae alrededor del 80% de lo que estudian en Microeconomía y alrededor del 60% de lo que estudian en Macroeconomía". *Así que estamos hablando de algo muy serio…*

Pues bien, resulta que de esta controversia, de tanta importancia, de tanto alcance, Kydland, *el Premio Nobel*, ¡no sabía nada! Eso claramente valida aquello que dije en *Economía para Herejes* sobre esta controversia que terminó alrededor de la década de los setenta *con la admitida derrota teórica de los economistas neoclásicos*. Cito: "La posición ortodoxa a este respecto ya ha sido plenamente refutada, pero nada de ello se ha incorporado de modo claro a la teoría económica estándar. *Prima la estrategia del silencio*. Prácticamente ningún profesor o académico habla sobre estos problemas. O si habla, se le ignora o se le 'neutraliza'"[408].

Y decir "No he leído toda la literatura" no es razón suficiente pues no le pregunté a Kydland sobre un tema demasiado específico rebuscado a propósito (algo como "¿Qué piensa usted de la influencia y paralelos de las nociones nietzscheanas de 'superhombre' y 'eterno retorno' en la

---

[406] Dante A. Urbina, *Economía para Herejes: Desnudando los Mitos de la Economía Ortodoxa*, Ed. CreateSpace, Charleston, 2016, pp. 51-55.
[407] Dante A. Urbina, "Cambridge vs. Cambridge: La gran controversia sobre la teoría del capital", Universidad Nacional de San Agustín (Arequipa - Perú), 31 de marzo del 2017.
[408] Dante A. Urbina, *Economía para Herejes: Desnudando los Mitos de la Economía Ortodoxa*, Ed. CreateSpace, Charleston, 2016, p. 55.

concepción de Schumpeter sobre el empresario y el desenvolvimiento económico?") sino que le pregunté sobre el debate teórico más importante en relación a un aspecto que incluyó en su conferencia y en el que estuvieron implicados muy relevantes economistas ortodoxos *que fueron también Premios Nobel* (Samuelson, Solow y Modigliani).

Ahora analicemos los demás detalles de lo dicho por Kydland. Cuando como respuesta a la interrogante menciona que en oficinas de los Estados Unidos uno puede conseguir libros con medidas del capital demuestra claramente que no entiende la naturaleza del problema (aunque esto último no se le puede propiamente reprochar *condicionado a que, en primer lugar, ni siquiera conocía el problema*, lo cual sí es algo que "llama la atención"). Y es que la controversia de los dos Cambridges *no es empírica sino teórica*. Es decir, no se trata de si las oficinas de gobierno, en su labor de contabilidad nacional, pueden tener mediciones específicas de bienes de capital en sus libros (es claro que las tienen), sino de si la variable capital (K) puede ser medida de forma general de un modo tal que sea consistente con la teoría neoclásica y pueda al mismo tiempo incorporarse matemáticamente en la función de producción.

Luego, Kydland me pide especificar más mi pregunta. Soy directo y le digo: "¿En qué tipo de unidades podemos medir el capital?". Él responde: "¿Y cuál es el problema con medirlo en las mismas unidades en que medimos el producto?". Pues hay un "pequeñito" problema... ¡que no podríamos incorporarlo coherentemente a la función de producción! Explico: en la función de producción $Q = f(L, K)$ la variable Q corresponde a las unidades producidas y la idea es establecer una relación entre esta variable y las unidades físicas de trabajo (L) y capital (K) utilizadas. Así lo expresan claramente los profesores Pyndick y Rubinfeld en su famoso manual ortodoxo de microeconomía cuando respecto de la función matemática precedente explican que "relaciona la cantidad de producción con las cantidades de los dos factores, capital y trabajo"[409]. Ahora, si seguimos la "solución" de Kydland deberíamos medir el capital en términos de cantidades producidas. ¿Pero cómo hacemos eso? Simple: poniendo el capital en términos de su *productividad* (contribución a generar producto). ¿Pero cómo se halla esa productividad? Pues resulta que en la teoría económica convencional se halla sacando la derivada de la función de

---

[409] Robert Pyndick y Daniel Rubinfeld, *Microeconomía*, Ed. Prentice Hall, Madrid, 2009, p. 219.

producción respecto del factor capital (dQ/dK). De este modo, llegamos a una muy "simpática" situación: que para medir el capital *a fin de poder construir la función de producción* requeriríamos primero de... ¡la función de producción! Obviamente esto es un "bucle lógico" y, por tanto, no constituye una solución viable. Es como si alguien me preguntara dónde vivo y yo respondiera: "¿Por qué no vienes a mi casa para decírtelo?". *Así que el problema para la economía ortodoxa sigue en pie.*

Por supuesto, se seguirá aplicando la "estrategia del silencio" y, si es necesario, de silenciar a los "incómodos" disidentes. De hecho, recuerdo que cuando era estudiante de pregrado e iba a explicar esta controversia a mis compañeros en una exposición el profesor rápidamente me cortó diciendo sin más "Ese es un problema muy antiguo..." y mandándome a sentar (como si llamar "antiguo" a un problema *no resuelto* de la década de los setenta y no de la prehistoria resolviera toda la cuestión mágicamente). *Pareciera que era un "niño malo" que, "para variar", se había portado mal.* Aunque, cabe anotar, por si acaso, que introducir el mencionado punto en mi exposición no era impertinente sino todo lo contrario dado que el tema de la misma era *la función de producción*. Pero tal vez sí siga siendo un "niño malo", en la visión de ese mundo "adulto" -el cual puede ser, y de hecho es, *bastante* criticable tal como nos ha ilustrado magistralmente Antoine de Saint-Exupéry en su obra *El Principito*[410]. Tal vez hago demasiadas preguntas, *preguntas incómodas*. Y tal vez me dirán: "¡Cállate! ¡Estate quieto!". Pero no puedo dejar de moverme. Se querrá frenar mi pensamiento. *E pur si muove...*

---

[410] Antoine de Saint-Exupéry, *Le Petit Prince*, Ed. Gallimard, París, 1946.

5. Conversación con Roger Myerson

* *Roger Myerson fue laureado con el Premio Nobel de Economía en 2007 por sus contribuciones a la creación de la teoría del diseño de mecanismos.*

Transcripción

Dante A. Urbina: Profesor Myerson, soy Dante Urbina, de Perú. Su conferencia fue realmente interesante…

Roger Myerson: Sí, Perú tiene desarrollos muy importantes en el gobierno local.

Dante A. Urbina: Sí. En específico, yo estoy muy interesado en la economía de la corrupción. Quiero hacerle una pregunta. Es la siguiente: ¿usted diría que habría una relación inversa entre descentralización y corrupción?

Roger Myerson: En otro paper argumento que la descentralización, en el largo plazo, reduce la corrupción en el gobierno nacional porque provee entrada o provee un terreno de prueba para liderazgo competitivo en la democracia nacional. Yo diría que Estados Unidos tiene un gobierno nacional menos corrupto que el que tendría de otro modo, porque tiene gobiernos locales, gobiernos locales autónomos. En gobiernos centralizados frecuentemente la corrupción se da mucho de parte del presidente, los dirigentes… que se enriquecen a expensas del pueblo. Pero nadie escucha sobre ello porque los medios no pueden... Los medios noticiosos en Kenia están en más posibilidad de exponer la corrupción local (descentralizado) cuando el gobierno local está separado del gobierno nacional (centralizado) o es autónomo respecto del gobierno nacional. Pero yo no afirmaría que los gobiernos locales son menos corruptos. Es complicado. Pero el efecto más importante sobre la corrupción, diría, es que los gobiernos nacionales serán menos corruptos cuando hay descentralización política en el gobierno local.

Dante A. Urbina: Entonces, esta es una cuestión compleja y la descentralización puede ayudar a reducir la corrupción, bajo ciertas condiciones y principalmente a largo plazo...

Roger Myerson: Sí. La población local puede apoyar la descentralización política haciendo que los presupuestos locales sean independientes de la política nacional (central).

Comentario

La conferencia de Myerson, Premio Nobel de Economía por sus contribuciones a la teoría del diseño de mecanismos para la asignación de recursos, en el Lindau Nobel Laureate Meeting fue sobre los costos de la centralización política. En ese contexto, resulta pertinente preguntar sobre la relación entre la (des)centralización política y la corrupción pues esta última constituye definitivamente la principal forma de mal asignación de recursos en el sector público incluyéndose en ello, por supuesto, la interacción con el sector privado al respecto. De hecho, el Banco Mundial ha llegado a estimar que al año se pagan más de 1 *trillón* (o sea, ¡*un millón de billones!*) de dólares en sobornos[411] y a ello habría que sumar unos 1.5 trillones de dólares por el efecto distorsionante de la corrupción en las contrataciones públicas[412].

Myerson comienza señalando que Perú tiene muy importantes desarrollos en el gobierno local. Y, bueno, sí, hay algunos avances interesantes como la aplicación de esquemas como Presupuesto por Resultados o Asociaciones

---

[411] World Bank, "The cost of corruption", web.worldbank.org, April 8, 2004.
[412] Huguette Labelle, "Transparency as Modernization of the State: Experiences, key actors and challenges", conferencia en la Universidad Católica de Chile (Santiago de Chile - Chile), 22 de abril del 2011.

Público-Privadas. Pero esto aún es incipiente y se ve seriamente afectado por la corrupción que, según reporta el historiador Alfonso Quiroz en su magistral obra *Historia de la Corrupción en el Perú*, "no es algo esporádico sino, más bien, *un elemento sistémico, enraizado en las estructuras centrales de la sociedad*"[413].

La respuesta de Myerson me pareció interesante y me dejó una buena impresión intelectual sobre él. Y es que Myerson no afirmó o negó una relación inversa entre corrupción y descentralización política de forma simplista sino que más bien, como riguroso académico, planteó varias distinciones y matices. Así, lo que él postula es que la descentralización (es decir, la distribución extendida del poder de tomar decisiones político-administrativas) reduciría la corrupción *del gobierno central* en el *largo plazo* y *bajo ciertas condiciones*. Dado esto, me parece muy pertinente cuando dice "Yo no afirmaría que los gobiernos locales son menos corruptos". Y en efecto: en Perú, por ejemplo, se halla muy altos niveles de corrupción en los gobiernos locales (regionales). Para citar solo un caso, se puede mencionar que entre 2007 y 2016 la región de Ancash perdió alrededor de 200 millones de soles (es decir, como 60 millones de dólares) por corrupción vía pagos para obras inconclusas o incrementos injustificados de costos, siendo que tres gobernadores regionales están en la cárcel y de los 20 alcaldes provinciales de la actual gestión, 17 están investigados por corrupción[414].

Por tanto, hay que remarcar el interesante argumento central de Myerson para no caer en equívocos: lo que se espera, en principio, es que la descentralización, al distribuir el poder de decisión, reducirá la corrupción del gobierno *central*, no necesariamente la de los gobiernos *locales* (de hecho, podría aumentar la de estos últimos). Esto se da porque en esquemas centralizados (y peor aún si se tiene control sobre los medios de comunicación) el gobierno central dispone de *fuertes y amplios* mecanismos para extender *su* corrupción y en las instancias locales las posibilidades de oponerse a dicha corrupción son *débiles y dispersas*. De ahí que en África, donde hay varias dictaduras sumamente opresivas, se encuentren varios

---

[413] Alfonso Quiroz, *Historia de la Corrupción en el Perú*, Instituto de Estudios Peruanos, Lima, 2013, p. 31.
[414] Véase: Wilber Huacasi, "Entre 2007 y 2016, Áncash perdió S/. 200 millones por corrupción", *La República*, 2 de mayo del 2017.

países con muy altos niveles de corrupción[415]. Vale la pena reflexionar: si en Latinoamérica nos quejamos tanto de la corrupción ¡cómo estará la situación en África! *Hay que hacer algo...*

---

[415] Cfr. Oluwole Owoye and Nicole Bissessa, "Corruption in African countries: A system of leadership and institutional failure", en: Gedeon Mudacumura and Göktuj Morçöl eds., Challenges to Democratic Governance in Developing Countries, Ed. Springer, Heidelberg, 2014, pp. 227-245.

6. Conversación con James Mirrlees

* *James Mirrless fue laureado con el Premio Nobel de Economía en 1996 por sus contribuciones fundamentales a la teoría de los incentivos bajo condiciones de información asimétrica.*

Transcripción

Dante A. Urbina: Profesor Mirrlees, soy Dante Urbina, de Perú. Me pareció interesante su conferencia sobre racionalidad limitada. En ese contexto, estoy interesado porque creo que ello (la racionalidad limitada) establece un contraste respecto de la economía neoclásica porque en la economía neoclásica o, al menos, en la enseñanza de la economía neoclásica, se usa el concepto de optimización racional en el cual los agentes económicos tratan con toda la información relevante y pueden procesar toda esta información. Pero, de acuerdo a la racionalidad limitada, nosotros no podemos procesar toda la información todo el tiempo.

James Mirrlees: Bueno, al respecto he de decir que el modo en que la economía neoclásica es presentada realiza algunos supuestos, dado que es apropiado que realice simplificaciones. Yo creo que los esquemas de decisión racional y los equilibrios son modelos, son realmente aproximaciones, en el sentido neoclásico.

Dante A. Urbina: En ese contexto, de acuerdo a algunos economistas conductuales, cuando estamos buscando "satisfacción" en lugar de "optimización", nosotros tenemos sesgos cognitivos, sesgos cognitivos que pueden afectar sistemáticamente nuestras elecciones. ¿Qué piensa usted sobre eso y sus implicancias?

James Mirrlees: En mi visión, algunos sesgos son excepciones. Cuando veo un mensaje en mi correo electrónico… creo que hay fuertes sesgos en los mensajes. Pero de algún modo hay algo que no sé cómo capturar.

Comentario

La conferencia de Mirrlees en el Lindau Nobel Laureate Meeting se tituló "Racionalidad limitada y política económica" ("Bounded rationality and economic policy"). Como se desprende de la conversación, básicamente la cuestión es si, respecto del esquema de racionalidad de los agentes económicos que plantea el enfoque convencional (neoclásico), el planteamiento de *racionalidad limitada* implica fundamentalmente una convergencia o divergencia. En mi libro *Economía para Herejes* he defendido lo segundo[416].

Ahora bien, si alguna referencia habría que tomar para el presente debate, ¿qué mejor que la del propio iniciador del concepto de racionalidad limitada, Herbet Simon, *quien fue también Premio Nobel de Economía en 1978*? Pues bien, si vamos al paper original de Simon, nos encontramos con que en varias partes da a entender o directamente expresa que el esquema de racionalidad limitada implica un distanciamiento importante respecto del enfoque neoclásico. Por ejemplo, refiriéndose al concepto neoclásico de *homo economicus*, de acuerdo con el cual los agentes económicos tomamos decisiones óptimas de forma individualista como procesando racionalmente toda la información disponible, él no dice que basta con un "pequeño ajuste" para que se corresponda con la racionalidad limitada sino que "el concepto de 'hombre económico' (y, podría agregar, el de su hermano el 'hombre administrativo') *requiere de una revisión bastante drástica*"[417].

---

[416] Dante A. Urbina, *Economía para Herejes: Desnudando los Mitos de la Economía Ortodoxa*, Ed. CreateSpace, Charleston, 2015, pp. 39-41.
[417] Herbert Simon, "A behavioral model of rational choice", *The Quarterly Journal of Economics*, vol. 69, n° 1, 1955, p. 99.

En buena parte esto se da porque, de acuerdo con el esquema de racionalidad limitada, al no poder examinar toda la información conjuntamente, los individuos no pueden propiamente *optimizar* (palabra clave de los manuales de microeconomía convencionales para referirse al modo de decisión de consumidores y empresarios) sino que, al solo poder examinar de forma secuencial unas pocas posibilidades en la mayoría de los casos, más bien deben buscar *satisfacer*. Como dice Simon: "En la mayoría de modelos globales de elección racional [ortodoxos], *todas* las alternativas son evaluadas *antes* de que se tome la decisión. [Pero] en la decisión humana real, las alternativas son frecuentemente examinadas *de forma secuencial*. (…) Cuando las alternativas son examinadas secuencialmente, podemos considerar a *la primera alternativa satisfactoria que es evaluada* como aquella que será seleccionada. Si un jugador de ajedrez encuentra una alternativa que lleva a un jaque mate inevitable a su oponente, generalmente adoptará esta alternativo *sin preocuparse acerca de si hay otras alternativas que también lleven a un jaque mate inevitable*. En este caso encontraríamos *muy difícil* predecir qué alternativa sería elegida, *porque no tenemos teoría que prediga el orden en que las alternativas serán examinadas*"[418].

Ahora bien, si uno no analiza *todas* las alternativas, sino que tiende a seleccionar *la primera* que sea un *satisfactor* suficientemente bueno de la necesidad en cuestión, siendo que el orden de las alternativas es relativamente arbitrario, ¿qué nos asegura que la elección derivada del esquema de *satisfacción* (racionalidad limitada) necesariamente coincidirá de modo exacto o se acercará bastante a la elección que se derivaría de un esquema de *optimización* (racionalidad neoclásica)? Y esto es aún más difícil que suceda si tenemos en cuenta que en nuestro análisis *ya limitado* de las alternativas estamos sometidos a sesgos cognitivos de modo que tenemos que apelar a "reglas heurísticas". Que estas últimas no se acercan necesariamente a lo planteado por el enfoque neoclásico es algo que ya discutí detalladamente en mi comentario a la segunda conversación con Robert Aumann.

El reputado economista postkeynesiano Steve Keen, profesor de la Universidad de Kingston, ilustra muy bien el punto precedente. Lo cito en extenso: "Considera, por ejemplo, tu visita regular a un supermercado. El típico supermercado tiene entre 10 000 y 50 000 productos, pero vamos a

---

[418] Herbert Simon, "A behavioral model of rational choice", *The Quarterly Journal of Economics*, vol. 69, n° 1, 1955, pp. 110-111.

segmentarlos en solos 100 grupos diferentes. ¿Cuántos carritos de comprar diferentes podrías llenar si limitas tu decisión a simplemente comprar o no comprar un producto de cada grupo? Tu deberías ser capaz de llenar 2 elevado a la potencia de 100 carritos de compras con diferentes combinaciones de estos productos: es decir, 1 267 650 600 228 229 401 496 703 205 376 carritos en total (…). Si pudieras procesar la utilidad que ganarías por cada carrito al ritmo de 10 trillones por segundo, te tomaría 100 billones de años localizar la combinación óptima. Obviamente no tienes que hacer eso cuando vas de compras. En lugar de ello, lo que haces es usar un rango de *heurísticos consabidos* para reducir el enorme conjunto de opciones que enfrentas a algo manejable que puedes completar en menos de una hora. Divides las opciones en unos pocos grupos básicos, en lugar de ver cada producto por separado; y dentro de los grupos usas *hábitos* que guían tus compras - si normalmente llevas cereales muesli para el desayuno, ignoras los cornflakes. El comportamiento verdaderamente racional es, por tanto, *no el elegir la mejor opción, sino reducir el número de opciones que consideras de modo tal que puedas tomar una decisión satisfactoria en tiempo finito*"[419].

Finalmente, alguno podría pensar que "no viene al caso" introducir la cuestión conductual de los sesgos cognitivos en una discusión sobre racionalidad limitada, como es que hice en mi re-pregunta a Mirrlees. Sin embargo, a decir de Matthias Klaes, profesor de la Universidad de Dundee, el propio iniciador del enfoque de racionalidad limitada (Simon) "desestimó la teoría neoclásica *en favor de enfoques conductuales*"[420]. Y es que es precisamente la economía conductual (junto con la neuroeconomía y la economía experimental) aquello que nos permitiría captar ese "algo que no sé cómo capturar" del que habla Mirrlees cuando le pregunto sobre la influencia distorsionante de los sesgos cognitivos. En esa dirección es que creo que hay que avanzar…

---

[419] Steve Keen, *Debunking Economics: The Naked Emperor Dethroned?*, Ed. Zed Books, London, 2011, pp. 71-72.
[420] Matthias Klaes, "A conceptual history of the emergence of bounded rationality", *European Society for the History of Economic Thought Conference*, Paris, January 30 - February 2, 2003.

ACERCA DEL AUTOR

Dante A. Urbina es un autor, conferencista, docente y asesor-consultor especializado en temas de economía, filosofía y teología. Economista por la Universidad Nacional Mayor de San Marcos, Master en Economía por la Universidad Complutense de Madrid y Doctor en Economía por la Pontificia Universidad Católica del Perú. Seleccionado, luego de competitivo concurso internacional, entre los mejores jóvenes investigadores del mundo para participar de la Reunión de Premios Nobel de Economía en Lindau - Alemania. Es también autor del libro *Economía para Herejes: Desnudando los mitos de la economía ortodoxa* (2015), varias veces best-seller de su categoría en Amazon; ha dado decenas de ponencias en espacios académicos de Perú, Argentina, México, España y Alemania; tiene papers publicados en revistas académicas de Perú, Estados Unidos, Reino Unido, India y Ucrania, y es Editor en Jefe de la revista *Desafíos del Desarrollo Económico y Empresarial* de la Universidad de Lima. Asimismo, con material especializado exclusivamente de su autoría, gestiona canal de YouTube que supera el millón de visitas y página web que supera el medio millón de visitas. Es miembro honorario de la asociación "Nuestra América Göttingen e.V." (Alemania) y miembro del Consejo de Redacción de la asociación "Economía Crítica y Crítica a la Economía" (España) y del portal "PúblicoGT" (Guatemala). Ganador del Premio Excelencia Prima AFP por haber ocupado el primer puesto durante todos sus años de estudio y de la Beca Presidente de la República otorgada por el Estado peruano. Ha realizado cursos en la Universidad de Harvard (Estados Unidos) y la Universidad de Tshingua (China) vía edX. Ha sido docente en destacadas universidades, incluso a nivel de postgrado, dictando prácticamente todos los cursos centrales de la formación del economista como Economía General, Microeconomía, Macroeconomía, Estadística, Econometría, Historia del Pensamiento Económico, Teoría Monetaria, Teoría del Crecimiento Económico, Simulación Económica, Tópicos Especiales de Economía Aplicada, y Métodos Matemáticos y Estadísticos.

VÍAS DE CONTACTO Y REDES SOCIALES

Página web: http://danteaurbina.com/
Facebook: https://www.facebook.com/danteaurbina.oficial/
YouTube: https://www.youtube.com/channel/UCCwVIDA-8wV4D_GpYNVecrg
Spotify: https://open.spotify.com/show/78MVW3p75VZR4tyjPjIqus
Telegram: https://t.me/s/danteaurbina

AGRADECIMIENTOS

Un muy especial agradecimiento a mi padre Dante Javier Urbina Vargas por la detenida revisión de esta obra y a mi hermano Christian David Urbina Padilla por el diseño de la portada y contraportada.

www.ingramcontent.com/pod-product-compliance
Lightning Source LLC
Chambersburg PA
CBHW071356210526
45465CB00001B/114